城市社会的城市化与中国道路

李通屏　倪　琳　彭欣源　等著

图书在版编目（CIP）数据

城市社会的城市化与中国道路 / 李通屏等著 . —北京：商务印书馆，2023
ISBN 978-7-100-20528-3

Ⅰ. ①城… Ⅱ. ①李 Ⅲ. ①城市化—研究—中国 Ⅳ. ① F299.21

中国版本图书馆 CIP 数据核字（2021）第 246171 号

城市社会的城市化与中国道路
李通屏　倪琳　彭欣源　等　著

商　务　印　书　馆　出　版
（北京王府井大街 36 号　邮政编码 100710）
商　务　印　书　馆　发　行
北京捷迅佳彩印刷有限公司印刷
ISBN 978 - 7 - 100 - 20528 - 3

2023 年 2 月第 1 版　　开本 850×1168　1/32
2023 年 2 月北京第 1 次印刷　　印张 12

定价：88.00 元

本书撰写人员

李通屏　倪　琳　彭欣源　肖　谷
田　梦　李　媛　胡林洁　马　骏
李旭洋　张　啸　赵书茂　邵红梅

目　录

导　言

中华人民共和国成立以来，在城市化水平10.64%的起点上，历经坎坷，到20世纪70年代后期才走上持续发展的轨道。改革开放以来，中国城市化结束了之前的徘徊和停滞，实现了从农村人口占多数向城镇人口占多数、农业人口占多数向非农业人口占多数的历史性转变。这不仅是我国社会主义初级阶段的重要目标，也是人类历史的奇迹，是百年未有、“千年未有之大变局”。城市正在成为创新、增长与现代经济体的活力之源（埃德蒙·费尔普斯，2013）。正如世界银行所指出的，“如果管理得当，城市化可以通过提高生产力、允许创新和新思想的出现，促进可持续增长”。21世纪以来，全球发展面临不确定性增加、产能过剩严重、经济下行压力不断加大的严峻形势。城市化对中国经济发展的引擎作用受到国际社会高度关注并普遍寄予厚望。尽管不少研究对中国特色城镇化道路进行了阐释，轰轰烈烈的城市化实践创造了世界奇迹，但由于历史与现实的原因，尚有很多不成熟、不完善的地方。例如，中国已进入“城市社会”，原来的城市化理论是否适用？在城市社会阶段，城市化道路和以前相比有何异同？也就是说，城市社会以后的城市化将如何发展亟待理论上给予阐释和回答。基于这种背景，我们提出课题“中国‘城市社会'的城市化风险与城市化道路研究"。本书有两大特色，一是研究"城市社会"的城市化道路；二是从风险视角、以"城市社会"为背景展开。

当前，世界处于百年未有之大变局，国内外形势复杂严峻。研究城市社会的城市化，对推动城市和城市化向高质量、高水平和高效率方向发展，不断实现人民对美好生活的向往，重要而紧迫。

一、为什么从风险角度思考城市化?

诺贝尔经济学奖获得者斯蒂格利茨说过，"中国的城市化与美国的高科技发展将是深刻影响人类21世纪发展的两大主题"。2008年国际金融危机爆发后，中国出台了一揽子应对金融危机的政策措施，积极推进城市化就是其中的重要方面："城镇化是最大内需""引爆内需""工业化创造供给，城市化创造需求"。在短缺经济时代，在转移农村富余劳动力、增加农民收入、打破"二元结构"和低水平陷阱、让更多的人过上和城里人一样的生活等方面，城市化大显身手。用城市化解决工业化初期所需的人手（劳动力）和市场，通过发展工商业扩大生产、增加供给、摆脱贫困，这在发展经济学里有很多论述。面对国际金融危机和产能过剩的影响，城市化能一如既往地受用吗？城市化能通过扩大消费和内需以应对金融危机、摆脱衰退、实现中等收入的跨越吗?

2011年是中国"十二五"规划的开局之年，也是中国"城市社会"元年，城市化率首次超过50%。这里，借用新华社记者王军（2016）的话进一步说明选题理由。"我写下了太多的‘非常’。”“非常城市”“非常计划”“非常规划”“非常建筑”“非常拆迁”。“‘非常’之‘常’，乃‘常识之常’。”城市化是我国必然遇到的经济社会发展过程。“‘常’与‘非常’，就像‘生’与‘死’那样互为表里。”1961年，雅各布斯出版了《美国大城市的死与生》（*The Death and Life of Great American Cities*），引发了城市规划学界一场“地震”。为“常”而非常，用非常感知常，以问题为导向探知世界，不是向世界发难，而是基于对常识的忠诚。这是人类社会的规律使然，也是做学问的宿命所在。以风险感知平安、以不确定感知确定，以城市化问题探究城市化道路，是基于对常识的忠诚和规律的尊重。

城市化是什么？城市化有什么好处？城市化从何而来，到何处去？面对城市和城市化发展的新阶段、新成就、新形势，更要慎终如始，牢牢把握城市化的发展规律和发展路径。工业化国家的经验说明，城市化是经济发展过程中的结构现象，经济发展助推工商业在城市空间集聚，农业产值和农业人口比例下降，工商业产值和人口比例上升。一个国家的城市化率达到30%左右，不仅城市化快速发展，总产出、人均产出、人口及其结构也随之发生变化（Kuznets，1971）。城市化率达到50%左右，经济将保持持续、快速增长，但风险不断积累甚至集中显露，到70%左右可能出现僵持和徘徊，甚至出现“逆城市化”现象。城市化由低到高的过程，也是矛盾新旧交替、不断积累叠加、逐步显现的过程，人们对城市化的诉求由低到高到更高品质、更加安全、更加舒适、更加美好。从关注宜业到宜业、宜居、宜游，从单一需求到多样化需求——“城市让生活更美好。”

从实践来看，城市的兴起是令人着迷神往的伟大事件。没有城市就没有文明，没有城市化，恐怕仅仅是传统的农耕文明，我们很难实现从站起来、富起来到强起来的伟大飞跃。我们处在最好的时代，见证了城市时代的兴起，同时也经历过“满城挖”的不便和无奈。

伴随“城市社会”的出现，矛盾和问题并没有消失。城市化水平低已成过往，但质量不高、代价不小、麻烦不少的问题时时困扰。城市和城市化风险如影随形，黑天鹅、灰犀牛不时在寻找软肋。城市化不是战争，但曾经以壮怀激烈的场景出现，征地拆迁中的剧烈冲突、极端事件时有发生，让人挥之不去。城市化寄托着厚望，可不能出问题啊，但怎么保证它一路平安、行稳致远呢？由此来看，从风险挑战视角思考城市化应是一项很有意义的工作，尽管挑战无比巨大。“明知征途有艰险，越是艰险越向前。”同样适用于中国城市化和城市化研究。

二、概念问题

（一）城市

中国古代的城和市是两个不同的概念。城是四周围以高墙，扼守交通要冲，具有防守性质的军事要点；市指交易市场，又称市井。春秋时已有集中的市场。《周礼》记述，市场中有大市，市中设肆，呈整齐的行列式布局，货物陈列在肆中出售。储存货物的仓库，古称店；市的周围有围墙，古称阛；设市门，古称阓。市中心设市楼，开市升旗，市楼又名旗亭（《中国大百科全书》总编委会，2009）。随着社会的发展，城与市逐渐融为一体，成为统一的聚合体——城市（《中国大百科全书》总编委会，2009）。保罗·贝洛赫（Bairoch，1988）在《城市与经济发展：从历史的黎明到今天》(*Cities and Economic Development: From the Dawn of History to the Present*)一书的开篇中写道，城市的兴起是令人着迷的伟大事件。“没有城市，人类的文明就无从谈起。”

城市是什么?《中国大百科全书》的定义是以非农业活动和非农业人口为主的聚落，一般人口数量大、密度高，是一定地域范围内的政治、经济和文化中心。对城市给出定义的还有于光远(1992)、《简明不列颠百科全书》和格莱泽(2012)等。于光远定义的城市有两个重要特征，即“人口集中”和“工商业比较发达”。但是他没有回答城市发展的一些基本问题，比如为什么会有城市?城市是如何发展起来的?什么样的城市能够发展壮大?等等。格莱泽(2012)认为城市是人类最伟大的发明，距离缩短、密度增加、交流增加是城市的特性。这和于光远强调的“人口集中”实质上是一样的，密度增加所带来便利增加和效率提高是城市的奥秘所在。不过，这些定义并没有回答密度为什么会增加、如何增加等问题。《简明不列颠百科全书》对于城市的定义是，一个“相对永久性的、高度组织起来的人口集中的地方，比城镇和村庄规模大，也更为重要”(《简明不列颠百科全书》中美联合编审委员会，1985)。

其实，马克思和恩格斯作为第一个城市社会的亲历者和见证人，也对城市和城市化也给以高度关注。城市不仅表明了人口集中，也表明“生产工具、资本、享乐和需求的集中”，乡村呈现的情境则完全相反——“孤立和分散。”也就是说，集中与分散是城市与乡村的重要区别。马克思、恩格斯被认为首次使用了“城市化”这个概念，“现代的历史是乡村城市化”，古代的历史则是“城市乡村化”[①]。城市产生尽管历史悠久，但现代意义上的城市化则开启于18世纪的英国工业革命。可见，人口集中是城市最为重要的特点。

（二）城市化与城镇化

城市化与城镇化英文表述都是“Urbanization”，“Urbanization”翻译成城市化还是城镇化，完全取决于译者偏好，没有本质区别。“Urbanization”是全球性的社会经济演变过程，涉及人口学、经济学、地理学、社会学等诸多学科，对其定义也存在多种观点。科林·克拉克认为，城市化是第一产业人口不断减少，第二、第三产业人口逐渐增加的过程。诺贝尔经济学奖得主库兹涅茨（Kuznets，1971）将其界定为“城市和乡村之间人口分布方式的变化”。地理学强调居民聚落和经济布局的空间区位再分布、再集中的过程。在城市化过程中，工商业在具备特定地理条件的地域空间集聚由此形成消费地域，多种经济用地和生活空间用地不断集聚（崔功豪等，1992）。社会学把城市化看成是城市性生活方式的不断扩张的过程，人们不断被吸引到城市并被纳入城市生活组织，随着城市发展，城市生产与生活方式的不断强化（周一星，1995）。人口不断向城市集中，城市就不断发展；人口停止向城市集中，城市化亦随即停止。《中华人民共和国国家标准——城市规划基本术语标准》给出的城市化定义突出了生产与生活方式转化、资源和产业的地域配置以及农村富余劳动力的非

---

① 关于城市和人口集中的论述参见《马克思恩格斯全集》(《马克思恩格斯全集》第3卷，1960)；关于提出“城市化”概念的论述，可参看马克思1858年的《政治经济学批判》〔《马克思恩格斯全集》第46卷（上），1979〕。

农化就业和乡城转移——“人类生产和生活方式由乡村型向城市型转化的历史过程，表现为乡村人口向城市人口转化以及城市不断发展和完善的过程。又称城镇化、都市化”。联合国长期采纳的城市化定义是“人口由分散的农业主导经济活动的乡村向以工业、服务业为特色的人口更多、更稠密的城市集中的人口转移过程”（United Nations，2014）。

城市化彰显了一种生活方式。城市化定义包含三个方面：城市人口占总人口比重增加、城市增长（Urban Growth，即城市和镇的人口增加）和城市生活方式（中国科学技术协会，2008）。城市化表现为一个社会过程。经济发展导致产出结构变化，进而影响到职业和整个社会结构的变化，城市化就是这种结构变化的反映（Kuznets，1971）。布赖恩·贝利（2010）在其代表作《比较城市化：20世纪多元化道路》（*Comparative Urbanization: Divergent Paths in the Twentieth Century*）里认为，在20世纪快速城市化过程中，世界不同国家和地区城市化道路各不相同，其差异化主要源于文化背景及发展阶段的不同。

总之，城市化与城镇化都是一个综合性概念，伴随社会经济结构多方面的变迁，是一个由多角度构成的图景，既包括人口向城市的集中、工商业的集聚，城市数量的增加与规模扩大，也包括生产效率的极大提高，生活方式的现代化与生活质量的改善，科技与社会活动的领先性、主导性等。限于研究目标和篇幅，一般情况下，我们把城市化、城镇化、人口城市化和人口城镇化等同使用、不加区分。

（三）城市社会

1979年，美国地理学家诺瑟姆（Northam，1979）提出城市化进程的S型曲线，把城市化进程分为缓慢发展的初期阶段、加速发展的中期阶段和高位企稳的后期阶段，“三阶段”理论对思考中国城市化影响很大。《中国城市发展报告No.5：迈向城市时代的绿色繁荣》（潘家华等，2012）分析了城市型社会的内涵，并把城镇人口比重作为最重要的核心标准，将城市型社会划分为：初级、中级、高级和完全城市型社会四个阶段，做出了中国已成为初级城市型社会（51%—60%）的重要判断。

中国城市化率超过50%以后，“城市社会”这一术语的使用频率越来越高。但何谓城市社会并未形成一致看法。该术语不仅不同时期有不同的含义，即使同一时期在含义上也有差别；不仅不同作者有不同说法，即使是同一作者在不同的场合甚至同一作者在同一文章中的解读都有差异。总之，城市社会（Urbanized Society）的含义很复杂，用法很多样，一是把城市社会划分为古代意义上的城市社会（如古希腊城邦国家）和近现代城市社会，如资产阶级法权或资本主义国家（马拥军，2010）；二是把“城市社会”等同于城市，如农民工融入城市社会（杜洪梅，2004；张应祥、蔡禾，2006）；三是指城镇人口超过50%这一重要拐点以后的国家或地区的城市化阶段（潘家华等，2012；魏后凯，2013；黄顺江，2014）；四是指现代先进的城市社会，它有两重属性：第一重属性是作为城市化生命周期的终结点，标志传统落后的乡村社会形态彻底消亡，同时又表明以现代先进的城市文明为本质特征的新社会形态的发育成熟；第二重属性是在城市化生命周期终结以后，作为未来新生社会形态成长过程的开始。一个城市化了的特定社会，即城市社会（高珮义，2009）。

21世纪以降，越来越多的学者注意到，无论是世界还是中国，都在迎接一个新的城市时代（崔功豪，2000；张鸿雁，2002；潘家华等，2012；牛文元，2012）。鉴于这个术语含义的复杂性、用法的多样性，结合本书研究的对象和目标，特做如下说明：

第一，对“城市社会”的界定必须以马克思主义为指导，同时要借鉴国内外城市化研究的有益成果。马克思、恩格斯从19世纪40年代直到去世，在当时工业化、城市化水平最高和经济社会最发达的英国生活了半个世纪。作为伟大的理论家、思想家，他们不仅创建了辩证唯物主义和历史唯物主义，也亲历和见证了第一个城市社会的产生和发展。他们多次谈到“市民社会”①、城市化、人口合理分布、城乡差别和人口大量涌入城市引起的社会经济问题，如《共产党宣言》《资本论》和《论住宅问题》等。这些著述不仅具有丰富的史料价值，而且整个表述更契合当代现实（萨米尔·阿明、陆豪青，2018）。另外，20世纪后半叶以来，随着全球进入快速城市化阶段，经济学、地理

---

① 马克思主义以前资产阶级思想家用来表示以财产关系为核心的社会关系的术语。马克思和恩格斯使用这个术语一般指资产阶级社会的经济关系。在18世纪资产阶级思想家的著作中，开始使用“市民社会”（Burgher Society）这个术语概括从物质生产和个人交往中产生和发展起来的一切社会关系的组织。但是他们并不了解市民社会对生产方式发展的依赖关系，而是使用人的本性、政治、立法和道德等原因来说明它的形成。马克思在《黑格尔法哲学批判》（*Zur Kritik der Hegelschen Rechtsphilosophie*）中，通过批判黑格尔的法哲学，得出了不是政治国家决定市民社会，而是相反的著名结论，但对市民社会本身尚未进行科学分析。在《德意志意识形态》（*Die deutsche Ideologie*）中，市民社会这个术语已经是在资产阶级社会经济基础的意义上使用的历史唯物主义范畴。后来，马克思和恩格斯就较少使用这个术语，一般是指资产阶级社会意义下使用的（《中国大百科全书》总编委会，2009）。

学和社会学等学科对城市社会也有很多关注，产生了不少重要成果，也需要学习借鉴。

第二，城市社会的术语同城市化的发展阶段相联系。本书将“城市社会”界定为马克思意义上更具体、界限更短、时间更近的阶段[①]，即城镇常住人口超过乡村常住人口、人口城市化率超过50%的情形，类似于诺瑟姆（Northam，1979）依据城市化率划分的“三阶段”（30%之前，30%—70%）中第二阶段的中间部分（50%以后），与中国科学院、中国社会科学院的相关学者（牛文元，2012；潘家华等，2012）对“城市社会”或“城市型社会”的界定大体一致。

第三，城市社会又称城市型社会，因为它与乡村型社会相对应。城市化是指人口城市化，而不是土地城市化，城市化与城镇化概念亦不加区分。按照城市化率超过50%的标准，第一个成为城市社会的国家是英国（1851年），接下来是德国（1900年），稍后是美国（1920年）、法国（1930年），发达地区在20世纪前半叶达到城市社会的标准，全世界则是2007年（United Nations，2018）。2011年中国城市化率为51.27%，这标志着以乡村型社会为主体的时代的结束和新城市时代的开启（牛文元，2012）。乡村型社会是以乡村人口为主体，人口和经济活动在乡村分散布局，乡村生活方式占主导地位的社会形态；而城市型社会则是指以城镇人口为主体，人口和经济活动在城镇集中布局，城市生活

---

① 马克思在他的著作中多次谈到“市民社会”，有人翻译成“城市社会”（Civil Society），但马克思广义的城市社会几乎涵盖原始社会除外的所有阶级社会，狭义的则是指资产阶级社会、资产阶级法权国家（马拥军，2010）。

方式占主导地位的社会形态。从乡村型社会向城市型社会的转变，是工业化和城市化不断推进的结果，也是经济发达、社会进步和现代化的重要标志之一。

第四，城市经济的主导地位和城市生活方式的支配性地位不断增强。随着工业化和城市化的推进，现代制造业和服务业不断向城镇地区高度集聚，促使城市经济成为国民经济主体，并占据支配地位。这种支配性地位通常与人均产值、生产率、总体经济增长、经济结构由农业到工业再到服务业以及社会结构的高转换率密切相联（Kuznets，1971），甚至在城市化率达到50%之前就已经实现。而进入城市社会后，其主导性、支配性更加稳定、持久。随着城镇人口规模的持续扩大和现代服务业的加速发展，经济服务化和高端化趋势加快，现代制造业与服务业日趋融合，新产业、新业态不断涌现，城市经济得以加快转型升级。

第五，城市社会是中国在社会主义初级阶段必须完成的重要任务。党的十三大阐释了社会主义初级阶段的任务和目标——由农业人口占多数的手工劳动为基础的农业国，逐步变为非农业人口占多数的现代化的工业国；由自然经济半自然经济占很大比重，变为商品经济高度发达[①]。城市社会形成之前，农业、农村人口占多数，城市社会形成之后，非农业的城市人口占多数，市民成为社会的主体人群。实现从农业为最大就业部门到非农业（工业和服务业）为最大就业部门跨越，是我国在社会主义初级阶段的历史任务。

---

① 参见中国共产党第十三次全国代表大会报告《沿着有中国特色的社会主义道路前进》。

三、国内外研究现状

（一）城市化是现代化的必由之路，是破解城乡二元结构的重要依托

20世纪后半叶以来，刘易斯-费景汉-拉尼斯模型（Lewis-Fei-Ranis Model）对落后国家的工业和农业、城市和乡村的关系进行了深入分析，对研究发展中国家的乡城迁移和城市化有重要启发。托达罗模型（Harris and Todaro，1970）认为，决定乡城迁移的主要原因在于城市的高收入预期和就业机会不平等。库兹涅茨（Kuznets，1971）和钱纳里（Chenery and Syrquin，1975）等把城市化看成是总体增长、人均收入增长及其产出结构变化相互联系、相互加强的过程。诺瑟姆S型曲线虽然也涉及城市化阶段，但对城市化率达到50%以后即城镇人口占主体阶段之关注比较欠缺，总体聚焦不够。同时这些理论或模型侧重于对经济水平落后、城市化水平低下的发展中国家的分析。

（二）多维、多元的城市化道路

以佩鲁、缪尔达尔、赫希曼、弗里德曼、斯蒂格利茨和克鲁格曼等为代表的著名学者，强调资源要素通过“自上而下”的流动聚集起来，城市化成为经济增长的发动机。而以利普顿（Lipton，1977）等为代表的学者批评城市偏向政策导致城乡不平等交换和城乡差距扩大，他们强调以农村为中心，加强城乡联系，改变城市对农村的单向辐射，从而形成城乡互动、共同发展的自下而上的城市化发展道路。但完全采取自下而上的政策也被认为不切实际，而应建立完整分散的城市体系，主张通过发展中小城市以达到城乡平衡发展（李通屏等，2014）。布赖恩·贝

利（2010）通过不同国家和地区城市化过程的比较，将世界范围内20世纪的城市化道路分为北美经验、第三世界城市化和战后欧洲经验。改革开放以来，城市化道路和推进模式受到中国学者高度关注（高珮义，1991；刘家强，1997；辜胜阻、李正友，1998；叶裕民，2001；简新华等，2010[a]、2010[b]、2013；陈甬军等，2009；李强等，2012），大体形成了以下几种观点：小城镇模式（费孝通，1983）[①]、大城市模式（房维中、范存仁，1994；廖丹清，2001；王小鲁，2010；蔡继明等，2005、2012）和逐步成为主流的多元化模式。近年来，关于这方面的研究有两大热点，一是中国城市过大抑或过小的研究仍然余音袅袅（柯善咨、赵曜，2014；潘士远等，2018；韩旭等，2018），如《大国大城》（陆铭，2016）批评了将城市病、农村病归咎于大城市人口过多从而限制大城市人口流入的做法，力主发展大城市；二是以城市群、都市圈、大湾区为载体的城市化理论与实践都有重大发展。

（三）新型城镇化道路

新型城镇化是进入21世纪以来，在反思传统工业化、城镇化和贯彻落实科学发展观的过程中提出的，是相对于传统城镇化而言的。党的十八大以来，新型城镇化继续受到社会各界广泛关注。截至2019年3月，以“新型城镇化”为主题、篇名和关键词的研究分别有16 300条、11 500条和14 256条检索结果。下载次数最高的论文是《中国新型城镇化理论与实践问题》，

① 发展小城镇是费孝通先生的长期主张，其思想观点不限于1983年，仅1984年，他在《瞭望》周刊发表了几十篇关于小城镇的文章和访谈，由于篇幅所限，恕不列举。

29 600次（姚士谋等，2014），下载次数超过10 000次的以“新型城镇化”为篇名的还有6篇论文（单卓然、黄亚平，2013；张占斌，2013；黄震方等，2015；倪鹏飞，2013；陆大道、陈明星，2015）。《“新型城镇化”概念内涵、目标内容、规划策略及认知误区解析》被引次数最高，达960次（单卓然、黄亚平，2013），超过200次的论文有15篇，其中300—900次的6篇（张占斌，2013；倪鹏飞，2013；姚士谋等，2014；彭红碧、杨峰，2010；吴江等，2009），引用量居于前10的还有仇保兴（2012[a]）、陆大道、陈明星（2015）以及黄震方等（2015）。单卓然、黄亚平（2013）指出了新型城镇化的民生、可持续发展和质量三大内涵，提出六大核心目标——“平等、幸福、转型、绿色、健康和集约城镇化”，重点包括区域统筹与协调一体、产业升级与低碳转型、生态文明和集约高效、制度改革和体制创新四大方面，进而阐述了新型城镇化四类规划策略和六大可预见性认知误区。姚士谋等（2014）指出，虽然城镇化推动中国社会经济发展取得了巨大成就，并在城市现代化建设与城乡一体化方面实现了惊人发展，但在某个时期或一些地区，城镇化过速发展阶段出现了无序发展状态，大中城市边缘盲目扩展，水土资源日渐退化，生态环境遭到破坏，特别是对城镇化的许多制约因素认识不足甚至决策失误，导致了城市环境出现许多不安全、不舒适问题。针对如何认知中国新型城镇化的基本特征与新路径、如何构建新型城镇化的创新模式以及如何认识城镇化本身的发展规律和走具有中国特色的新型城镇化道路等理论与实践问题，中国金融40人论坛课题组（2013）认为，城镇化潜力巨大，是下一阶段促进经济社会持续发展和深化改革的强大动力。推进新型城镇化，应重点处理好政府与市场的边界，防止房地产价格上涨过快，切实增加建设用地供给，建立市场化、可持续的融资机制，实现人的城镇化和市民化。仇保兴（2012[a]、2012[b]）认为，新型城镇化给我国的城市发展带来机遇和挑战。为此，应侧重解决六个方面的突破：从城市优先发展转向城乡协调互补、从高能耗转向低能耗、从数量增长型转向质量提高型、从高环境冲击转向低环境冲击、从放任式机动化转向集约式机动化和从少数人先富转向社会和谐的城镇化。新型城镇化要重视集聚效应，重视都市圈和城市群的发展，把都市圈、城市群作为新型城镇化的主体形态（肖金成，2009；杨开忠，2018；陆铭，2017；梁琦，2018）。基于改革开放40年来城市化与城市群发展的辉煌成就，方创琳（2018）认为，实施新型城镇化战略，应推进城镇化转向高质量、高效率和高水平；推进城市群向高度一体化、绿色化、智慧化和国际化方向发展；推进新型城镇化与乡村振兴向同步化、融合化、共荣化方向发展，通过城市与乡村发展质量的提升，把城市和乡村共同建设成人人向往的美好家园。

（四）城市化风险

城市化风险即城市化过程所带来的各种问题和矛盾以及这些问题和矛盾有集中表现和突然爆发的可能性，特别是负面、有害情况的突然爆发以致难于控制。国外学者对城市化问题的关注，主要涉及过度城市化或维持生存的城市化、城市化滞后（Chenery and Syrquin，1975；Chenery，1986）和城市病（Lewis，1954；Harris and Todaro，1970）等三个方面。21世纪以来，这些研究已拓展到城市和城市风险问题，如《作为全球风险地区的特大城市》（*Megacities as Global Risks Areas*），《世界灾害报告：聚焦都市风险》(*World Disasters Report: Focus on Urban Risks*),《都市风险评估：关于城市灾害和气候风险的分析》(*Urban Risk Assessments : Understanding Disaster and Climate Risk in Cities*),《人口变动、城市化过程与灾害风险——来自拉丁美洲地区的观察》(*Links between Population Dynamics, Urbanization Process and Disaster Risks: A Regional Version of Latin America*) 以及《全球都市风险指数》(*A Global Risk Index*)。这些关于风险的分析主要基于自然灾害和经济活动，而对土地和社会冲突的风险基本没有触及。

我国对城市化风险的关注也是肇端于城市病和城市化问题。20世纪90年代，金磊（1991）将“风险”引入城市和城市规划的研究。张孝德、钱书法（2002）关注到城市化推进模式和城市化泡沫风险的关系。后来关于城市化风险的研究逐步扩展到都市圈城市化风险（许长新、王水娟，2004）、城市化的土地、财政金融风险（国务院发展研究中心土地课题组，2005；张曙光、张弛，2009；中国经济增长前沿课题组，2011）、社会风险和社会成本（胡滨，2012；樊红敏，2011；周阳敏等，2013）以及生态风险（孙心亮、方创琳，2006；王美娥等，2014）等。李婕、胡滨（2012）认为，城市化风险产生于对城市化经济性的过度追求。汪玉凯（2013）认为，盲目的人为造城运动带来圈地运动和农民的冲突加剧是城市化的最大风险。与此相关的还有城市化陷阱研究。贺力平（1998）将城市化陷阱界定为城市化所带来的多种经济挑战之一，张孝德（2001）分析了城市化陷阱的形成机制——政府主导下的城市规模扩大化，田雪原（2006）、郑秉文（2011）等呼吁警惕城市化的拉美陷阱，郑永年（2013）分析了中国城市化要避免怎样的陷阱，郭叶波等（2013）分析了中国进入城市型社会面临的挑战。许成钢（2013）认为，回避基本体制问题，以行政方式大力推动城市化，有可能成为政策陷阱。黄泰岩等（2013）分析了规避城市化厄运的途径和选择。另外，还有研究关注到城市化和收入差距（陆铭、陈钊，2004；程开明、李金昌，2007；林毅夫、陈斌开，2013）、城市化质量和健康发展等问题（万广华、朱翠萍，2010；简新华等，2013；魏后凯等，2013）。

我国城市化和城市群建设取得了巨大成就，工业化基本完成，经济总量稳居世界第二。世界正在经历百年未有之大变局，中国仍然处于并将长期处于发展的重要机遇期，但同时也处于“船到中流浪更急，人到半坡路更陡”的风险易发高发期。习近平同志多次强调防范和化解重大风险，国务院发展研究中心进行了大量研究，取得了丰硕成果，推出了多部研究报告，曲福田等（2010）、丁烈云等（2012）等为首席专家的课题组也对中国工业化、城市化过程中的土地问题、社会风险问题进行了研究，还有成果研究了“以地生财、以财养地”的城市建设模式、城市集聚特征、土地财政与房价和中国经济波动的关系（华生，2013；赵燕菁，2014；郑思齐等，2014；邵朝对等，2016；梅冬州等，2018），为本书提供了重要基础。但总的来看，城市化风险是什么？包括哪些内容？如何形成和演化？尚属凤毛麟角。基于城市社会和城市化风险的城市化道路研究，仍然是突出短板和薄弱环节。

四、价值和意义

当前全球经济震荡下行、国际市场剧烈波动，不平等和不确定性仍在扩大，国内外环境面临前所未有的复杂形势，如何把内需的巨大潜力释放出来，赢得经济发展和国际竞争的主动，城市化被寄予厚望。基于改革开放40年的伟大成就，要坚定不移地实施新型城镇化战略。当前，世界处于百年未有之大变局，中国城市化在快速推进过程中也积累了诸多矛盾，风险隐患有所显露。在这种背景下，对中国进入城市社会后的城市化道路进行与时俱进的阐释，具有重大理论价值和现实意义。

在城市人口占主体的城市社会时代，城市化有哪些新特点、新趋势？城市社会的城市化有怎样的发展规律？中外有哪些经验可资借鉴？基于中国城市化举世瞩目的伟大成就，在改革开放40年、中华人民共和国成立70年和中国共产党成立100年的历史交汇期，站在新的历史起点，研究"中国'城市社会'的城市化风险与城市化道路"，通过回顾城市化的历程，总结城市化的成功经验，并将这一中国经验和中国故事进行理论提升，不仅对发展经济学、城市经济学有重要贡献，也是对马克思主义政治经济学的重要贡献。同时，本书对认识城市社会、适应城市社会、引领城市社会、建设城市社会具有深远的历史意义和重要的现实意义。对防范和化解重大风险、促进高质量发展、顺应人民对美好生活的向往非常重要。

五、研究思路与框架结构

本书的基本研究思路是，构建城市社会城市化的理论框架，深入研究进入城市社会以来的发展规律，从全球和中国城市社会城市化的发展历程和经验实践中，把握城市社会城市化的发展路径、发展逻辑，对进入城市社会以后城市化发展可能遇到的问题、风险做出研判，基于全球风险社会和中国快速城市化的新场景、新挑战，提出新时代中国城市社会城市化道路的战略框架和对策建议（见图 0-1）。

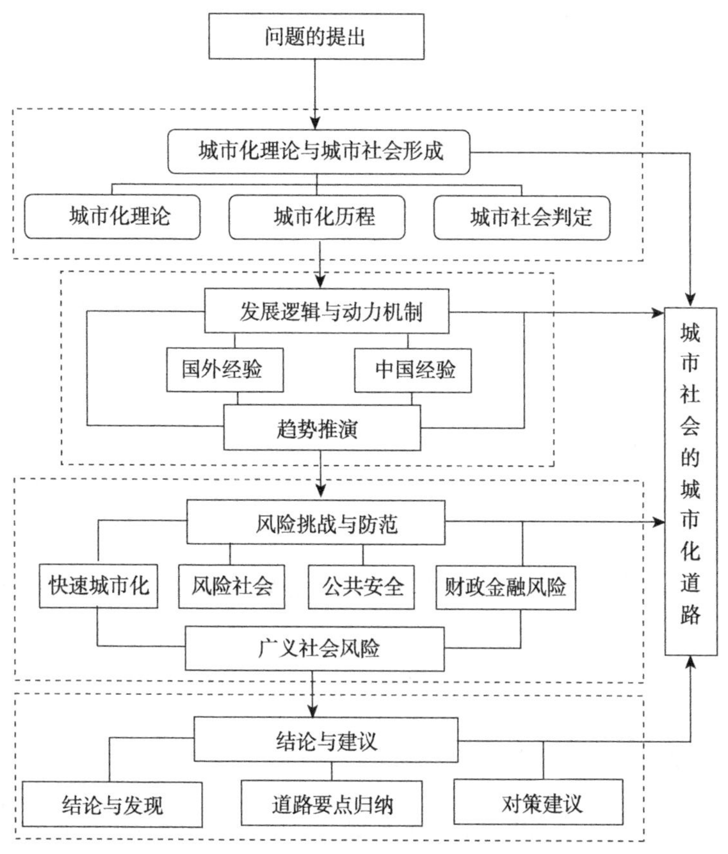

图 0-1　研究思路与框架结构

本书的基本研究原则是，以马克思主义和习近平新时代中国特色社会主义思想为指导，吸收现代经济学的最新成果，密切联系中国实际，在总结改革开放40年城市化发展实践的基础上，牢牢把握城市化发展规律和发展路径，对中国进入城镇人口占多数的城市社会的城市化道路做出新阐释。城市社会的城市化是历史发展的必然，城市社会城市化道路必须尊重历史，面向未来。

除导言外，本书的结构安排如下：第一篇“城市化理论与中国城市社会”通过梳理国内外的相关理论成果、党和政府的相关政策，提出城市社会城市化道路的理论模型和分析框架，结合城市化历程的分析，对中国城市化的阶段和城市社会形成做出基本判断，包括第一章“城市化理论的演进与创新发展”和第二章“城市化的基本历程与中国城市社会”。第二篇“城市社会的城市化：发展逻辑与动力机制”基于中外经验，对城市社会城市化的发展逻辑与动力机制进行实证分析，包括第三章“城市社会的城市化：国外的经验”，以及第四章“中国进入城市社会以后的城市化发展”。第三篇“城市社会的城市化：风险挑战”包括第五章“中国快速城市化的问题和挑战”、第六章“社会风险与风险社会”、第七章“城市化风险与公共安全”、第八章“土地城市化、土地财政与土地陷阱”和第九章“城市化与金融风险”。第四篇“结论与建议”归纳道路要点，提出对策建议。

六、研究方法

（1）理论分析与中国实践相结合。本书注重把国内外城市化的一般理论分析与中国城市化实践中出现的若干重大现实问题结合起来，并对其中一些问题进行调查研究、个案分析。

（2）跨学科的研究方法。城市化研究和相关问题的解决越来越呈现出跨学科、联合攻关的特点。本书涉及政治经济学、人口经济学、发展经济学、经济史、区域经济学和经济地理学等多种学科，对提出的相关假说需要运用计量经济学的方法予以检验。

（3）跨国、跨区域比较。马克思主义的城市化思想与现代经济学中的城市化理论和我国城市化的方针政策比较，中国的城市社会、城市化道路与其他国家的经验教训比较，国内不同省际区域间的比较等，在比较中预判风险、防控风险、寻找道路。

（4）将马克思主义方法论与现代经济学分析工具和理论模型结合起来，突出问题导向和实证研究。本书既体现马克思主义及其在新时代的发展，又符合现代经济学的分析规范，突出问题导向，强调实证研究，恰当运用数理和计量方法。马克思主义方法论的特点不仅在于科学的抽象，还在于这种方法已成功运用于第一个城市社会。

七、创新之处

创新之一：将城市化置于城市社会这一背景之下，探讨城市化水平超越50%以后的城市化动能、规律以及风险、问题和道路。本书对全面认识城市化的新时代、新特征、新趋势，推进以人为本、重在质量的新型城镇化有重要实践价值，对认识城市社会、引领城市社会，建设高品质城市社会，推动高质量发展有重要学术价值和应用价值。

创新之二：对马克思主义城市化理论进行了新概括，指出马克思和恩格斯城市化理论是来源于城市社会、基于人民立场、深刻总结中高收入阶段城市化发展规律的理论，更加契合城市社会和中高收入阶段。在中国城市社会城市化发展阶段，坚持马克思主义指导是历史逻辑、理论逻辑和现实逻辑的必然。马克思和恩格斯经历了英国城市化水平从50%左右到70%以上的重大变迁，是第一个城市社会的亲历者和见证人。他们的论述不仅对城市社会的研究具有史料价值，其现实意义更大。而以刘易斯、托达罗等为代表的发展经济学，以低收入、低城市化水平为基础建立的落后国家的城市化模型有明显局限。但对马克思和恩格斯城市化思想的深入挖掘和系统整理没有受到足够重视，运用于中国城市化问题及其风险分析的成果仍然非常缺乏。本书是对马克思主义和城市化理论的一个贡献。

创新之三：从风险视角分析进一步拓展了城市化的研究领域。分析了快速城市化的递增风险效应与叠加广义社会风险效应以及传导机制，基于深入的理论分析和中外经验实证发现，快速城市化过程中，不损害农业、农村、农民的利益很难；控制大城市房价很难；隔断城市化和土地财政的联系很难。不要过分陶醉于城市化的胜利，对城市化的风险要时刻警惕！亟须建立打破土地财政依赖、防范资产结构劣化和房地产化的体制机制，构筑风险防火墙。

创新之四：阐释了中国城市社会城市化道路。中国城市社会的城市化道路是在对中国实际和世界多元城市化道路进行分析与借鉴，特别是对目前中国城市化进程中存在的问题和风险进行全面思考与平衡，多方面考虑未来世界发展趋势及其对中国的影响，牢牢把握城市化发展的基本规律和转型发展的根本路径中提出来的。中国城市社会城市化道路的基本要点是：以人的城镇化为中心，以全面建成小康社会为背景，以不断实现人民对美好生活的向往为最大效用，以“两步走”战略为依托；遵循中高收入阶段城市化的发展规律、发展趋势，跨越中等收入陷阱；借鉴先行国家和地区的经验教训，把握城市社会、风险社会、发展中大国三大基点，努力缩小城乡发展差距，推进城市治理体系和治理能力现代化，注重社会建设和城乡融合，推进城市化转型发展、行稳致远。

总之，研究中国城市社会背景下的城市化风险和城市化道路，对提升中国经验，讲好中国故事，构建有中国特色、中国气派的城市化理论，推动发展经济学和中国特色社会主义政治经济学的创新发展有学术贡献。

第一篇

城市化理论与中国城市社会

第一章　城市化理论的演进与创新发展

没有革命的理论就没有革命的运动。轰轰烈烈的城市化实践极大丰富和发展了城市化理论，理论反过来也指导实践，缺乏理论指导和规划引领的城市化是城市发展危机的重要原因。2007年，世界城市人口第一次超过农村人口。联合国预测，2050年，城市人口将占到全球人口的66%[①]。然而当前世界城市发展存在诸多问题，比如城市快速发展的同时，不平衡、不协调和不稳定如影随形。发展中国家的城市化尽管速度很快、城市化率也超过50%，但仍落后于发达国家将近70年，城市化质量不高的问题非常突出，城乡差距居高不下、贫民窟难以消除、"城市病"不断加重。把握城市化发展的战略机遇、应对快速城市化的问题和挑战，必须学习借鉴城市化发展的理论成果。

① "联合国预测：2050年城市人口将达世界总人口的66%"，人民网，http://world.people.com.cn/n1/2018/0327/c1002-29892014.html。

第一节 马克思和恩格斯城市化理论再学习：城市社会的视角

一、为什么要再学习?

1851年英国城镇人口首次超过农村，成为人类历史上第一个城镇人口占多数的国家，这与《共产党宣言》发表为标志的马克思主义的诞生几乎同时。“再”不是首次，意指有人做过梳理和研究。如辜胜阻、简新华和高珮义等在20世纪八九十年代对马克思城市化理论进行过比较深入的研究，取得了丰硕成果，但其基本背景都是中国城市化水平处在30%以下。我们之所以要从事这样一项看似“重复”的工作，就在于马克思和恩格斯长期生活在城镇人口已经过半的国度，亲历和见证了第一个“城市社会”，他们以英国为案例，深刻剖析了人类历史上的第一个“城市社会”。作为伟大的理论家和思想家，他们把城市化这一社会必然趋势放在普遍联系、动态发展、协同互动的世界中进行考察，对当今中国仍然有很强的现实指导性。再学习主要原因有三个方面：

（一）中国已经摆脱了“低收入陷阱”，进入中高收入阶段

马克思和恩格斯都是德国人，但从19世纪40年代中期直到去世大都在英国工作和从事革命及著述活动。英国是当时世界最发达的国家，工业化、城市化水平最高，但问题也很多，他们感同身受，对资本主义城市社会有深刻体悟。从历史的眼光看，欧洲，特别是英国建立了当时最先进的制度——资本主义

制度。英国是生产力发达、制度先进的国家，关注英国和欧洲实质上就是关注先进国家、较高收入国家的经济社会发展问题。当下的中国已经实现了从站起来、富起来到强起来的伟大飞跃。中国工业化基本完成，已转变成全球制造业大国，制造业总值居世界首位，这和马克思和恩格斯关注工业化最发达国家的情形有相似之处。也就是说，在新时代、新阶段，再学习有更为迫切的现实需求。

（二）马克思和恩格斯是第一个城市社会的亲历者和见证人

在城市化水平达到50%以后，马克思和恩格斯之忧是什么？中国进入“城市社会”以后，可能会发生什么？可能会遇到什么？如何应对？作为第一个城市社会的亲历者和见证人，马克思对资本主义城市社会的观察思考不仅有史料价值，而且对中国认识“城市社会”、适应城市社会、建设高品质城市社会具有重要的理论价值和现实指导意义。中国城市化虽然取得了进入城市型社会、赶上世界平均水平的历史性成就，虽然避免了大规模失业和贫困，但马克思痛斥的剥夺农村居民的现象很难说已经根绝。前国务院总理朱镕基曾经担心：“现在‘城镇化’已经跟盖房子连在一起了，用很便宜的价格把农民的地给剥夺了，让外国人或房地产商搬进来，又不很好地安置农民，这种搞法是很危险的。”（《朱镕基讲话实录》编辑组，2011）

（三）发展经济学的困境和创新

发展经济学主要研究低收入阶段的发展问题，中华人民共和国成立70年来，发展经济学曾经为国家的经济发展提供了很多启发和政策思路。然而既有的发展经济学理论都是以低收入经济体为分析对象（叶初升，2019），摆脱贫困陷阱、实现经济起飞的理论分析与政策建议比较符合人均收入从一二百美元到一两千美元国家的情形，大多不再适应中高收入阶段的经济发展。因此，在中等收入阶段，马克思和恩格斯的分析可能有更高的针对性。忧马克思之忧，以马克思主义为指导更有利于分析解决当代发展经济学的困境。

二、发展历程

19世纪40年代，正值欧洲国家工业化快速发展和工商业城市大批兴起，英国即将跨入城市社会门槛。在此后的半个世纪，马克思、恩格斯发表的《英国工人阶级状况》《德意志意识形态》《共产党宣言》《资本论》《论住宅问题》和《反杜林论》等众多著作，从不同角度深刻分析资本主义生产方式、城市和城市化发展。毋庸讳言，城市现象并不是他们论述的重点，关于城市和城市化问题的思考往往是结合工人生活、阶级斗争、资本积累、资本主义发展的历史趋势和革命策略等问题展开的。学习马克思和恩格斯的城市观，需要从历史唯物主义出发，基于马克思主义产生和发展的时代背景、基于对当时社会发展的深刻体悟，全面理解、准确把握。

（一）萌芽时期（1842—1845年）

1842年10月，马克思任《莱茵报》(*Rheinische Zeitung*)编辑，开始关注城乡对立问题。恩格斯对当时英国工人阶级的工作与生活进行了深入调查研究，肯定工业革命推动社会经济发展的积极作用，同时也指出城市工人阶级工作与生活中存在的突出问题。

在此期间，马克思发表了一系列政论文章，主张制定“城市和农村平等的区乡条例，……这种平等就是‘城市的区和农村的乡的权利平等’”（《马克思恩格斯全集》第1卷，1995）。恩格斯完成了《英国工人阶级状况》一书，分析工业革命之后英国社会生产生活方式的改变及其对工人阶级工作生活状况的影响，揭露了资产阶级对无产阶级的残酷剥削和工人阶级的悲惨状况。恩格斯认为，人口流入是城市产生的一个条件。“大租佃者的竞争把小租佃者和自耕农从市场上排挤了出去，使他们破了产；于是他们就变成了雇农和靠工资生活的职工，这些人中间有大批人流入城市，使城市以这样惊人的速度扩大了起来。”（《马克思恩格斯全集》第1卷，1956）然而，大量工业城市兴起之后，居民生活没有因此得到太大改善，甚至有所恶化。

（二）形成时期（1846—1866年）的两大理论成果

马克思和恩格斯用唯物史观分析人类历史的发展进程，《德意志意识形态》和《共产党宣言》是这一时期的重要成果。他们基于对城市与乡村的详细考察，提出了城乡关系决定着整个社会发展面貌的观点。他们认为，未来社会城乡对立的根源——私有制——将被消灭，城乡融合将会实现。从发展实践看，1851年，英国已经成为人类历史上的第一个城市社会，城镇人口超过农村人口，城市化取得巨大成绩，但同时产生了不少问题，马克思和恩格斯感同身受。他们把英国城市社会的观察嵌入人类历史发展规律的分析之中，形成了两大理论成果。

一是城乡分离（对立）理论。马克思和恩格斯认为，城乡对立是社会发展到一定阶段的必然产物。随着生产力的发展，当农业劳动生产率提高到一定程度，即农业上的全部劳动——必要劳动和剩余劳动——必须足以为整个社会，从而也为非农业工人生产必要的食物，“从事农业的人和从事工业的人有实行这种巨大分工的可能；并且也使生产食物的农民和生产原料的农民有实行分工的可能”（《资本论》第3卷，1975）。也就是说，生产发展使得一部分人从农业劳动中脱离出来，为农业劳动者与非农业劳动者、城市与乡村的分离提供了前提。“某一民族内部的分工，首先引起工商业劳动和农业劳动的分离，从而也引起城乡的分离和城乡利益的对立”（《马克思恩格斯选集》第1卷，1972），所以城乡分离对立是人类历史发展的必然，“柏拉图把分工描述为城市的（在希腊人看来，城市等于国家）自然基础，这种在当时来说是天才的描述”（《马克思恩格斯选集》第3卷，1972）。私有制是城乡对立的根源，消灭城乡对立，必须先废除私有制。

二是城乡融合理论。基于唯物史观，马克思和恩格斯一方面肯定了城乡分离对立对人类文明发展的历史进步意义，另一方面又分析和揭示了城乡之间的尖锐对立和深刻矛盾，指出消灭城乡对立的必要性与可能性。“人们只有在消除城乡对立后才能从他们以往历史所铸造的枷锁中完全解放出来”（《马克思恩格斯选集》第2卷，1972），并进一步提出了城乡融合的科学设想。实现城乡融合，一是需要大力发展生产力，因为城乡对立只是“工农业发展水平还不够高的表现”（《马克思恩格斯选集》第1卷，1972），二是要废除资本主义私有制，因为“城乡之间的对立只有在私有制的范围内才能存在”（《马克思恩格斯选集》第1卷，1972）。

（三）发展时期（1867—1895年）

马克思从经济学角度研究城市发展以及城乡分离对立的原因，以期找到城乡融合的途径。恩格斯与当时社会上的资产阶级思想展开激烈论战，阐述宣传消灭城乡对立和实现城乡融合的观点。这一时期的理论成果在《资本论》和《论住宅问题》等著作中有所体现。

马克思分析了城乡分离对立与拓展交换的深度、广度之间的关系。“交换的深度、广度和方式都是由生产的发展和结构决定的。例如，城乡之间的交换，乡村中的交换，城市中的交换等等。”（《马克思恩格斯选集》第2卷，1972）同时，城乡分离对立对生产和分配也有重要的影响。“当市场扩大，即交换范围扩大时，生产的规模也就增大，生产也就分得更细。随着分配的变动，例如，随着资本的集中，随着城乡人口的不同的分配等等，生产也就发生变动。”（《马克思恩格斯选集》第2卷，1972）通过与蒲鲁东、杜林等人的论战，恩格斯提出了实现城乡融合的主张：一是生产力的均衡布局，“大工业在全国的尽可能平衡的分布，是消灭城市和乡村的分离的条件”（《马克思恩格斯选集》第3卷，1972），消灭城乡对立与走向城乡融合是一个问题的两个方面，前提是加快生产力发展。二是实现工农结合和工农互动。工农狭义的是工业生产和农业生产，广义地可以包括工业人口和农业人口、城市人口和农村人口，“只有使工业生产和农业生产发生密切的内部联系，并使交通工具随着由此产生的需要扩充起来……才能使农村人口从他们数千年来几乎一成不变地栖息在里面的那种孤立和愚昧的状态中挣脱出来”（《马克思恩格斯选集》第2卷，1972）。

三、对城市化实践与相关理论的批判

（一）资产阶级使阶级对立简单化、阶级斗争尖锐化

阶级对立简单化的表现是中世纪的封建贵族、教会和农奴

三大阶级逐渐分化为资产阶级和无产阶级。在中世纪，贵族和教会是统治阶级，在乡村与直接的生产者即农奴相对立，在城市则与行会相斗争。行会是城市中手工业者为了自己的利益而联合起来反抗贵族的压迫所形成的组织，行会内排斥分工。“在封建制度繁荣时代，分工不大发达。每一个国家都存在着城乡之间的对立。”（《马克思恩格斯选集》第1卷，1972）随着生产力发展，分工日益扩大、市场不断拓展，行会制度趋于瓦解，生产资料与工人分离，农民、手工业者、小商人等相继破产而逐渐演变成无产阶级。因此，“整个社会日益分裂为两大敌对的阵营，分裂为两大相互直接对立的阶级：资产阶级和无产阶级”（《马克思恩格斯选集》第1卷，1972），这是资产阶级时代的一个显著特点。

阶级斗争尖锐化表现在随着生产资料的不断集中，社会财富日趋集中到资产阶级手中，无产阶级深陷贫困。由此导致工人阶级为改善他们的工作环境和生活条件而不断地斗争。斗争由原来的少数工人参加发展到工人阶级意识的觉醒，从自发地成立工人组织、维护整体利益到争取合法权益。马克思说，到目前为止的一切社会的历史都是阶级斗争的历史（《马克思恩格斯选集》第1卷，1972），而随着资本主义的发展，阶级斗争越来越尖锐化。

（二）城乡关系从同一到分离对立再到融合

从社会生产力和分工不断发展的角度，马克思和恩格斯阐释了城市产生、发展和城乡关系的演变机制。他们把人类社会发展同城乡关系演变相结合，揭示了城乡同一→城乡分离对立→城乡融合的必然逻辑。但资本主义社会却使城乡对立达到最严重的程度。在资本主义以前，城市和乡村不存在实质性分离，是城乡关系一体化。到中世纪早期，城堡和教会逐渐成为社会的行政、军事中心，但大多城堡建立在农村，乡村经济处于统治地位，城市依赖于乡村，屈服于乡村的统治，所以中世纪早期是“城市的乡村化”。而中世纪后期，真正意义上的城市开始出现，城市由于聚集了各种生产要素而展现欣欣向荣的一面，而乡村逐渐变得贫穷、落后、封闭。城市和乡村的对立，分别代表了不同生产方式不同的利益诉求。这种背后利益的冲突，必然使得两者形成尖锐的对立之势。

马克思认为，私有制必然造成城乡分离与对立，必然导致阶级对抗，因为生产资料被少数人占有，社会产生利益根本对立的阶级。城市利用其在经济、政治地位上的优势剥削、压榨乡村，城乡对立由此形成。

（三）城市住宅及一般小住宅的“稀少和昂贵”是与快速城市化长期相伴的“慢性病”

随着工业城市的不断发展，大量劳动力从乡村涌进城市，城市住宅问题产生了。法国社会主义思想家蒲鲁东发表了《经济矛盾的体系，或贫困的哲学》（*Système des conflicts économiques ou Philosophie de la misère*）等相关著作，提出了蒲鲁东式的住宅问题解决方案。马克思曾经予以严厉批判①，但蒲鲁东主义仍然阴魂不散。19世纪70年代前后，无政府主义者巴枯宁、医学博士米尔博格和艾米尔·扎克斯等不断祭出蒲鲁东主义大旗，大肆宣扬蒲鲁东解决住宅问题的主张。这种思潮的泛滥和大城市住宅问题的持续升温使得马克思和恩格斯不得不关注住宅问

---

① 马克思对蒲鲁东的批判集中在《哲学的贫困》（1847）和《论蒲鲁东》（1865）两部论著当中。

题，并对资产阶级和小资产阶级的解决方案进行了尖锐论战。从1872年5月到1873年1月，恩格斯在莱比锡《人民国家报》(*Der Volksstaat*)上，先后10次发表关于住宅问题的文章，形成了包含《蒲鲁东怎样解决住宅问题》《资产阶级怎样解决住宅问题》和《再论蒲鲁东和住宅问题》三个分册在内的《论住宅问题》一书。

恩格斯说，游闲的资本以及流通中的货币额都突然大大增加，在一个大工业国登上世界舞台的时候，古老文明的国家向大工业顺利而加速过渡的时期，通常就是"住宅缺乏"时期(《马克思恩格斯选集》第2卷，1972)。一方面，一大批农村工人突然被吸引到大城市里来；另一方面，这些旧城市的布局已不适应新的大工业的条件和与此相应的交通；街道在加宽，新的街道在开辟，铁路铺到市里。正当工人成群涌入城市的时候，工人住宅却被大批拆除。于是就突然出现了工人以及以工人为主顾的小商人和小手工业者的住宅缺乏现象。"在伦敦、巴黎、柏林和维也纳这些地方，住宅缺乏现象曾经具有急性病的形式，而且大部分象慢性病那样继续存在着。"(《马克思恩格斯选集》第2卷，1972)而在传统的工业中心产生的城市如曼彻斯特、利兹、布莱德福德、巴门-爱北斐特等，几乎不存在住宅缺乏现象。

关于房价高企，恩格斯认为，现代大城市的发展，"使某些街区特别是市中心的地皮价值人为地提高起来，往往是大幅度地提高起来。原先建筑在这些地皮上的房屋，不但没有提高这种价值，反而降低了它，……于是它们就被拆毁而改建别的房屋"。结果"工人住宅以及一般小住宅都变得稀少和昂贵，而且往往是根本找不到”(《马克思恩格斯全集》第18卷，1964)。住宅租金的这种“巨大增加，发生在迅速发展的城市中，而绝不是发生在乡下某个地方”(《马克思恩格斯选集》第2卷，1972)。

恩格斯批判了大资产阶级和小资产阶级解决住宅问题的方案。他认为，资产阶级和小资产阶级在德国尽管有很多代表，但在现行制度下，房屋赎买的方案是空想行不通的，不能指望通过这一方案舒缓大城市住宅及一般小住宅的稀缺与昂贵。住宅问题是与资本主义大生产联系在一起的。在大工业占统治地位的阶段，占有房屋、稳定的住宅，已经变成工人“最沉重的枷锁”和“最大的不幸，成了工资无比地低于正常水平的基础……无怪乎靠这样不正常地扣除工资过活和发财的资产阶级和小资产阶级，总是醉心于农村工业，醉心于工人占有住宅”(《马克思恩格斯选集》第2卷，1972)，“给每个工人一所归他所有的小屋子”(《马克思恩格斯选集》第2卷，1972)，只是资产阶级和小资产阶级凭空臆断的空想。“把属于有产阶级的豪华住宅的一部分加以剥夺，并把其余一部分征用来住人，就会立即有助于消除住宅缺乏现象。”(《马克思恩格斯选集》第2卷，1972)在资本主义生产方式下，企图单独解决住宅问题的想法都是愚蠢的。“真正的解决办法在于消灭资本主义生产方式，由工人阶级自己占有全部生活资料和劳动资料。”(《马克思恩格斯选集》第2卷，1972)“我们顶多只能断定：随着资本主义生产的倾覆，旧社会所特有的一定占有形式就将成为不可能的了。”(《马克思恩格斯选集》第2卷，1972)也就是说，想要从根本上消灭造成灾难的原因，必须消灭资本主义生产方式。

四、“城市社会”不是低风险社会

城市化不仅是资源要素和财富的集聚，也是风险的集聚。马克思和恩格斯早已发现，城市化和城市社会所产生的生产力比以往任何时候都要大，但也同样洞见到城市社会的深层矛盾和高风险性。进入城市社会以后，农村屈服于城市，农村从属于城市，未开化和半开化的国家从属于文明的国家，农民的民族从属于资产阶级的民族。这个社会的统治者和统治阶级（资产阶级）日甚一日地消灭生产资料、财产和人口的分散状态。它创造的生产力比以往任何时候都要多，它使人口密集起来，使生产资料集中起来，使财产聚集在少数人的手里。由此必然产生的结果就是政治的集中。“工人变成赤贫者，贫困比人口和财富增长得还要快。……资产阶级不能统治下去了，……社会再不能在它统治下生活下去了……”（《马克思恩格斯选集》第1卷，1972）用剥夺方法、恐怖手段，清除茅屋之战，……为资本主义农业夺得了地盘，使土地与资本合并，为城市工业提供了无家可归的、顺从的无产阶级人手〔《资本论（法文版）》第1卷，1983〕。马克思基于资本积累的历史趋势和第一个“城市社会”产生的历史背景，主要从以下三个方面论证了资本主义城市社会的高风险性和不可持续性。

（一）资本主义生产方式的基础是通过暴力手段迫使生产者和生产资料相分离

在迫使生产者和生产资料分离的过程中，一方面是社会财富迅速集中在少数人手中并转化为资本，另一方面是大批的直接生产者被剥夺了生产资料而变成一无所有的自由劳动者。在英国，地理大发现后欧洲市场对羊毛的需求急剧扩大，促使了一场延续300年的圈地运动。人民群众遭受的这种可怕的残酷的剥夺，形成资本的前史。这种生产方式是以土地及其他生产资料的分散为前提的。它既排斥生产资料的积聚，也排斥协作，排斥统一生产过程内部的分工，排斥社会对自然的统治和支配，排斥社会生产力的自由发展。个人的分散的生产资料转化为社会的积聚的生产资料，从而多数人的小财产转化为少数人的大财产，广大人民群众被剥夺土地、生活资料和劳动工具，等等。"这种剥夺包含一系列的暴力方法……对直接生产者的剥夺，是用最残酷无情的野蛮手段，在最下流、最龌龊、最卑鄙和最可恶的贪欲的驱使下完成的。"（《马克思恩格斯全集》第23卷，1972）

（二）把农民房屋清除掉的全部暴力行为是一切剥夺方法的顶点

马克思利用哈里逊《英国概述》（*An Historicall Description of the Iland of Britaine*）、托马斯·摩尔的《乌托邦》（*Utopia*）和汉特医生《公共卫生报告》（*Public Health Report*）等相关资料，描述了对农村居民被剥夺的残酷状况。"我们的大掠夺者什么也不在乎！"〔《资本论（法文版）》第1卷，1983〕，农民的住房和工人的小屋被强行拆除，或者任其损坏。无数的房屋和小农户消失了；一些新的城市繁荣起来，但是很多城市衰落了……城市和乡村为了作牧羊场而被毁坏，只有领主的城堡保留下来……。亨利七世以来的150年尽管颁布了禁止剥夺农民和小租地农民的法律，但毫无效果。如1801—1831年农场居民被夺取3 511 770英亩[①]公有地。一切剥夺方法的顶点则是“清除茅屋”的战斗，这是对农民土地的最后一次大规模剥夺。清扫领地（Clearing of Estates），实际上是把人从领地上清扫出去，把农民以及要转为大农场耕作和牧场的地产上的农民房屋清除掉的全部暴力行为。人们正在清除农业工人的小屋，因为这些小屋的存在有损他们耕种的土地的美观〔《资本论（法文版）》第1卷,1983〕。在爱尔兰，一个地主一下子就把好几个村庄清扫掉；在苏格兰高地，一下子被清扫的土地面积相当于德意志几个公国，还有被侵吞的所有权的特殊形式〔《资本论（法文版）》第1卷，1983〕。对清扫运动，马克思提到了萨特伦德公爵夫人：

从1814年到1820年，这15 000个居民，大约3 000户，有步骤地被驱逐了。他们的村庄全都被破坏和烧毁，他们的田地全都变成了牧场。不列颠的士兵奉命协助，同当地居民发生了冲突。一个老太婆因拒绝离开小屋而被烧死在里面。这位贵夫人用这种方法把自古以来就属于克兰的794 000英亩土地据为己有了〔《资本论（法文版）》第1卷，1983〕。到1825年，15 000个放逐者已经被131 000只羊所代替。被赶到海边的那部分土著居民企图靠捕鱼为生。他们成了真正的两栖动物，一半生活在陆上，一半生活在水上，但是二者合在一起也只能使他们过半饱的生活〔《资本论（法文版）》第1卷,1983〕。但是，善良的盖尔人由于对“克兰大人”的山地居民的浪漫的崇拜，又一次被驱逐了〔《资本论（法文版）》第1卷，1983〕。

---

① 1英亩约为4046.8平方米。

（三）对农村居民的暴力剥夺客观上加速了城市化进程，人为造成了社会不稳定

由于封建家臣的解散和土地断断续续遭到暴力剥夺而被驱逐的人，不可能像它诞生那样快地被新兴的工场手工业所吸收，也不可能一下子就适应新状态的纪律。他们大批地变成了乞丐、盗贼、流浪者，其中一部分人是由于习性，但大多数是为环境所迫（《马克思恩格斯全集》第23卷，1972）。最后被暴力剥夺了土地、被驱逐出来而变成了流浪者的农村居民，"由于这些古怪的恐怖的法律，通过鞭打、烙印、酷刑、奴役，被迫习惯于雇佣劳动制度所必需的纪律"〔《资本论（法文版）》第1卷，1983〕。

从15世纪最后30多年起，英国怨声不断（只是有时中止），抱怨农民日益被消灭，处境日益恶化。这种生产方式发展到一定程度，自己就会产生出使它自身解体的物质手段。由此导致的必然趋势就是资本主义难逃灭亡的历史厄运。"这种生产方式必然要被消灭，而且已经在消灭……现在要剥夺的已经不再是独立的劳动者，而是资本家。"〔《资本论（法文版）》第1卷，1983〕对农村居民的剥夺客观上加速了城市化进程，但人为造成了社会不稳定和社会风险。不难发现，马克思和恩格斯对城市社会风险的分析入木三分。资本原始积累不仅是英国资本主义生产方式的基础，也是第一个城市社会形成的基础，城市社会风险蕴含在资本主义必然灭亡的历史逻辑当中。城市化是社会发展的必然趋势，但这种必然趋势同资本主义的发展紧密相连，与其说这是对资本主义的诅咒，不如说是从风险和成本方面对城市化发展规律的总结——快速城市化很难不损害农村、

农民和农业的利益。与其说，这是对资本主义必然灭亡的预言，不如说是对旧型城市化的警告和对城市社会城市化深层矛盾和高风险的预警，不顾农民利益而加速推进的城市化是非常危险的。

第二节 当代西方城市化理论借鉴

工业革命以来，西方的城市化理论可以追溯到杜能的农业区位理论、韦伯的工业区位理论和克里斯塔勒的城市区位理论。这些成果对新经济地理学和空间经济学的产生有极大影响（藤田昌久等，2011）。第二次世界大战后，对改革开放的中国影响最大的主要有结构转换理论、人口迁移理论、城市功能与城市规模理论、可持续发展视角的城市化理论、空间生产理论以及诺瑟姆三阶段理论等。鉴于目标和篇幅，仅对以下理论予以评介。

一、结构转换与城市化

城市化是经济发展中的结构现象，如库兹涅茨（Kuznets，1971）和钱纳里等（Chenery and Syrquin，1975）把城市化看成是同总体增长、人均收入增长、产出结构变化、人口结构变化和职业结构变化及其相互联系、相互加强的过程。这一理论由二元结构理论、乔根森模型和哈里斯-托达罗乡城迁移模型等三个主要模型构成。其中二元结构影响最大。

二元结构理论，又称刘易斯-费景汉-拉尼斯模型，由1979年诺贝尔奖得主刘易斯在20世纪四五十年代首先提出。他将发展中国家的经济结构概括为现代工业部门与传统农业部门并存的二元经济结构。后来，费景汉和拉尼斯对此做了进一步发展，形成了刘易斯-费景汉-拉尼斯模型。二元结构理论对低收入国家的城乡关系、工农关系做出了非常明晰和简洁的说明，同时高度吻合欠发达国家的国情，因而对学术界和决策部门产生了长期、持久的影响（李克强，1991）[①]。

乡城迁移模型。这一模型的核心思想可追溯到莱文斯坦（Ravenstein，1885、1889）关于人口迁移的七条规律和推拉理论等。托达罗或哈里斯-托达罗模型在发展经济学中影响更大。托达罗模型主要是针对农业比重大、收入水平低、贫困流行的维持生存型经济，对城市社会形成以前城市化动力机制很有解释力。其他比较著名的还有迁移率转变假说。假说的提出者泽林斯基（Zelinsky，1971）总结出五阶段模式：传统社会之前→工业革命早期→工业革命晚期→发达社会→未来超发达社会。在每个阶段，人口的出生、死亡、迁入、迁出存在很大差别。但整个说来，其影响特别是对政策制定的影响无法同托达罗模型相比。

二、城市功能和城市规模理论

（一）城市功能理论

1939年，美国经济学家霍伊特把城市经济结构分为基本经济部门和非基本经济部门两部分，前者负责城市的基本活动，后者则负责非基本活动。基本活动是指为本城市以外的需要服务的活动，非基本活动指为本城市需要服务的活动，两者相互依存且需保持一定的比例。基本活动是主导部分。与此对

---

① 此外，还可参看蔡昉等人2007年以来关于“刘易斯转折点”的系列讨论。

应，城市包括对外和对内相辅相成的两种功能。向城市以外地区的供给可产生巨大的聚集经济效益，从而为满足城市内部需求提供可能；城市内部需求的满足，又能吸引到更多的生产要素在城市集聚。基本经济部门的规模受制于本地需求（Home Market），非基本经济部门的规模受城市人口规模影响。应该说，霍伊特理论实际上解释了城市、人口、内在需求和聚集效益之间的互动与关联。

巴顿（Button，1976）对霍伊特的理论做了进一步阐释，强调本地市场对聚集经济的原生动能。他的分析理路是：城市人口增长→城市自给自足↑→潜在市场↑→专业化和分工↑→人才↑→公共服务和基础设施↑→企业家和创新聚集↑→……也就是说，市场潜力、专业化、规模经济效益、人才集聚、公共服务和基础设施改善、企业家与创新集聚与人口规模有密切关系。并且这些因素要相互作用、相互放大，不断迸发出巨大潜能，这更能激励工商业者向城市、大城市集中。

（二）城市规模理论

随着城市化的深入发展，世界范围内的城市规模都在不断扩大，与此同时带来了一系列城市问题，在特大城市中尤为突出。由此产生了对最佳城市规模的关注，因为它不仅与城市用地规模、公共设施的规模和产业发展关系极大，也关系到城市发展的可持续（张舒，2001）。

对城市规模的研究可追溯到马歇尔的外部经济理论，新经济地理学将迪克西特和斯蒂格利茨的垄断竞争模型和规模报酬递增引入集聚效益分析，从而使城市规模的分析产生了许多拥趸。国内较受推崇的模型还有理查德森（Richardson，1973）、亨德森

（Henderson，1974）模型和齐普夫法则（Zipf's law）。杜兰顿和普嘎（Duranton and Puga，2005）论证了不同类型城市将走向功能化分工。一些研究证实以城市产业间、部门间关联性所表示的产业结构影响着城市规模。"城市网络理论"认为，城市规模变化是以城市网络为基础的动态过程，而不是以人口为基础的静态过程。城市经济部门、物质部门和社会部门的相互作用和相互发展的成本-效益决定最佳城市规模。城市规模由什么决定？高等级城市功能、城市体系网络的整合可能非常重要，哪怕是小城市，这些因素都可能有助于规模经济的获得（简新华等，2010[b]）。

现实中，城市规模与功能特征并非完全对应。针对这些问题以及城市网络化发展现状，卡佩罗和卡玛根尼（Capello and Camagni，2000）提出"有效规模"理论，他们以58座意大利城市为研究对象，对不同规模级别、产业特征、对外联系程度的城市规模变化所带来的正、负效应进行了实证研究，发现除了规模之外，城市的产业特征及其与外界的联系程度同样关系到城市良性成长（Capello and Camagni，2000）。中国学者也有很多借鉴这些成果的研究，如王小鲁（2010），陆铭等（2011），柯善咨、赵曜（2014）以及潘士远等（2018）。这些研究对促进大城市主导的城市化和城市群的发展有重要借鉴价值。

三、空间生产与城市化

城市是与乡村相对应的地域空间，城市化本质上也是人及其附属物在空间的重新集聚和型塑，是空间生产和重构的动态调适过程（陈进华，2017）。20世纪70年代以降，新马克思主义、结构主义和制度经济学等为城市空间研究提供了新视角、新范式。

20世纪80年代后，列斐伏尔、索娅、福柯、卡斯特等人深刻地揭示了空间的社会属性。卡斯特宣称“空间不是社会的反映”，“空间就是社会”。索娅认为，空间既不是具有自主性建构与转变法则的独立结构，也不是社会生产关系延伸出来的阶级结构的表现，而是一般生产关系的一部分。

对空间生产理论影响最大的是亨利·列斐伏尔。他不认为空间是社会关系演变的容器，而把空间直接看成是社会产物，既反映社会，又对社会有反作用。他认为，资本主义没有灭亡的原因就在于对空间的占有，这使得资本主义能够持续下去。城市空间既是利益角逐的场所，又是利益角逐的产物，因为空间本身就是生产的直接对象（张京祥、邓化媛，2009）。受列斐伏尔的启发，大卫·哈维直接将资本主义经济发展同对空间和时间的改造联系起来。在金钱经济，特别是“在资本主义社会里，金钱、时间和空间的相互控制形成了我们无法忽视的社会力量”。空间和时间在实践中、在社会事物中从来都不中立。要想扩大社会力量，就必须夺取空间的支配权。这“始终是阶级斗争的一个至关重要的方面”（汪民安，2006）。为什么资本主义要夺取空间？这是因为，“资本主义能够存活到20世纪的主要手段”就是再造了空间关系和全球空间关系。哈维的城市空间理论体现在《资本的城市化》（*The Urbanization of Capital: Studies in The History and Theoy of Capitalist Urbanization*）、《意识与城市经验》（*Consciousness and The Urban Experience*）以及《希望的空间》（*Spaces of Hope*）等著作之中。

空间生产的城市化理论，对认识城市、城市社会和城市化风险，加强风险社会的城市治理，走科学发展的城市化道路（陆大道、宋林飞、任平，2007）有非常重要的理论启示和实践价值。陈进华（2017）认为，中国城市化风险实质是“普惠型的城市空间权益体系尚未构建成熟所引发的社会结构性问题；城市空间发展、调整和修复过程中的不公平、不均衡导致空间结构失衡、功能紊乱及其生态失序”。必须创新城市公共治理的空间结构、动力、机制及其文化生态，防范和化解城市化进程中的风险问题，达成风险时代城市空间配置、增长及其修复的科学性、公平性和可持续性的治理愿景。

第三节　党和政府关于城市化的重要思想与方针政策

一、重要思想

（一）毛泽东同志关于工业和农业、城市和乡村统筹兼顾的思想

中华人民共和国成立时，中国乡村人口接近90%，城市化率只有世界平均水平（29%）的36%。党中央从中国实际出发，提出了城市领导乡村、以城市为中心的城乡统筹兼顾的思想（孙成军，2006）。通过城乡互助的方式逐渐缩小城乡差距，实现工业、农业、国防和科学技术现代化。

首先，强调农业是国民经济发展的基础。1949年毛泽东提出工作重心转向城市的同时，特别强调“城乡必须兼顾，必须使城市工作和乡村工作，使工人和农民，使工业和农业，紧密地联系起来”（《毛泽东选集》第4卷，1991）。刘少奇也指出：“要有城

乡一体的观点……‘单打一’的做法必须改变，否则就要犯错误”（刘少奇，1981）。1956年，毛泽东发表的《论十大关系》强调，优先发展重工业，决不可以因此忽视生活资料尤其是粮食生产。之后，他进一步指出，“重、轻、农、商、交”的国民经济安排要转变为“农、轻、重、交、商”。

其次，强调工业和农业要同时发展。毛泽东多次阐述农、轻、重按比例协调发展的思想。他说，在一定的意义上可以说，农业就是工业，因此两者必须协调发展。“我们现在的问题，就是还要适当地调整重工业和农业、轻工业的投资比例，更多地发展农业、轻工业。”“发展工业必须和发展农业同时并举，工业才有原料和市场，才有可能为建立强大的重工业积累较多的资金。”（中共中央文献研究室，1999）

再次，提出统筹兼顾城乡发展的思想。毛泽东指出，我们的经济政策就是要“处理好‘四面八方’的关系，实行公私兼顾、劳资两利、城乡互助、内外交流的政策”（王伟光，2006）。我们的方针是“统筹兼顾、适当安排”，“我们作计划、办事、想问题，都要从我国有六亿人口这一点出发”（中共中央文献研究室，1999）。只有城乡统筹兼顾，我国经济社会才能够全面、健康、有序地发展。

以毛泽东为代表的第一代领导集体的城乡关系理论，是在建设中国社会主义的过程中产生的，这是中国共产党积极探索适合中国国情的城乡、工农业发展道路的思想成果。

（二）邓小平同志关于城乡关系和重视小城镇的思想

解放思想、实事求是是邓小平理论的精髓。基于中华人民共和国成立以来城乡关系的长期的思考，邓小平同志纠正了实践中存在的重城轻乡的思想，形成了以经济建设为中心、以农村带动城市、以农村改革为突破口，推进城乡改革发展的城乡发展思想。这一思想的要点是：

一是强调农业根本，尽快把农业搞上去。1975年面对国民经济的严重衰退，他强调“工业越发展，越要把农业放在第一位”（邓小平，1994）。作为改革开放的总设计师，他多次强调全党必须集中主要精力把农业尽快搞上去，解决中国问题的关键在于让农民富起来，我国人口的80%在农村，经济发展必须照顾到农业，“农业是根本，不要忘掉”（邓小平，1993）。无农不稳，农业搞不好，直接影响社会稳定，改革发展就很难得到保障，多次强调要抓好“米袋子”和“菜篮子”。

其次是形成城市和乡村、工业和农业的良性互动。“工业支援农业，促进农业现代化，是工业的重大任务。工业区、工业城市要带动附近农村”，同时，“工业支援农业，农业反过来又支援工业”（邓小平，1994）。农业和工业、农村和城市是“相互影响、相互促进。这是一个非常生动、非常有说服力的发展过程”（邓小平，1993）。农业和工业、乡村和城市彼此之间要相互支持和促进，最终实现共同发展。

最后是高度重视乡镇企业和小城镇。改革开放后，乡镇企业异军突起，在国民经济中扮演着非常重要的角色。乡镇企业的产生和发展是城镇化的内容之一，很大程度上改变了长期存在的二元经济结构（肖金成、党国英，2014）。原有的城市接纳农村富余劳动力的能力有限，当时又难以马上建立大量新城市以接纳从农村转移出来的人口，因此乡镇企业和小城镇成为接纳农村富余劳动力的主要地点，这种离土不离乡、进厂不进城的方式既消化了大量富余劳动力，又推进了城镇化（费孝通，1986），为发展中国家和欠发达地区提供了重要经验。

以邓小平同志为主要代表的中央领导集体关于城镇化的思想，产生于拨乱反正的特定时代，是对改革开放初期城乡、工农业关系实践经验的总结，是中国特色城镇化理论的源泉之一。

（三）中国共产党第三代中央领导集体提出了明确的城镇化战略

以毛泽东为代表的第一代领导集体提出实现四个现代化的目标，以邓小平同志为代表的第二代领导集体把现代化具体为20世纪末人均GDP800美元的小康社会，城镇化思想蕴含在现代化、工业化和城乡统筹发展的论述当中。20世纪90年代至21世纪初，以江泽民同志为核心的党中央，从全面实现现代化的要求出发，基于我国经济社会发展的新形势、基于农村城镇化过程中的矛盾和问题，逐步把城镇化上升为一种国家战略。

第一，重申农业的首位作用，提出“三农”问题的重要。江泽民指出，“三农”问题关系到国家的根基。“农业、农村、农民问题，始终是一个关系我们党和国家全局的根本性问题”（江泽民，2006），1993年8月27日，江泽民同志指出，要“坚定不移地把农业放在经济工作的首位”。现在应该“调整结构……宁肯暂时少上几个工业项目，也要保证农业发展的紧迫需要”（江泽民，2006）。“当工业发展到一定程度和一定阶段后，工业就有个着重和大力支持农业、武装农业的问题。”（江泽民，2006）

第二，发展小城镇，积极稳妥推进城镇化。《中共中央关于制定国民经济和社会发展第十个五年计划的建议》指出，我国推进城镇化条件已渐成熟，要不失时机地实施城镇化战略。发展小城镇是推进我国城镇化的重要途径。同时强调，在着重发展小城镇的同时，积极发展中小城市，完善区域性中心城市功能，发挥大城市的辐射带动作用，提高各类城市的规划、建设和综合管理水平，走出一条符合我国国情、大中小城市和小城镇协调发展的城镇化道路。①

第三，实施可持续发展战略、走可持续发展之路，不能“吃祖宗饭、断子孙路”。可持续发展对城镇化建设至关重要。党中央在提出可持续发展战略的同时，高度重视人口、资源与环境问题，并从正确处理社会主义现代化建设若干重大问题的角度，反复强调要把“三农”问题提高到重要位置，并把加快城镇化进程作为统筹城乡经济社会发展、解决“三农”问题和全面建设小康社会的重要任务。

（四）以胡锦涛同志为总书记的中央领导集体关于城镇化的思想

以胡锦涛同志为总书记的中央领导集体，基于21世纪的国内外形势，基于工业化、市场化、信息化和国际化的新趋势、新特征，对中国共产党关于城镇化和城乡发展的思想做了进一步的丰富和发展。

一是总结了中华人民共和国成立以来城乡关系的基本经验，提出统筹城乡经济社会发展的思想，并把它作为科学发展观的内容写入党章。二是提出“两个趋向”的重要论断：“在工业化初期，农业支持工业，是一个普遍的倾向；在工业化达到相当程度后，工业反哺农业、城市支持农村，也是一个普遍的趋向。我国现在总体上已到了以工促农、以城带乡的发展阶段。”（中共中央文献

---

① “中共中央关于制定国民经济和社会发展第十个五年计划的建议”，中国政府网，http://www.gov.cn/gongbao/content/2000/content_60538.htm。

研究室，2008）不难看出，“两个趋向”把工农关系、城乡关系与工业化和经济发展阶段相联系，是对国际发展经验的高度概括和精辟总结，是城乡关系理论的重大创新。三是提出建设社会主义新农村的重大历史任务。2005年12月31日，《中共中央 国务院关于推进社会主义新农村建设的若干意见》发布，《意见》指出，要高举邓小平理论和“三个代表”重要思想伟大旗帜，全面贯彻落实科学发展观，统筹城乡经济社会发展，实行工业反哺农业、城市支持农村和“多予、少取、放活”的方针，按照“生产发展、生活宽裕、乡风文明、村容整洁、管理民主”的要求，协调推进农村经济建设、政治建设、文化建设、社会建设和党的建设。围绕社会主义新农村建设做好农业和农村工作。四是把推进城镇化实现城乡共同繁荣作为建设社会主义和谐社会的重要任务，强调构建社会主义和谐社会是一个不断化解社会矛盾的持续过程（中共中央文献研究室，2008）。

中华人民共和国成立70年来，根据不同历史阶段的社会发展要求，中国共产党形成了各具特色的城镇化思想，这是对马克思主义城市化理论的继承和发展，共同构成了中国特色社会主义城市化理论体系。党的十八大选举出以习近平同志为核心的新一届中共中央领导集体，对城镇化理论进行了与时俱进的创新，具体内容将在下一节详细分析。

二、方针政策

（一）中华人民共和国成立到改革开放前的城市化政策

城市化政策和城市化实践密不可分。据此，改革开放前城市化政策的演进大致分为三个阶段。

一是初步发展阶段（1949—1957年）。中华人民共和国成立后，在中国共产党领导下国民经济逐步恢复。1953年，我国实施第一个五年计划，启动了规模浩大的工业化建设，吸纳了数量众多的农民进入城市和工厂就业，促进了农业劳动力向工业部门转移，城市人口急剧增加，比例显著提高。此外，土地改革的成功实施，极大地调动了农民的工作热情，农业经济得到恢复。这为城市化发展提供了经济条件。1949—1957年，我国城市数量由69座增加到176座，城市化率由10.64%上升到15.39%（见图1-1）。

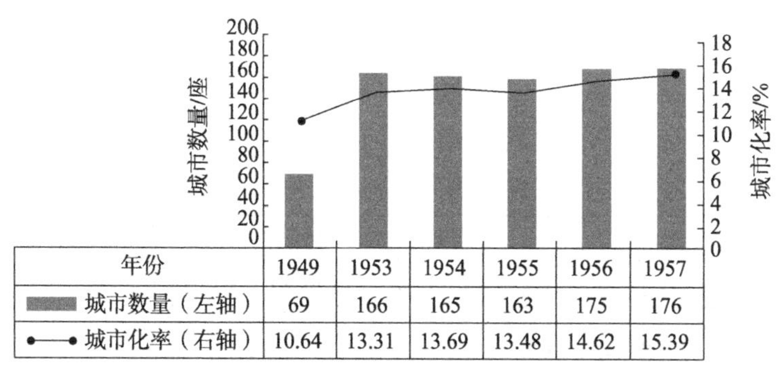

年份	1949	1953	1954	1955	1956	1957
城市数量（左轴）	69	166	165	163	175	176
城市化率（右轴）	10.64	13.31	13.69	13.48	14.62	15.39

图1-1　1949—1957年中国城市化建设基本情况

数据来源：国家统计局国民经济综合统计司（1999）。

二是不稳定发展阶段（1958—1965年）。激进发展（1958—1960年）和停滞（1961—1965年）是不稳定的重要表现。这一时期，经济建设规模不断扩大，城镇人口不断增多。1958年、1959年先后出台了《中华人民共和国户口登记条例》《关于立即停止招收新职工和固定临时工的通知》等限制农村人口进城的政策，城乡二元结构进一步强化。由图1-2可以看出，小城镇遍地开花，城镇数量在3年间增加32座，城市化水平上升到19.75%。之后，我国经济陷入停滞。1959—1961年，农业生产遭到破坏，粮食产量下降，无法满足基本需求。1961年提出“调整、巩固、充实、提高”八字方针，对城镇规模予以调整。因此，1959—1961年被称为“三年困难时期”，1962—1965年被称为“三年调整时期”。1961—1963年，城市数量减少34座，城市化水平从19.29%下降到16.84%（见图1-2）。

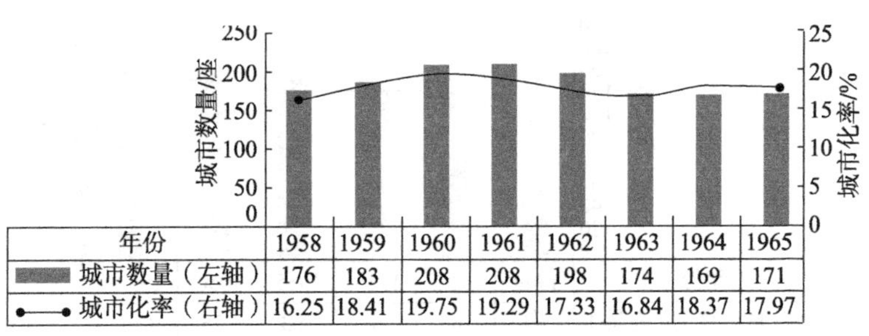

年份	1958	1959	1960	1961	1962	1963	1964	1965
城市数量（左轴）	176	183	208	208	198	174	169	171
城市化率（右轴）	16.25	18.41	19.75	19.29	17.33	16.84	18.37	17.97

图1-2 1958—1965年中国城市化建设基本情况

数据来源：国家统计局国民经济综合统计司（1999）。

三是停滞阶段（1966—1978年）。“文革”对正在逐步恢复经济的中国来说是一个冲击，城镇建设处于停滞状态，城市化率下降。1966—1974年，城市化率持续走低，城市数量仅增加了6座。此后放松了对迁入城镇和小城市的限制，城镇人口增长逐步有了起色，城市化率上升（图1-3）。

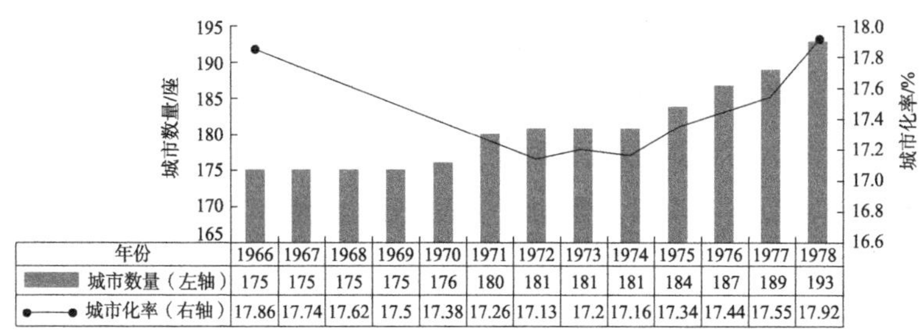

年份	1966	1967	1968	1969	1970	1971	1972	1973	1974	1975	1976	1977	1978
城市数量（左轴）	175	175	175	175	176	180	181	181	181	184	187	189	193
城市化率（右轴）	17.86	17.74	17.62	17.5	17.38	17.26	17.13	17.2	17.16	17.34	17.44	17.55	17.92

图1-3　1966—1978年中国城市化建设基本情况

数据来源：国家统计局国民经济综合统计司（1999）。

（二）以建设小城镇为主的阶段（1979—2002年）

改革开放以来，中国共产党将发展小城镇作为城市化建设的重点方向，“控制大城市规模，多搞小城镇”是改革开放后制定城市化政策的目标。该时期城市化建设情况如图1-4所示：

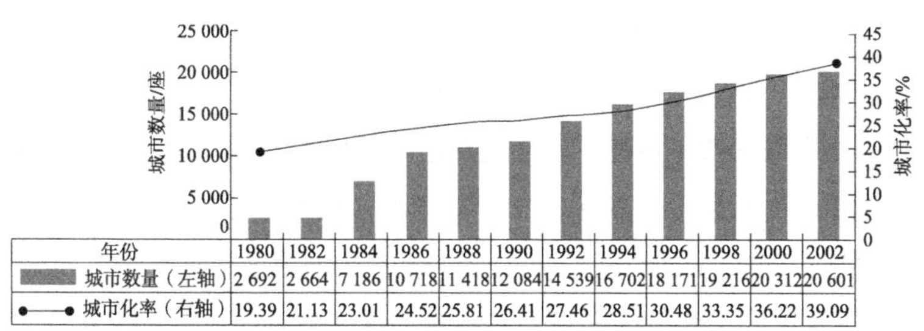

年份	1980	1982	1984	1986	1988	1990	1992	1994	1996	1998	2000	2002
城市数量（左轴）	2 692	2 664	7 186	10 718	11 418	12 084	14 539	16 702	18 171	19 216	20 312	20 601
城市化率（右轴）	19.39	21.13	23.01	24.52	25.81	26.41	27.46	28.51	30.48	33.35	36.22	39.09

图1-4　1979—2002年中国城市化建设基本情况

数据来源：相关年份的《中国统计年鉴》；国家统计局网站，http://www.stats.gov.cn/tjsj/ndsj/。

推进小城镇建设是随着改革开放相关政策的改变而变化的，与农村城镇化建设始终是紧密联系的。小城镇建设的成功与否对能否实现大中小城市和农村发展有很大影响。从党的十一届三中全会到党的十六大，党和政府关于发展小城镇、推动城镇化建设的方针政策主要体现在以下几方面：

首先，对发展小城镇要大力支持、充分肯定。改革开放前，小城镇建设停滞不前。党的十一届三中全会后，国家开始对经济领域进行改革，在农村确立了家庭联产承包责任制，农业生产技术大大提高并产生大量富余劳动力。为此，党中央鼓励农民生产经营多样化，促使农林牧副渔业同时发展。

其次，加强对小城镇建设的指导。1985年，党中央对小城镇建设提出新的要求，要逐渐完善农业经济体制，提高农业发展水平。开始允许农民进入城镇就业。这不仅有利于解决农村劳动力过剩问题，也能促进相关产业、特别是以服务业为主的第三产业的发展，加快了城市基础设施建设。

最后，促进小城镇综合全面发展。小城镇为主的发展模式虽然促进了农村富余劳动力转移，提高了城镇化水平，但也产生了“村村像城镇，镇镇像农村”、“村村点火、户户冒烟”等资源浪费、生态环境破坏一类的问题。鉴于这种情况，出现了对“控大抓小”城镇化道路的反思（赵书茂，2015）。同时，我国政府要求，要加强科学规划，促进小城镇全面发展，大力提高小城镇发展质量。

（三）提出中国特色城镇化道路阶段（2002—2012年）

随着我国综合国力的增强和人民生活水平的提高，单一的小城镇发展已不能适应新时期经济发展和人民更好生活的需要。迫切需要协调发展大中小城市，对以发展小城镇为中心的城镇化道路转型升级。在这种背景下，走新型城镇化道路应运而生，城市化建设出现新局面（见图1-5）。

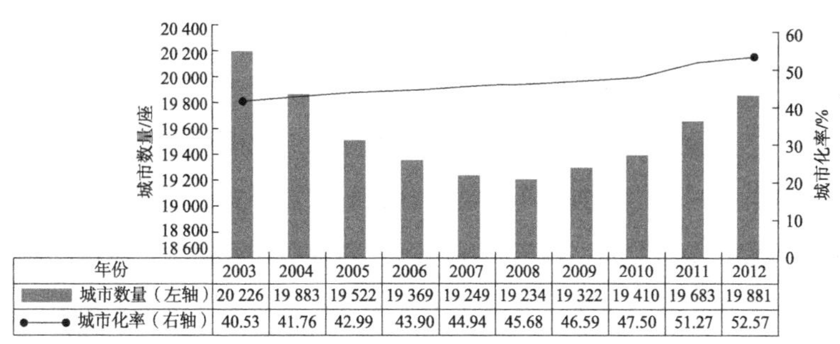

年份	2003	2004	2005	2006	2007	2008	2009	2010	2011	2012
城市数量（左轴）	20 226	19 883	19 522	19 369	19 249	19 234	19 322	19 410	19 683	19 881
城市化率（右轴）	40.53	41.76	42.99	43.90	44.94	45.68	46.59	47.50	51.27	52.57

图1-5　2003—2012年中国城市化建设基本情况

数据来源：相关年份的《中国统计年鉴》；国家统计局网站。

在党的十六大明确提出“坚持大中小城市和小城镇协调发展”、走中国特色城镇化道路的基础上，党的十七大对中国特色城镇化道路及其对实现区域均衡发展战略的重要性做了进一步强调。要“按照统筹城乡、布局合理、节约土地、功能完善、以大带小的原则”（中共中央文献研究室，2009），促进城市间协调发展，促进城乡互动、工农业协调发展，发挥大中城市的辐射带动作用，推动产业之间、地区之间的优势资源互补。政策实践主要有以下几点：

一是放宽户籍管理制度限制，吸引农民到大中城市就业和定居。准许农民到城镇就业，要求各企业和单位不能有就业歧视，对所有就业者一视同仁。此外，完善城镇基础设施建设，大力发展乡镇企业，以吸引并满足更多农民进城就业。由此促进城乡人口流动、保障进城农民就业和定居的合法权益。

二是协调东中西部地区之间的互动发展。进入21世纪，我国城镇化建设取得重大成就，但地区发展不平衡，尤其是东中西部地区的发展差异仍然较大。中央继推出西部大开发的战略部署以外，又相继推出中部崛起、东北振兴、滨海新区开发等促进区域经济协调发展的战略部署。

三是促进人口、资源、环境协调发展。中国城市化存在的突出问题是人口、资源分布不均衡，且对生态环境造成了破坏。大城市城市化水平高，人口数量多，资源分布相对集中，环境污染比较严重；而中小城市城市化水平偏低，人口数量较少，资源分布不均，环境污染相对较轻。因此，要协调好市场之手和政府之手的作用，优化资源配置、缩小城乡差距、促进城市化持续发展。

第四节 党的十八大以来的新型城镇化与习近平总书记的重要论述

一、党的十八大以来的新型城镇化建设

2011年我国城市化率达到51.27%，首次超过50%，这是一种历史性的重大社会变迁。如前所述，新型城镇化战略的提出大致经历了三个阶段：第一是以党的十六大提出大中小城市协调发展为标志的新型城镇化酝酿阶段。第二是以党的十七大提出用科学发展观指导新型城镇化为标志的建设阶段。第三是成熟阶段，其标志是党的十八大提出“坚持走中国特色新型工业化、信息化、城镇化、农业现代化道路，推动信息化和工业化深度融合、工业化和城镇化良性互动、城镇化和农业现代化相互协调，促进工业化、信息化、城镇化、农业现代化同步发展”（中共中央文献研究室，2014）。推进新型城镇化发展的政策主要体现在以下方面：

一是明确提出了促进城乡一体化发展的一系列政策指示，如

加大对农村基础设施建设和农民医疗保障投入，积极推进社会主义新农村建设，为城乡提供均等化的基础公共设施和服务。走城乡一体化道路，促进经济共同发展、居民生活质量共同发展，最终实现城乡融合。

二是强调新型城乡经济关系的核心是工业和农业，二者必定存在不同，不能将其进行合并或调换。工业应当反哺农业，农业也需要工业生产的支持，要协调城乡生产展。城乡在收入、消费和居住方面也存在差异，要提高农村居民的生活质量，使农村生活总体上接近城市，并在生活压力指数上甚至低于城镇水平。同时，将生态文明和新型城镇化建设有机结合起来，以差异性协调城乡生态文明和新型城镇化发展的关系，根据城乡之间自然区位、地理面貌、自然景观的不同特征，建立相对独立的主体功能区，促进生态功能优势互补。

二、习近平总书记对城镇化的重要论述

党的十九大系统阐述了习近平新时代中国特色社会主义思想的基本内涵，确立了习近平新时代中国特色社会主义思想的指导地位。习近平新时代中国特色社会主义思想是马克思主义中国化的最新理论成果，把对共产党执政规律、社会主义建设规律、人类社会发展规律的认识提到了一个新高度。对城镇化的重要论述构成习近平新时代中国特色社会主义思想的重要内容。

（一）背景

1.党的十八大选出了以习近平同志为核心的党中央，提出中国梦、强国梦和实现人民对美好生活向往的奋斗目标。党的十九大做出了“中国特色社会主义进入新时代”的重要论断，到20世

纪中叶，要把我国建成“富强民主文明和谐美丽的社会主义现代化强国”。

2. 中国经济总量稳居世界第二，经济由高速增长阶段转向高质量发展阶段。城镇化取得两大历史性突破，一是中国进入了城镇人口占多数的城市社会时代，二是中国的城镇化水平赶上了世界平均水平。

（二）重要论述

1. 城镇化是一个自然历史过程，是现代化的必由之路。推进城镇化，必须遵循规律，因势利导，坚持社会主义初级阶段的基本国情，顺势而为、水到渠成。

2. 我国城镇化正在推进，农民进城还是大趋势。要坚持以人民为中心的发展，进一步深化农村土地制度改革，坚持保障农民土地权益，不得以退出承包地和宅基地作为农民进城落户条件。通过制度保障，让进城的进得放心，让留在农村的留得安心，实现城镇与乡村相得益彰。

3. 城镇化的核心是人的城镇化。要以人为本，推进以人为核心的城镇化。不断提高进城农民的获得感、幸福感、安全感。

4. 推进城镇化要处理好市场和政府的关系。一是坚持使市场在资源配置中起决定性作用；二是发挥有为政府的作用，如制度环境、发展规划、建设基础设施、公共服务和社会治理等方面的职能；三是处理好中央和地方关系。

5. 注重防范和化解重大风险。2015年10月，习近平总书记指出，之后5年，可能是我国发展面临的各方面风险不断积累甚至集中显露的时期。我们面临的重大风险，既包括国内的经济、政治、意识形态、社会风险以及来自自然界的风险，也包括国际经济、政治、军事风险等。在庆祝改革开放40周年大会上，习近平总书记指出，我们现在所处的，是一个船到中流浪更急、人到半山路更陡的时候，是一个愈进愈难、愈进愈险而又不进则退、非进不可的时候。面对波谲云诡的国际形势、复杂敏感的周边环境、艰巨繁重的改革发展稳定任务，习近平同志反复强调，我们必须始终保持高度警惕，既要高度警惕“黑天鹅”事件，也要防范“灰犀牛”事件；既要有防范风险的先手，也要有应对和化解风险挑战的高招；既要打好防范和抵御风险的有准备之战，也要打好化险为夷、转危为机的战略主动战。

6.“以城市群为主体构建大中小城市和小城镇协调发展的城镇格局”①。这是对党的十八大以来城镇化思想的继承和发展，“十三五”规划指出：“坚持以人的城镇化为核心、以城市群为主体形态、以城市综合承载能力为支撑、以体制机制创新为保障。”

7.努力缩小城乡发展差距，推进城乡发展一体化②。要建立健全城乡融合发展体制机制，以工促农，以城带乡。要构建新的工农、城乡关系，统筹规划，破除二元结构，实现资源配置、战略布局等多方面的相互融合。城镇化决不可牺牲农村，丢掉农村。

8.把乡村振兴作为解决“三农”问题的总抓手，实现农业、农村现代化。党的十九大提出实施乡村振兴战略，中共中央、国务院出台《关于实施乡村振兴战略的意见》和《国家乡村振兴战

---

① “决胜全面建成小康社会 夺取新时代中国特色社会主义伟大胜利——在中国共产党第十九次全国代表大会上的报告”，中国政府网，http://www.gov.cn/zhuanti/2017-10/27/content_5234876.htm。

② “中华人民共和国国民经济和社会发展第十三个五年规划纲要”，新华网，http://www.xinhuanet.com/politics/2016lh/2016-03/17/c_1118366322.htm。

略规划（2018—2022年）》，强调乡村振兴是解决“三农”问题的总抓手以及乡村振兴对国家兴衰的极端重要性。不平衡不充分在乡村最为突出，我国仍处于并将长期处于社会主义初级阶段的判断表现于乡村，全面建成小康社会和全面建设社会主义现代化国家最艰巨最繁重的任务在农村，最广泛最深厚的基础在农村，最大的潜力和后劲也在农村。

9.加强生态文明建设，建设美丽中国。既要金山银山，更要绿水青山，将“绿水青山就是金山银山”的思想渗透到城乡一体化发展的各个领域与层面，实现经济增长和生态环境保护的协调发展。把生态文明建设融入经济建设、政治建设、文化建设和社会建设的全过程，建设雄安新区、长江经济带和粤港澳大湾区都要体现绿色、可持续发展理念。

第五节 理论总结与模型思想

一、理论总结

本章对马克思和恩格斯的城市化理论、当代西方的城市化理论、党和政府关于城镇化的思想和路线方针政策以及党的十八大以来习近平总书记的重要论述进行了梳理，这是城市社会城市化的重要理论基础。

1.马克思和恩格斯基于19世纪中后期的西欧和英国经验，特别是把城市化率达到50%的英国作为剖析对象，研究了城市化过程中剥夺农村居民、劳动力商品、农村居民的流动迁移、贫困化等涉及的城乡关系、利益冲突、资本积累的必然趋势以及资本主义城市社会的发展逻辑，对进入城市社会后的中国有很强的现实指导意义。英国是当时工业化和经济发展水平最高、唯一的城镇人口过半的国家，也是最成熟最重的资本主义国家，工业、服务业比重远远超过农业，马克思和恩格斯在这里生活了半个世纪，见证了、体验了城市化率从50%左右到70%左右的发展历程。尽管中国目前在人口、经济、社会、价值观念和文化等很多方面与19世纪中后期的英国差别悬殊，但在城市化率、非农产业产值及其人口比重、工业制造业的世界影响力方面有不少相似。这是我们不能忽视马克思和恩格斯的理论的重要原因，也是指导新时代、引领新时代的内在魅力。坚持以马克思主义为指导，在进入城市人口占多数、跨入中高收入阶段的今天绝不是喊喊口号的空洞说教，而是历史逻辑和现实逻辑的必然。

2. 当代西方的城市化理论主要包括发展经济学结构转换视角的城市化理论、城市功能和城市规模视角的城市化理论和空间生产视角的城市化理论。发展经济学的城市化理论是基于发达国家立场研究发展中国家的城市和城市化问题，其理论成果对发展中国家通过工业化、城市化战略的实施以摆脱贫困有政策意义。发展经济学眼中的发展中国家存在贫困落后，人口多、底子薄、劳动力无限供给、农业为主、城市化和工业化水平很低等问题[①]。中国是一个实行社会主义制度的发展中国家，人均GDP从中华人民

① 习近平总结了发展中国家的七大特征：一是经济基础薄弱，综合国力不强；二是劳动生产率低，经济增长速度慢；三是基础设施建设滞后，市场化程度不高；四是人均收入低，贫富差距大；五是人口出生率高，平均寿命低；六是文教、卫生条件差，人口素质整体水平不高；七是社会、经济和文化的二元结构（习近平，2001）。

共和国成立时的几十美元提高到改革开放初期的一二百美元，21世纪初首次达到1 000美元，进入中等收入国家门槛只有十几年时间，2010年以后达到中高收入国家下限值，目前与世界平均水平还有1 000多美元的差距，与发达国家人均收入差距更大。中国与发展中国家有许多相似的特征，这些特征直到本世纪初都不同程度地存在，但不少已发生显著改变。鉴于这种情况，对发展经济学的城市化理论，我们还可以在经济实践中加以借鉴和运用，但不能照单全收。在新时代，发展经济学必须创新发展。近年来兴起的空间生产的城市化理论或空间理论对我们优化空间配置，提高空间效率、促进空间科学规划、科学开发有现实意义，要注意学习借鉴。

3.党的十八大以来关于城镇化的重要思想和习近平同志的重要论述与马克思主义城市化理论、三代领导人和领导集体的论述一脉相承。以毛泽东同志为主要代表的第一代领导人基于绝大部分人在农村、搞饭吃的现实，提出城市领导乡村、以城市为中心统筹城乡发展的城镇化、现代化思想；邓小平同志立足于城市化水平20%左右到不足30%的工业化起飞阶段的现实，提出变落后的农业国为非农业人口占多数的先进工业化国家和建设“小康社会”的愿景；以江泽民同志为核心的党中央承前启后，把城市化推进到30%以上。以胡锦涛同志为总书记的中央领导集体坚持科学发展观，提出新型工业化战略，把城市化推进到“城市社会”时代。党的十八大以来，以习近平同志为核心的党中央高度重视新型城镇化建设，坚持以人民为中心的发展思想，提出创新、协调、绿色、开放、共享的新发展理念，推动城镇化转向高质量发展，提出实施乡村振兴战略，推动城乡协调、融合发展；提出要注意防范风险挑战，树立底线思维推动城镇化稳妥高质量发展的重要思想。

二、城市社会城市化道路的基本思想

城市化道路是城市化进程的途径或方式，是推动城市化进程中所采取的某种模式或战略安排（陈甬军等，2009）。综上各种理论观点，城市化道路主要关注这样几个问题：城市化水平、城市化的动力机制、城乡关系（工农关系）和城市发展方针，进而提出如下模型思想。

首先，城市化水平与城市化道路的讨论有很密切的关系。在城市化率很高或很低的情况下，如城市化率达90%左右或10%左右，都很少讨论。对城市化道路的关注实际上起因于对城市化水平的不满意并有意识提高。采取什么样的道路与城市化的现有水平有很大关系。

其次，城市化道路具有路径依赖和跨域整合（不同域之间的政策捆绑）的特征。路径依赖特征是说，一旦选择了某种路径，就可能对这种路径产生依赖，类似于物理学中的惯性。“路径依赖”原本是被用来描述技术变迁的自我强化、自我积累性质。诺思（1999）把技术演进过程中的自我强化现象推广到制度变迁方面，从而建立了制度变迁的路径依赖理论。城市化道路的选择类似于制度变迁中的路径依赖。一旦选择了某种道路，规模经济、学习效应、协调效应、适应性预期以及既得利益约束等因素的存在，会导致该路径沿着既定方向不断得以自我强化。一旦人们做了某种选择，就好比走上了一条不归之路，惯性的力量会使这一选择不断自我强化，并让你轻易走不出去。路径依赖是一种节省成本的机制。城市化道路路径依赖的启示是，我们要尊重历史、总结过去的经验教训，发扬成绩、面对问题和挑战，向历史学习。跨域整合的本质是移植（青木昌彦，2001），即把A地区的制度移植到B地区，其方法是学习或模仿创新。关于城市社会城市化道路，可以学习借鉴先行国家的经验，国内低度城市化地区可以学习借鉴高度城市化地区的经验，包括如何构建和谐的城乡关系、如何加强城市和城市化的治理、如何应对城市病等。

再次，诸多可选方案的挑选以及城市化过程中疑难问题的解决方式。改革开放以来，学术界对城市化道路和推进模式有广泛讨论，并得到政策层面的响应。影响较大的观点有三种：一是小城镇模式，在改革开放初期比较流行。二是大城市模式，认为中国的问题不是大城市过多，而恰恰相反，应发展大城市。大城市模式论起初微弱且反对者众。随着短缺经济的消除和供给约束转向需求约束，随着城市化进入快速发展阶段，呼声更高，拥趸渐多。但这种模式的争议至今没有消失。三是多元化模式，即协调发展大中小城市和小城镇，形成合理的城市体系，促进区域协调发展。国家“十二五”规划强调，以大城市为依托，以中小城市为重点，逐步形成辐射作用大的城市群，促进大中小城市和小城镇协调发展。“十三五”规划关于“优化城镇化布局和形态”中明确指出，加快构建以陆桥通道、沿长江通道为横轴，以沿海、京哈京广、包昆通道为纵轴，大中小城市和小城镇合理分布、协调发展的“两横三纵”城市化战略格局。不难看出，多元化模式是前述两种模式的系统整合和优化升级，只不过在不同时期、不同阶段、不同区域侧重点不同，契合了中国区域发展不平衡的特点。

这里，尝试用公式或模型表示城市社会城市化道路的基本框架：

$$\max U_{PU} \quad (1\text{-}1)$$

$$PU_{j,t} = AF(UR_t, PU_{j,t-n}, PU_O, RIS, D_{ru}) \quad (1\text{-}2)$$

式中，$\max U_{PU}$表示城市化道路的效用函数或目标函数，其含义非常丰富，短缺经济时代，服务于经济增长和摆脱贫困，经济利益最大化。在新时代，这个目标要同美好生活相联系，服从于“两个一百年”奋斗目标，鉴于第一个百年奋斗目标即将实现，它特别要服务于第二个百年奋斗目标。U表示效用，$\max U$表示效用函数的最大化，效用包括经济的和非经济的方面，可以用货币衡量的因素和不能用货币衡量的因素。如可衡量的经济效益，暂时无法衡量的社会效益、生态效益等。

$PU_{j,t}$表示城市化道路，下标j表示国家或地区，t表示时间；A表示国家或地区的技术、制度等发展环境的总称；F表示函数；UR表示城市化率；O表示其他地区；D_{ru}表示城乡差距；RIS表示风险，指城市化过程中的疑难问题或风险隐患。这个公式实际上提供了研究框架和思路。

第二章　城市化的基本历程与中国城市社会

现实是历史的延续，未来的起点。今天的城市化水平、速度和道路，既是过去历史发展的结果，也是城市社会城市化的逻辑起点，必然对未来产生影响和制约。因此，回顾城市化历程，判断城市化的现状和发展阶段并对此进行经验总结，对认识城市社会、适应城市社会、建设城市社会，不断实现人民对美好生活的向往具有承前启后、开辟未来的现实意义和深远的历史意义。

第一节　城市化水平

城市化水平是衡量城市化程度、测算城市在国民经济、社会发展和社会文明中主导作用程度的一个关键指标。可以通过单一指标和或综合指标予以衡量。单一指标法是通过某一个指标来定量描述城市化水平。这一方法主要有人口比重法和城镇土地利用占比法等。

城镇人口比重是指用某一个国家或地区内的城镇人口占其总人口的比重来度量城市化水平的方法。公式如下：

$$U = [P_c/(P_c + P_r)] \times 100\% \qquad (2\text{-}1)$$

（2-1）式中，U表示城市化水平（或称城市化率），P_c、P_r分别表示城镇人口和农村人口，则（P_c+P_r）表示区域总人口。

城镇土地利用比重是指某一个国家或地区内的城镇建成区土地利用面积占区域总面积来反映当地的城市化水平。用公式可以表示为：

$$U=[S_c/(S_c+\overline{S}_c)]\times 100\% \qquad (2\text{-}2)$$

（2-2）式中，U表示城市化水平，S_c表示建成区土地利用面积，$\overline{S}_c$表示建成区以外的土地面积。从（2-2）式中可以看出，城镇土地利用指标法是用城市建设面积比例来测算城市化水平的，这种方法强调城市建设面积与城市化水平的关系。该指标方法对于人口密度大，建成区用地多的而言比较适合，而对于人口密度小，建成区用地多的地区则很容易夸大该地区的城市化水平。

综合指标法，又称多项指标法或复合指标法。指用两个或两个以上的指标综合反映、全面评价一国或地区的城市化水平的一种方法（台冰、李怀祖，2006）。运用综合指标法评价应注意以下环节：一是指标体系选取。在构建综合评价指标体系时，应从城市化内涵出发，抓住城市化本质，保证并兼顾指标体系的系统性、科学性、可比性和数据可得性，合理设计各层次指标的个数，以综合、全面地反映城市化发展的各个方面，从而客观、全面地反映城市化发展水平。二是权重确定。权重确定常用的方法有层次分析法、德尔菲法和熵值法等。综合指标法可以从多方面多角度地考察城市化水平，从整体上了解城市经济社会发展情况。但该方法也存在缺陷与不足，比如工作量大，资料收集困难；各地区经济社会情况存在差异，通用性比较差等。

第二节 中国城市化40年：1978—2017年

作为历史文明古国，中国的城市发展可以追溯到殷商时代，但从本质上说，中国近代并没有发生真正意义上由工业化推动的城市化，中国城市化的持续发展主要发生在中华人民共和国成立之后，尤其是改革开放之后。

一、城市化取得巨大成就

（一）乡村人口总量从1995年后持续下降，城镇人口占主体的格局已经形成

我国城镇人口数量不断增加，乡村人口呈先上升后下降的趋势（见图2-1）。1978年，城镇人口仅为17 245万人，不足农村人口的1/4；2011年，城镇人口增长到69 079万人，首次超过农村人口；2017年，城镇人口增长到81 347万人，40年间增长了4.72倍。

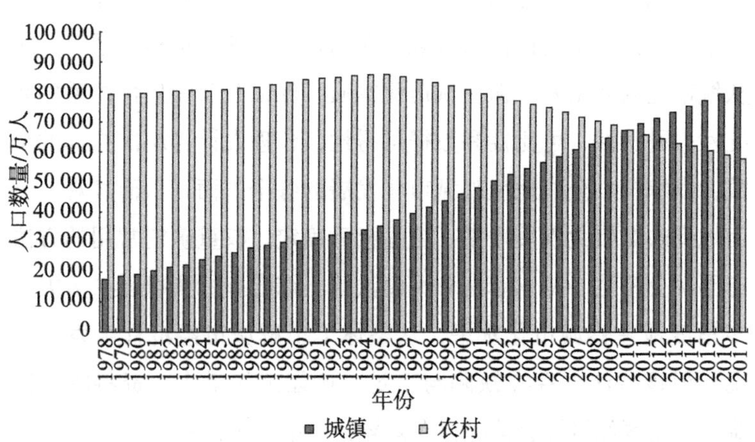

图2-1 1978—2017年中国城镇人口与乡村人口数量

根据城市化的定义可以得到1978—2017年我国城市化水平（见图2-2）。中国城市化率从1978年的17.92%上升到2017年的58.52%，40年间上升了40.60个百分点，年均增长速度超过1个百分点。特别是1996年以来，城市化水平年均提高1.27个百分点。

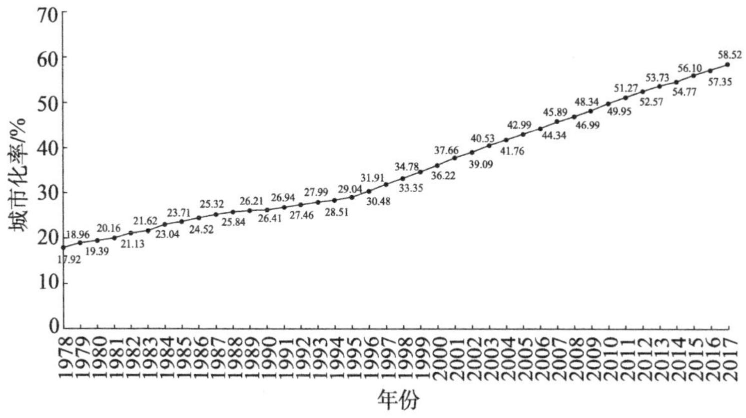

图2-2　1978—2017年中国城市化率

（二）区域城市化水平显著提高，但从东部沿海到中西部内陆依次递减的格局没有变

从东部、中部、西部地区分别来看，各地区城市化水平及其发展呈现出明显的区域差异，整体上呈现出东、中、西依次递减的趋势。图2-3展示了2005—2016年中国东部、中部、西部地区城市化率的变化情况。在2005年，东部地区的城市化率为53.61%，而中、西部地区的城市化率分别为39.10%和34.52%，落后东部地区14.51个和19.09个百分点。2011年，中国城市化率突破50%，标志着中国进入城市型社会。对于东部地区而言，城市化率已达61.01%，而中、西部地区仅为46.99%和42.99%，距50%的城市化率还差3个、7个百分点。2016年，中国城市化率达到57.35%，东、中、西部地区都超过了50%，但中、西部地区与东部地区仍有12.51个和15.85个百分点的差距。从2005—2016年的数据看，中国三大区域的城市化水平一直存在较大差距，但随着中西部地区城市化进程的加快，差距缩小了2—3.3个百分点。截至2016年，三大区域都迈入了城市型社会行列。

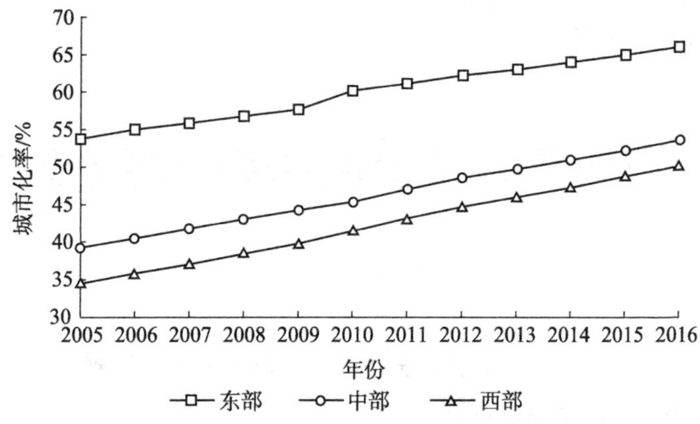

图2-3 2005—2016年中国东部、中部和西部地区的城市化率

从省际维度可以观察到，各区域城市化水平的差距更加明显。2005年，城市化的全国水平为42.99%，但北京、天津、上海和广东城市化率已达60%，甚至70%以上，东北三省和江苏、浙江也达到50%以上，但中西部大部分地区城市化率不足40%。城市化率在50%以上的地区只占中国国土总面积的13.03%。

2010年全国城市化率达到49.95%，相比于2005年，城市化率达50%以上的新增的地区有内蒙古、湖北、福建、重庆；天津市城市化率进一步增长，达到80%以上水平；城市化率在50%以上的地区只占中国国土总面积的27.35%。

2016年全国各地区城市化水平进一步提升，相比于2010年，城市化率达到50%以上的新增地区有青海、湖南、河北、江西、山东、山西、安徽、陕西、宁夏和海南共10个省份。城市化率在50%以上的地区占到中国国土总面积的50.39%。

（三）城市层级体系更趋优化，大城市主导城市化进程的格局日益显现

城市化水平的提高必然关系到城镇层次结构的变化。基于常住人口规模，我们将城市层次结构划分为六个档次：20万人（含，下同）以下、20万—50万人、50万—100万人、100万—200万人、200万—400万人及400万人以上。就地级市个数而言，我国地级市个数从2005年的286个到2016年的297个，变化并不明显。就城市层次结构而言，已从“50万—100万人>100万—200万人>20万—50万人>200万—400万人>400万人以上>20万人以下”的结构慢慢向“100万—200万人>50万—100万人>200万—400万人>20万—50万人>400万人以上>20万人以下”的结构转变（具体见图2-4和图2-5）。

常住人口在50万人口以上的地级市数量从2005年的221个增长到2016年的246个，数量占比从77.27%提升到82.83%；100万以上的地级市数量从2005年的113个增长到2016年的156个，数量占比从39.51%提升到52.53%；200万人以上的地级市数量从38个增长到60个，数量占比从13.29%提升到20.20%。

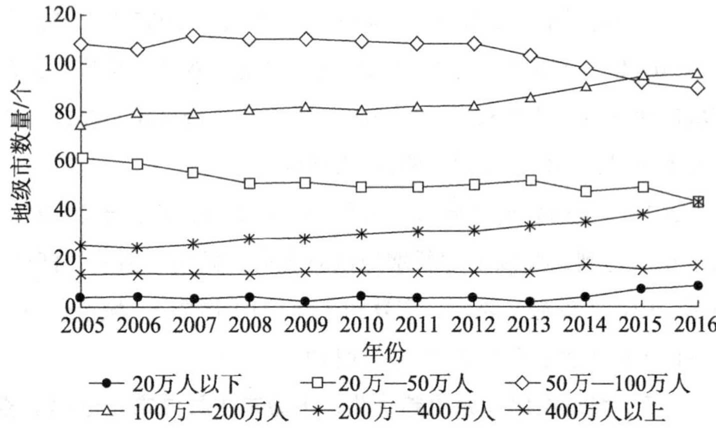

图2-4 2005—2016年按人口数量分各种规模城市数量

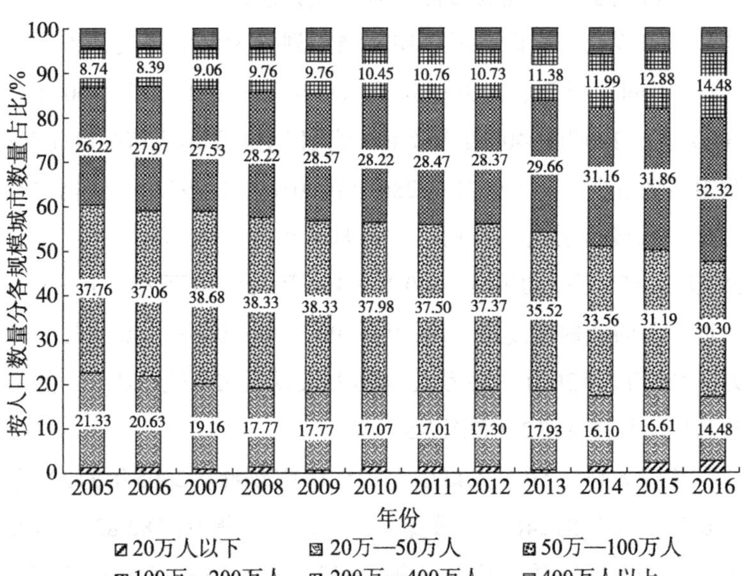

图2-5 2005—2016年按人口数量分各种规模城市数量占比

从我国人口超过100万的城市人口的占全国总人口的比重来看，这一比例不断上升，从1978年的8.07%上升到2016年的25.16%（见图2-6）。

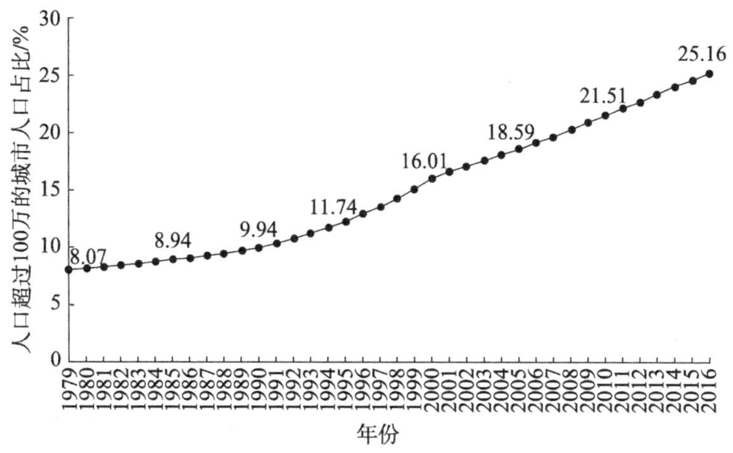

图2-6 1979—2016年人口超过100万城市人口占比

二、城市化的发展阶段及其特点

诺瑟姆（Northam，1979）把城市化发展过程划分为3个阶段：一是水平较低、发展较慢的初期阶段。城市化率在30%以下，农村人口占绝对多数，生产力水平低，工业提供的就业机会有限，大量富余劳动力滞留在农村。二是城市化水平急剧上升的加速阶段。城市人口比重为30%—70%，城市化进入快速发展时期。农业生产率大大提高，剩余农产品日益增加，农村人口向城镇转移迅速，城市规模迅速扩张；第二产业仍以资源密集型和加工业为主，但随着资本积累和资本流入，技术含量越来越高；第三产业规模也有较大发展，休闲、娱乐业逐步兴起，医疗保健市场逐步建立，城市对经济发展集聚作用愈发明显。三是城市化水平超过70%以后，逐步迈进成熟且发展缓慢的后期阶段，人口向城市转移过程放缓。第二产业出现的富余劳动力在城市内部调整为第三产业劳动力，第三产业无论是产值或就业占绝对主导地位。

参照诺瑟姆曲线对城市化阶段的划分，联系中国的实际情况，本书把改革开放后我国城市化进程分为以下三个阶段：

第一阶段（1978—1995年）：中国城市化水平从17.92%提升到29.04%。改革开放以后，我国确立了以经济建设为中心的任务，城市化水平稳步增长，平均年增长率为0.65%。但由于各方面基础薄弱，城市化推进缓慢，严重落后于世界其他国家。

第二阶段（1996—2010年）：1996年城市化率突破30%，标志着我国进入城市化加速阶段。随着我国市场经济的逐步建立，城市的地位和作用愈发重要，户籍管控不断松动。户籍政策上的松动，使得城镇人口绝对数量增加，同时由于计划生育的大力实施，人口出生率明显下降。2000年以后，改革开放呈现全方位、多层次的发展格局，迎来了新一轮城市化发展高潮。城乡之间的制度性壁垒一步步拆除，市场力量愈发重要，同时第二、第三产业得到快速发展，改变了过去单一性生产城市的格局，提升了城市化质量，同时也进一步加强了对农村富余劳动力向城市流动的“拉力”。此外，在积极发展中小城市的政策导向下，小城市与中等城市发展快于大城市和特大城市。截至2010年，我国城市化水平达到49.95%，15年间提升了20个百分点，年均增长率达到1.33%。

第三阶段（2011年至今）：2011年我国城市化率突破50%，城市人口数量首次超过农村，进入“城市社会”阶段。实现由农村人口占多数到城镇人口占多数的历史性转变，这是中国社会的重大变迁，也标志着中国进入了一个新的社会形态——城市型社会。中国已经是城市型社会，但中国的城市型社会还处在初级阶段（李通屏，2015）。

三、城市化发展历程的国际比较

利用世界银行数据，我们分别把中国城市化水平与世界平均水平、北美、欧盟、南亚及撒哈拉以南地区进行比较。除中国外，其他地区城市化进程推进均比较缓慢，北美和欧盟属于世界高城市化水平地区，南亚和撒哈拉以南地区属于低城市化水平地区（见图2-7）。

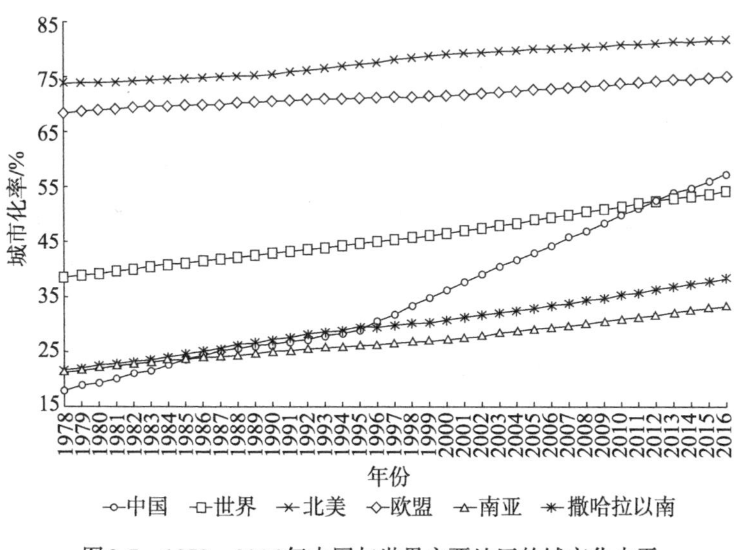

图2-7　1978—2016年中国与世界主要地区的城市化水平

首先，中国与世界高城市化水平地区的差距。以北美地区为例，1978年，北美地区的城市化率已达到73.83%，而中国仅为17.92%，落后56个百分点。由于北美地区城市化进程已行将结束，城市化率增长缓慢，1978—2016年仅增长了7.94个百分点，年均增长0.2个百分点。而中国以每年1个百分点的速度增长，两个地区之间的差距缩小到24.46个百分点。

其次，与南亚地区的比较发现，1978年，南亚地区的城市化率为21.47%，比中国当时的化水平高3.5个百分点。40年过去，该地区的城市化水平略有提升，提升速度仅为每年0.31个百分点。

按照世界银行的分类标准，我们分别把中国城市化发展历程同低收入国家、中低收入国家、中高收入国家和高收入国家进行比较（见图2-8）。我们发现，中国的城市化推进速度明显高于世界其他国家，与世界高收入国家的差距不断缩小。截至2016年，我国城市化水平分别领先低收入、中低收入国家26.17个和17.71个百分点。与高收入国家的差距从53.71个百分点缩小到24.07个百分点。上述分析均说明，1978年以来，中国以高速的城市化推进速度，缩小了与发达国家的差距，取得了非常巨大的成就。

第三节 中国的城市社会

一、城市社会标准及其说明

中国已经进入城市型社会或城市社会阶段，主要依据中国社会

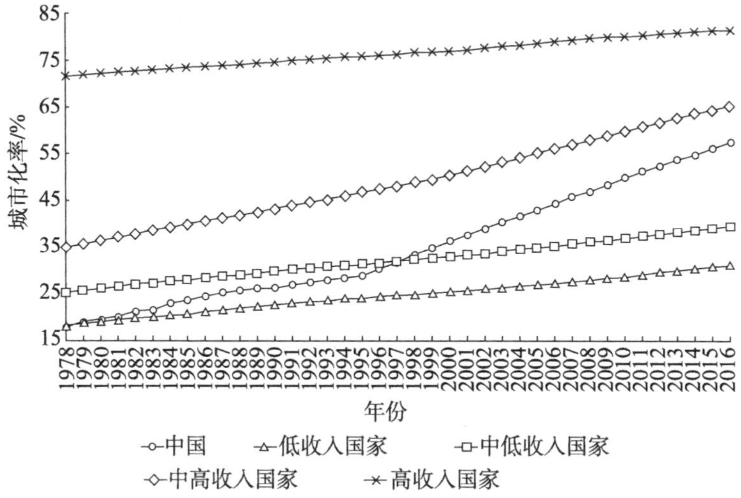

图2-8　1978—2016年中国与各收入等级国家的城市化水平

科学院提出的五个标准：城镇人口，即城镇常住人口超过乡村常住人口，城市化率超过了50%；空间形态，即现代制造业和服务业向城镇地区集聚，出现了城市群、都市圈、大都市连绵带等高级空间形态，城市经济占据支配性地位；生活方式，即城市现代观念、生活和消费方式占主导地位，并对乡村居民行为产生深刻影响；社会文化，即城镇特色和文化凸显，城市品质提升，进城农民实现市民化；城乡协调，即城乡二元结构不断弱化，城乡差距逐步缩小，日益向城乡融合共享和一体化方向转变（潘家华等，2012）。考虑到数据的统一性、可获得性，依据本书开始的说明，在中国社会科学院标准的基础上，形成如下标准和指标体系（见表2-1）。

表2-1 城市社会标准与指标体系

判别标准	指标体系	单位
城镇人口	城市化率	%
	非农就业比重	%
	省会及副省级以上城市人口比重	%
城市体系	100万人口以上与以下城市比	100万人口以下城市数为1
空间形态	人均建成区面积	平方米每人
	城市人均居住用地面积	平方米每人
	城区面积占区域面积比重	%
	城市经济首位度	%
生活方式	城市单位就业人员平均工资	元
	城市居民消费水平	元
社会文化	6岁及以上人口高中及以上文化程度比重	6岁及以上人口为100
	城镇登记失业率	%
	城市千人拥有医院总床位数	张
	城市千人拥有卫生技术人员数	人
	城市人均拥有公共图书馆藏书量	册
二元结构	城乡收入比	农村居民为1
	城乡消费水平比	
	城乡千人拥有卫生人员比	

经过改进后的标准和指标体系分为6个维度18个具体指标。其中，城镇人口是最为重要的核心标准。城市化率超过50%，表

明城镇常住人口已经超过农村常住人口，这是进入城市社会的重要标志。其他五个方面的变化，多是伴随人口城市化而产生的。城市化本质上是人的城镇化。虽然最初工业化是主要驱动力，但大量人口向城镇聚集，将产生就业和投资机会，由此促进产业集聚和城市空间扩张，诱致居民观念、生活和消费方式变革，并推动城市文化的形成。从世界城市化历史来看，其他五个方面大都是围绕人口城市化率的提高而同步或协调推进的，这些方面的变化也可以看成人口城市化的结果。如英国1851年城市化率超过50%，非农就业比重约70%，伦敦的人口超过260万人，占英国人口的12%，人均收入在2 330—4 900国际元（1990年国际元），在20世纪中期以前，一直领先世界各国，出现了世界第一条地铁和电气化铁路（见本书第三章），死亡率、婴儿死亡率、发病率大幅下降（谭崇台，2008）。

二、中国“城市社会”形成的基本判据

（一）城市化水平超过50%，赶上了世界平均水平

1978年以来的40年中，全球城市化水平提高了16.3个百分点，发达地区提高了8.7个百分点，欠发达地区提高了21.9个百分点，高收入国家提高10.0个百分点，中等收入国家提高21.5个百分点，而中国提高了40个百分点以上。中国城市化水平实现了4次超越：超越低收入国家、超越中低收入国家、超越中等收入国家、超越世界平均水平。中国城市化水平提高幅度在各类收入国家中都是最高的，比紧随其后的东亚、中高收入国家分别高5个和9个百分点（见图2-9）。1980年达到19.4%，超过了低收入国家19.1%的水平，1997年达到32.9%，首次超越中低

收入国家（32.2%），2009年超越中等收入国家（47.2%），2014年超过世界平均水平（53.5%）。2018年年中，中国的城市化水平为59.2%，相当于中高收入国家2009年、高收入国家1951年、发达国家或地区1957年、拉丁美洲和加勒比1972年的水平。到2017年年底，东中部地区的城市化率全部达到“城市社会”标准，未达到标准的仅有西部的6个省区，广西、贵州、云南、西藏、甘肃和新疆，除西藏外，其他5省区都与城市社会的最低标准非常接近。但从区域整体看，2016年都已达到50%的关键值（见前图2-3）。

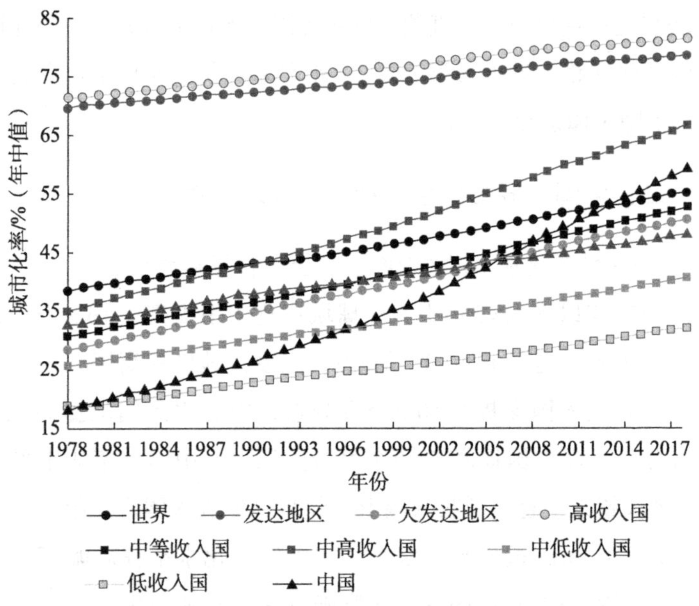

图2-9 1978—2018年城市化水平的国际比较

数据来源：联合国（United Nations，2018）。

（二）农业从业人员下降到50%以下，工商业提供就业机会的格局已经形成

2017年，中国乡村人口57 661万人，比乡村人口峰值（1995年）减少了28 286万人（见图2-10），也是1965年以来乡村人口总量的最低值。乡村就业人员35 178万人，比峰值（1995年）减少13 847万人。中国乡村人口和乡村就业人员变动呈现出人口城市化快于就业城市化的特征。2011年，中国城镇人口超过乡村人口，人口城市化水平首超50%，但就业人员城市化水平直到2014年才达到50.88%，城镇就业人员为39 310万人。2017年，城镇就业人员42 462万人，占全国就业人员的比重为54.69%，滞后人口城市化水平3.8个百分点。

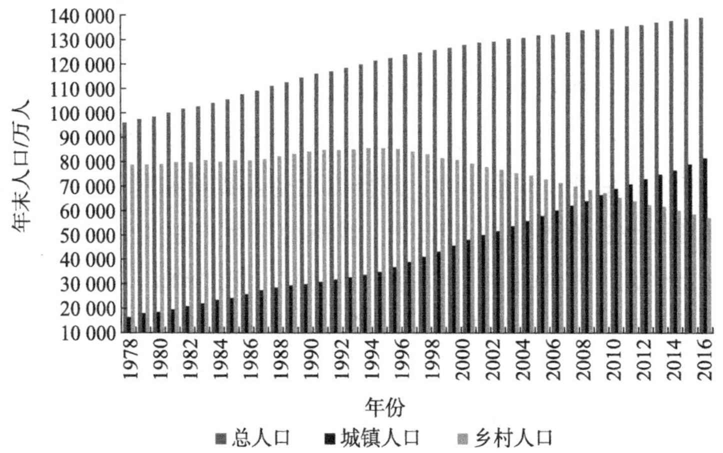

图2-10　1978—2017年中国人口、城镇人口和农村人口

数据来源：相关年份的《中国统计年鉴》和《中华人民共和国2017年国民经济和社会发展统计公报》。

城市化和经济增长的联系部分是由于经济发展助推城市化，人们被吸引到提供较多教育和就业机会的城市，特别是被吸引到工业和服务业部门。城市发达的工业和服务业，提供了良好的就业机会。改革开放以来我国的产业结构和就业结构都发生了历史性变化。三次产业的比重由27.7∶47.7∶24.6发展到2017年的7.9∶40.5∶51.6，实现了工农业主导向服务业主导的转变。劳动力就业结构，1978年为70.5∶17.3∶12.2，1997年第一产业就业比重首次下降到50%以下，2003年以后，稳定在50%以下。2017年，劳动力的三次产业结构演变为27.0∶28.1∶44.9。也就是说，就业机会70%以上由农业提供转变为70%以上由工业、服务业提供，提供就业机会的产业序列由1978年的“一二三”转变为“三二一”。由此带动了农民收入的上升和绝对贫困的显著下降（李通屏，2018）。

（三）城市主导经济发展的局面显著增强

统计表明，城市经济已成为国民经济持续发展的重要力量。城市经济总量、财政实力、规模以上企业数量和利润总额已成为国民经济发展的中流砥柱。城市地区生产总值，1988年为7 025亿元，占全国的一半左右。2016年，超过80%。其中，地级以上城市地区生产总值466 682亿元，占全国的62.7%。城市工业由小变大，由弱变强，效益全面提高。各类所有制企业蓬勃发展，城市财政实力明显增强。1978年年末，城市各类工业企业只有83 250个，独立核算工业企业利润477亿元。到2016年年末，地级以上城市仅规模以上工业企业达174 718个，全年利润总额达34 400亿元。地级以上城市规模以上私营工业企业有86 554个，占规模以上工业企业的49.5%。地级以上城市公共财政收入达53 364亿元，相当于1978年全部城市公共财政收入584亿元的91倍[①]。

产业结构加快升级，服务业迅速发展为拉动城市经济增长主力。1990年，在地级以上城市中，三次产业增加值的比重分别为6.6%、60.4%和33.0%。2016年，三次产业增加值比重变化为3.1%、41.9%和55.0%。从2011年开始，第三产业增加值所占比重快速提高，2013年首次超过第二产业，2014年超过50%。随着新产业、新业态和新商业模式的不断涌现，城市市场持续繁荣。1978年，城市全部消费品零售额仅449亿元，2016年达到了212 164亿元，地级以上城市限额以上批发零售企业12万家。另外，城市居民生活、基础设施、公共服务、生活宜居不断跃上新台阶、开创新局面[②]。

（四）城市群精彩纷呈，城市发展焕然一新

城市群是指在特定地域范围内，以1个特大城市为核心，由至少3个以上都市圈或大城市为基本构成单元，依托发达的基础设施和网络，形成的空间组织紧凑且高度一体化的城市群体（方创琳，2011）。20世纪80年代，随着中心城市作用的发挥，初步形成了横向经济协作区域，突破了所在省、市行政界限的限制。20世纪90年代，东部沿海和中部一些省区的发达区域初步形成了以市场为纽带的一批城市群。进入21世纪，长江三角洲、珠江三角洲和京津冀城市群作为区域经济增长极，已显示出世界级城

---

① “城镇化水平显著提高 城市面貌焕然一新——改革开放40年经济社会发展成就系列报告之十一”，国家统计局网站，http://www.stats.gov.cn/ztjc/ztfx/ggkf40n/201809/t20180910_1621837.html。

② 同上。

市群的潜质和实力。党的十八大以来，城市群倍受重视。国家出台了一系列关于发展城市群的政策主张，如《国家新型城镇化规划（2014—2020年）》、提出建设19个城市群，先后批复长江中游、哈长和成渝等9个城市群的发展规划等。

1978—2017年，全国城市增加468个，比1978年年末增长2.4倍。在661个城市中，地级以上城市298个，县级市363个，分别增加197个、271个，增长2倍和3倍。建制镇比1978年年末增加18 940个，增长8.7倍。

城市人口快速增长，大城市集聚效应更加明显、规模不断扩大。按户籍人口规模划分，2017年年末，500万人口以上的城市达到16个，300万—500万人口的城市达到25个，50万—300万人口的城市达到271个，50万人口以下的城市达到349个，分别比1978年年末增加15倍、7.33倍、1.38倍和1.7倍。开发区、工业园、新城和新区等不断设立，城市边界愈发模糊、城区界限不断突破，建成区面积显著扩张。2016年年末，全国城市建成区面积5.4万平方千米，比1981年年末增加4.7万平方千米，增长6.7倍。

从城市区域和空间布局看，协调性不断提高。2017年年末，我国东部地区城市有212个，比1978年年末增加160个，增长3.1倍；中部地区有170个，增加114个，增长2倍；西部地区190个，增加135个，增长2.5倍；东北地区89个，增加59个，增长2倍。2000年以来，通过西部大开发、东北振兴、中部崛起等战略的实施，城市区域发展的协调性有所提高。1997—2011年，全国增加了11个地级市，其中有9个位于西部。

（五）人口文化程度、健康水平大幅提高

我国人口受教育程度有了质的飞跃。1982年第四次全国人口

普查结果表明，15岁及以上人口中，受过高中及以上教育的比重是10.9%，2017年提高到35.0%，是1982年的3倍多。尤其是受过大专及以上教育的人口占比从1982年的不足1%上升至2017年的15.5%，而文盲人口的占比则由34.5%降至4.9%。6岁及以上人口平均受教育年限从5.2年提高到9.3年，受教育程度由当时小学提高到现在的初中以上。劳动年龄人口受教育程度在10年以上。

健康公平不断改善，人口健康水平稳步提高。社会保障制度日益健全，先进医疗服务体系覆盖面不断扩展。婴儿死亡率、孕产妇死亡率大幅下降，平均预期寿命明显延长。据《中华人民共和国2017年国民经济和社会发展统计公报》，全国医疗卫生机构共有99.5万个，其中医院3.0万个；基层医疗卫生机构共有94.0万个，其中乡镇卫生院3.7万个，社区卫生服务中心（站）3.5万个，门诊部（所）23.0万个，村卫生室63.8万个；专业公共卫生机构共有2.2万个，其中疾病预防控制中心3 482个，卫生监督所（中心）3 133个。年末卫生技术人员共有891万人，其中执业医师和执业助理医师335万人，注册护士379万人。医疗卫生机构床位共有785万张，其中医院609万张，乡镇卫生院125万张①。1982—2017年，婴儿死亡率从34.7‰下降到6.8‰。孕产妇死亡率，由1991年的80/10万下降到19.6/10万。人口平均预期寿命从1981年的67.8岁上升到76.7岁，提高了将近10岁②。

---

① “中华人民共和国2017年国民经济和社会发展统计公报”，国家统计局网站，http://www.stats.gov.cn/tjsj/zxfb/201802/t20180228_1585631.html。

② “统筹人口发展战略 实现人口均衡发展——改革开放40年经济社会发展成就系列报告之二十一”，国家统计局网站，http://www.stats.gov.cn/ztjc/ztfx/ggkf40n/201809/t20180918_1623598.html。

第四节 本章总结

一、中国已经进入城市社会

从城市化率这一核心指标来看，中国已进入城市社会。但城市化发展的不平衡、不充分问题比较突出。到2017年年末，全国25个省、自治区、直辖市已达到城市社会标准，占全国的80.6%，人口占全国的86.2%。但拥有1.9亿人口的6个省区尚未达标，西藏除外其他5个省区已非常接近50%。

我们把中国城市社会的形成大致分为三种情形（李通屏等，2017[a]、2017[b]）：一是以北京、天津和上海三个直辖市为代表，在改革开放之前形成的城市社会模式，这是我国最早进入城市社会的区域。1982年人口普查，三个直辖市的城市化率分别为64.68%、68.70%和58.81%；2017年分别为86.50%、82.93%和87.70%，目前已进入城市社会的完成阶段，城市人口继续增加，但城市人口的比重呈稳中有降态势。2017年与2005年相比，城市化率提高很有限，如上海下降1.39个百分点，比高峰时的89.6%下降2个百分点，北京增加2.88个百分点，天津增加7.1个百分点，显著低于全国的15.53个百分点。二是改革开放后逐步发展起来、以老工业基地东北为代表、与工业化相伴而生的城市社会模式，也是继京津沪以后出现的省级城市型社会。但此后的城市化速度显著放慢，城市化水平由高于全国平均水平到与全国持平。如2009年至今，全国城市化率增加了10个百分点，而东北三省仅在3.3—7.1个百分点；三是伴随改革开放和经济快速发展，随着市场化、全球化和工业化的快速推进，在世纪之交和21世纪逐渐形成的城市社会，典型代表如广东（1998年）、浙江（2002年）、江苏（2005年）和福建（2007年）。2009年至今，这几个地方已经开始分化，广东城市化速度明显放慢，增加6.45个百分点，福建增加9.7个百分点，而江苏和浙江依然快于全国平均水平。

由农村人口占多数的乡村型社会到城镇人口占多数的城市型社会，不仅是我国在社会主义初级阶段达成的重要目标，也是人类历史的必然趋势。认识城市社会、适应城市社会，是当前和未来中国城市化发展的大逻辑。

二、中国40年城市化的基本经验

改革开放40年来，中国城市化取得巨大成就。一是进入了城市社会，实现了从8亿农村人口的国度向城镇常住人口超过8亿的历史性转变，大幅度降低了贫困；二是城市化率赶上了世界平均水平，新增城镇人口超过了世界的1/4，极大促进了世界城市化的发展。中国城市化何以取得如此光辉的成就？习近平总书记对改革开放40年的总结仍然适用——解放思想，实事求是，大胆地试，勇敢地闯，干出了一片新天地。总结改革开放40年来城市化的基本经验，对洞察中国进入城市社会后的发展规律、识别关键问题、把握城市化发展的基本路径、做出正确预判进而采取相应对策有重要理论价值和现实意义（李通屏，2018）。

（一）坚持以经济建设为中心，不断增强综合国力

从全球格局看，40年来中国城市化水平实现了4次超越：1980年超越低收入国家、1997年超越中低收入国家、2009年超

越中等收入国家和2014年超越世界平均水平（United Nations，2018）。与此同时，中国人均收入也经历了三次赶超：赶超低收入国家、赶超中低收入国家、进入中高收入国家行列。1978年中国处在最低收入国家之列，1990年达到低收入国家的下限，摆脱了最不发达状态。2001年，中国人均收入超过1 000美元，2003年接近1 300美元，开始进入中等偏下收入国家行列。2010年中国人均收入为4 430美元，只有世界平均水平的48%，2016年也仅是世界平均水平的80%，但超过了中高收入国家的下限值。中国城市化演进历程，符合配第-克拉克定律，也符合库兹涅茨（Kuznets，1971）、钱纳里（Chenery and Syrquin，1975）等经济学家描述的经济发展过程（李通屏，2018）。

（二）始终坚持党的领导，注重顶层设计和规划引领

在党和政府的坚强领导下，我国成功实施并启动了从“六五”到“十三五”共八个五年规划（或计划），从中央到地方的各级党政机关及其相关部门加强了对城市建设和城市化的规划引领，出台了许多规定和措施，如对于城市（或镇）设置、城市层级的规定、建设选址、土地使用的审批、土地功能的改变、规划许可证、工程许可证、基础设施建设和改造拆迁等事务发挥着严格的审批和直接决定的作用（李强等，2012）。我国在制度供给与创造方面的优势得到了充分发挥，政府在谈判签约、实施方面的强大，使得意图、规则、规划、行政区划、城市级别、经济特区、开发区、开放城市以自上而下的方式得到认可和实施。如改革开放初期设立14个沿海开放城市和4个经济特区，1988年海南建省、1997年重庆直辖和20世纪八九十年代设立一批计划单列市和副省级城市，及至县改市（区）、撤县设区和2017年设立雄安新区等。从浦东新区、滨海新区到自由贸易试验区，从西部大开发、东北振兴、中部崛起到实施乡村振兴战略，这些已经证明或正在证明对城市化、城市格局和区域经济发展产生重大影响（魏后凯，2014；唐为、王媛，2015；王垚、年猛，2015；黄燕芬、张超，2018）。

（三）不断推进改革开放向纵深发展

改革开放对城市化发展至关重要。先行改革、率先开放的地区城市化速度快、水平高。如改革开放初期，广东和江苏属于低度城市化地区，1982年还不足20%，分别比全国平均水平低2.2个和5.1个百分点。2017年两省城市化水平接近70%，比全国高10个百分点。35年间，广东提高51个百分点，江苏提高53个百分点。深圳由名不见经传发展为仅次于北京和上海的特大型城市，1978年全国大陆城市GDP20强中，广东和江苏共有4个城市，2017年增加到深圳、广州、佛山、东莞、苏州、南京、无锡和南通8个城市。

改革开放激活了城市化持续发展的强大动能。改革沿着两个方向展开：从单一的社会主义公有制经济转向公有制为基础、多种所有制经济共同发展，从高度集权的计划经济转向分散决策的市场经济。第一个方向的改革也就是改变只强调国有产权、集体产权及由此派生的只重视国家利益和集体利益而很少承认私有产权和个人利益的情况，也就是从只强调国家产权，到强调保护各种所有制经济再到明确私有产权也应得到法律保护。第二个方向的改革是计划经济转向市场经济。“两个转变”既是改革，更是重大制度变迁，它意味着个人的利益应该受到尊重，人不是决策的对象，而是决策的主体，人可以自主选择、自主流动，追求最大化的利益。人既可以选择农村，也可以选择城市，人是人的产权主体，人是人的决策主体。走街串巷、异地置业和工作等人户分离的跨区域流动在改革开放前是不被允许的，改革后不必躲躲藏藏并逐渐合法化，这对激发人的创造力、促进人口流动和城市化进程至关重要。

开放意味着消费者、投资者有更多更广的选择。消费者既可以选择对本国产品和服务的购买，也可以选择国外的产品和服务。投资者可以购买本国的资本品，也可以购买外国的资本品。对中国来讲，投资来源既有来自国内，也有来自国外的资本，这就使得城市化的融资需求得到满足，同时有利于工商业在城市集中后找到更广阔的市场。

（四）坚持以人民为中心，不断实现人民对美好生活的向往

改革开放40年来，中国城市化坚持以人为本的推进方式，避免了其他发展中大国的“贫民窟”现象（国务院发展研究中心和世界银行联合课题组，2014），鼓励农民进城务工，积极推进市民化和基本公共服务均等化，通过农民收入水平的全面提高，为世界减贫事业做出了巨大贡献，人民群众获得感大大增强（苏红键、魏后凯，2018）。在持续推进城市化过程中，中央不断告诫各地，不得以强制农民退出责任田、宅基地为进城落户条件，要通过大力推进公共服务全覆盖，不断提升城市化过程中的获得感、幸福感。全国居民人均可支配收入由171元增加到2.6万元，贫困人口累计减少7.4亿人，贫困发生率下降94.4个百分点，九年义务教育巩固率达93.8%。我国建成了包括养老、医疗、低保、住房在内的世界最大的社会保障体系，基本养老保险覆盖超过9亿人，医疗保险覆盖超过13亿人。我国社会大局保持长期稳定，成为世界上最有安全感的国家之一（习近平，2018）。

（五）高度重视农业农村工作

从实行家庭联产承包、乡镇企业异军突起、取消农业税牧业税和特产税到农村承包地“三权”分置、建设新农村、打赢脱贫攻坚战、实施乡村振兴战略（习近平，2018），这些都彰显了对“三农”问题的重视。党和政府强调建立健全城乡融合发展体制机制，以工促农，以城带乡；构建新的工农、城乡关系，统筹规划，破除二元结构，实现资源配置、战略布局等多方面的相互融合，推进城乡发展一体化；对快速城市化过程中的“三农”问题，坚持不牺牲、不放弃。

（六）实施符合比较优势的发展战略，不断增强城市吸纳和创造就业的能力

改革开放之前，中国选择了优先发展重工业的战略，而重工业的核心特征是资本需求大、劳动需求少（林毅夫、蔡昉、李周，1994）。这种战略不仅不能保证农村居民向城市的有效转移，甚至城市地区的就业都难以保障，由此造成城市化进程延缓（陈斌开、林毅夫，2013）。由于采取阻止农村人口向城市自由流动的政策阻碍了城市化进程，改革开放以后，我们便采取符合比较优势的发展战略，逐步放松了禁止人口迁移的政策，城市数目显著增加，城市化以前所未有的速度推进。

第二篇

城市社会的城市化：
发展逻辑与动力机制

第三章　城市社会的城市化：国外的经验

中国是世界上最早出现城市的国家之一，但“城市社会”的出现，不仅晚于发达国家，也晚于一些发展中国家和世界平均水平。考察中国城市社会的城市化，必须从世界城市化演进中把握发展规律和发展路径。本章的目标是基于国外经验，借鉴先行进入“城市社会”国家的经验教训，分析其他国家进入“城市社会”以后的城市化发展，总结城市社会城市化的发展规律和经验教训。

第一节　世界城市社会的演进

一、世界人口城市化的基本历程

18世纪中叶，英国发生的工业革命拉开了世界城市化的序幕。经过近百年的发展，1851年，英国城镇人口比例达到51%，第一个进入“城市社会”行列。此后，随着工业革命在世界范围的展开，城市化席卷全球，并在20世纪迅速推进。依据城市社会形成的基本观点，本部分将世界城市化进程划分为四个阶段。

（一）第一阶段：19世纪工业城市化，英国率先进入“城市社会”阶段

19世纪出现了一种建立在生产力极大提高、大量人口和工业技术基础之上的新型城市（布赖恩·贝利，2010）。在马克思和恩格斯、韦伯和库兹涅茨（Kuznets，1971）等人的著作里，对这个时期的城市化发展都有经典分析。事实上，18世纪中叶，工业革命就从英国拉开了帷幕。作为工业化的先发国家，英国成为世界先期城市化的实验基地和示范标杆，拥有多个第一（王前福、王艳，2002），其中最为重要的是第一个进入了“城市社会”（李通屏，2015）。当时的英国成为世界上最强大的国家，伦敦成为世界商业首都，人口超过250万人。恩格斯兴奋不已，“这样的城市是一个非常特别的东西。这种大规模的集中，250万人这样聚集在一个地方，使这250万人的力量增加了100倍……这一切是这样雄伟，这样壮丽，简直令人陶醉，使人还在踏上英国的土地以前就不能不对英国的伟大感到惊奇”（《马克思恩格斯全集》第2卷，1957）。与此同时，在城市化发源地，也出现了城乡对立加剧、大城市住宅稀缺昂贵、环境污染、生态破坏、交通堵塞、犯罪率上升和失业增加等社会经济问题，作为当时的亲历者，马克思和恩格斯感同身受，在他们的著作中多有论述。尽管城市化有这样那样的问题，欧洲和北美等许多国家还是选择并走上了与英国同样的工业化和城市化道路。

（二）第二阶段：20世纪上半叶，发达国家进入“城市社会”阶段

在世界人口中，5 000人以上的城镇人口占比，1850年为6.4%，1950年达到了29.6%。1950年，发达地区的城市化水平是54.8%，欠发达地区17.7%（不包括中国为20.3%），高收入国家58.5%，中

等收入国家19.9%，低收入国家9.3%。日本53.4%，巴林64.4%，以色列71.0%，科威特61.5%，卡塔尔80.5%，阿联酋54.5%。欧洲的整体城市化水平为51.7%，东欧的捷克54.2%、匈牙利53.0%。北欧的整体城市化水平为69.7%，其中丹麦68%、冰岛72.8%、曼岛52.9%、挪威50.5%、瑞典65.7%、英国79%。在南欧，希腊、意大利、西班牙的整体城市化水平超过了50%，马耳他88.9%。西欧的整体城市化水平为64.6%，其中奥地利63.6%、比利时91.5%、法国55.2%、德国67.9%、卢森堡67.2%、荷兰56.1%、瑞士67.4%。拉丁美洲和加勒比地区的阿鲁巴、巴哈马群岛、荷兰加勒比区、古巴、库拉索岛和维尔京群岛的整体城市化水平都超过了50%；中美洲的伯利兹、南美的阿根廷、智利、马尔维纳斯群岛（英国称“福克兰群岛”）、法属圭亚那、乌拉圭等超过了50%。北美地区的整体城市化水平为63.9%，其中加拿大和美国都超过了60%。大洋洲的整体城市化水平为62.5%，澳大利亚和新西兰高达76.2%（United Nations，2018）。

总的来看，发达国家已经步入城市社会的初期阶段、正在走向水平更高、质量更优的中后期城市化阶段，而发展中国家也已经经过了萌芽期、处于快速启动的初期城市化进程中。

（三）第三阶段：1951—2007年，越来越多的国家进入“城市社会”阶段

如果说以上两个阶段是诺瑟姆曲线初期阶段的话，那么这个阶段整体上属于诺瑟姆曲线的中期阶段或者中间阶段。其显著标志是全世界的城市人口比重由30%上升到2007年的50%，世界城市人口达到34亿人，年均增加量超过1850年发达国家全部城市人口总和。

随着全球经济的战后复苏与科技进步，城市的集聚经济效应与规模经济效应开始显现。从全球范围看，经济活动、人口和财富越来越向城市特别是大城市和城市带集中，世界城市化的速度大大加快。2000年，世界城市化水平达到46.7%，G8国家平均为78.63%，拉美国家75.5%，东亚国家70.6%，其他国家平均为57.04%。按收入水平划分，高收入国家的城市化水平达到了77%，中等收入国家达到了50%，低收入国家达到31%。

从发展阶段上看，发达国家处于城市化的中后期阶段，但是人口城市化并未结束。具体表现在这样几个方面：一是世界级城市群形成——美国东北部大西洋沿岸城市群、北美五大湖城市群、美国大西洋沿岸城市群、伦敦城市群、欧洲西北部城市群和日本太平洋沿岸城市群。二是发展中国家的城市化速度明显加快，拉美国家的城市化水平接近甚至超过发达国家。例如墨西哥、阿根廷和韩国城市人口比重已经不输美国。城市化水平提高和城市空间形态变化重塑了经济地理，世界中心也从英国、西欧转向北美和亚太地区。

（四）第四阶段：2008年至今，全球进入初级“城市社会”阶段

2007年全球进入城市人口超越农村人口的城市社会阶段。与此同时，由美国次贷危机演变成的金融危机席卷全球，2008年及以后的几年中世界陷入20世纪30年代以来最严重的衰退，产能过剩、增长放缓、失业上升、债务危机。但国际金融危机并未阻挡城市化的步伐。2008—2017年，世界城市化水平仍然上升了4.1个百分点，其中发达地区上升1.8个百分点，欠发达地区上升5.2个百分点，首次超过50%，跨入城市社会行列。按收入分组，高收入国家的城市化水平上升1.8个百分点，中等收入国家上升5.4个百分点，中高收入国家上升7.9个百分点，中低收入国家上升3.9个百分点，低收入国家上升3.7个百分点。与2007年进入城市社会之前相比，全球城市化速度整体上有所放慢，但城市人口的增长并未明显减少。这主要是由人口增长和持续的城市化所致。城市化明显放慢的地区是发达地区（从2.5%到1.8%）和高收入国家（从2.8%到1.8%），中高收入国有所放慢，但整体仍然很快，而低收入国家和中低收入国家城市化速度进一步提升（见表3-1），原因主要是受到金融危机和城市化发展阶段影响。发达地区、高收入国整体达到城市化的高级阶段，而低收入国家和中低收入国家城市化水平低，但正处于加速发展阶段，国际金融危机对城市化的影响小于发达地区和高收入国家。

表3-1　1998—2017年世界进入“城市社会”前后的城市化水平及变化

单位：%

	1998年	2007年	2008年	2017年	变化幅度	
					1998—2007年	2008—2017年
世界	45.9	50.2	50.7	54.8	4.3	4.1
发达地区	73.9	76.4	76.7	78.5	2.5	1.8
欠发达地区	39.0	44.3	44.9	50.1	5.3	5.2
高收入国	76.4	79.2	79.5	81.3	2.8	1.8
中等收入国	40.6	46.0	46.6	52.0	5.4	5.4
中高收入国	48.7	56.9	57.9	65.8	8.2	7.9
中低收入国	32.5	35.8	36.3	40.2	3.3	3.9
低收入国	25.1	27.7	28.1	31.8	2.6	3.7

数据来源：联合国（United Nations，2018）。

二、世界城市化发展的趋势与特征

（一）城镇人口已经超过农村

2018年，全球城市人口城市化率已高达55%，比1950年提高了26个百分点，比国际金融危机前的2007年提高5个百分点，城镇人口总量由1950年的7.5亿增加到2018年的42亿。2017年，在全球213个国家和地区中，有139个国家和地区的城市化率已经超过50%，全球2/3的国家已经进入城市社会阶段。其中，城市化率超过75%的国家和地区有68个，城市化率在50%—75%的国家和地区有71个。

（二）未来城市化速度仍然可观

联合国（United Nations，2018）预计，2050年世界城镇人口比例将达到68%，比2014年预估的66%提高了2个百分点。由于总人口持续增长和城市化率持续上升的共同作用，到2050年，世界城市人口预计比2018年增加25亿人。全世界接近90%的城市人口增长发生在亚洲和非洲。2018—2050年，仅印度、中国和尼日利亚增加的城市人口预计就占世界的35%，印度预计增加4.16亿城镇居民，中国增加2.55亿人，尼日利亚增加1.89亿人。

（三）城市化水平有着较大的地区差异

目前，城市化水平最高的地区是北美，2018年为82%，拉美和加勒比地区81%，欧洲74%，大洋洲68%。亚洲的城市化水平已经达到50%，而非洲仍然是大部分人在农村，生活在城市地区的人口仅占43%。尽管亚洲的城市化水平低于世界平均水平，但城镇人口占世界的54%，欧洲和非洲各占13%。

（四）1 000万人以上的大都市大多数位于欠发达地区

全世界目前有33个1 000万人口以上的大都市（Megacity），城市人口大约是世界城市人口1/8。而居住在50万人以下城市的城镇人口接近世界城镇人口的半数。东京是世界上最大的城市，集聚了3 700万的居民，紧随其后的是德里2 900万人、上海2 600万人，墨西哥城和圣保罗各有2 200万人，开罗、北京和达卡都有近2 000万居民。与一些城市人口大幅度增加不同的是，2000年以来，一些城市经历了人口下降。这些城市大部分位于亚洲和欧洲的低生育率国家，这些国家的人口规模停滞或下降。经济紧缩和自然灾害是导致城市人口损失的主要原因。

大都市由发达地区为主转变为欠发达地区绝对主导。1950年纽约是唯一的大都市，1960年东京达到1 000万人，1975年总共5个城市变成大都市，其中2个在拉美和加勒比地区（墨西哥城和圣保罗），2个在亚洲（东京和上海），1个在北美（纽约）。1995年年中，14个大都市中，欠发达地区占了10个，亚洲7个（包括东京和大阪）、拉美和加勒比地区4个（墨西哥城、圣保罗、布宜诺斯艾利斯和里约热内卢），非洲1个（拉各斯）、北美2个（纽约和洛杉矶）。2018年纽约的人口规模已排在7个大都市之后（United Nations，1998、2018）。

（五）可持续的城市化是经济发展的关键

可持续发展越来越取决于对城市增长的成功管理，低收入和中低收入国家尤为如此，这些国家从现在到2050年将经历最快速的城市化。基于经济、社会和环境状况，它们需要实现与提高城乡居民生活水平、加强城乡联系相融合的政策。

城市增长和可持续发展的三个维度是密切联系的：经济、社会和环境。良好的城市管理（治理）以及对长期人口趋势的理解，有助于集聚收益的最大化而同时保持环境退化和城市人口日益增长其他负效应的最小化。为确保城市化的收益共享和没有人落在后面，管理城市增长的政策需要保证所有人能够使用基础设施和社会服务，关注城市穷人需求和脆弱性群体的住房、教育、医疗、有尊严的工作和安全环境。

第二节 典型地区与国家的经验

一、欧洲

工业革命前，西欧大多数国家城市化水平低，发展非常缓慢。1600年，整个欧洲只有1.6%的人口居住在城市地区，英国城市化率一直徘徊在3%左右（仇保兴，2012[a]、2012[b]）。工业革命成为城镇和城市化增长的强劲动力。工业化与城市化双向互促，城市数量和城市人口规模增长迅速，经济、社会、文化变化很大。在城市化发展过程中，欧洲也遭遇到一系列城市问题，由此催生了城市规划思想的产生和发展。

（一）英国

英国作为世界城市化的先行者名不虚传，关于城市化的新思想、新计划首先实施。英国是《城市规划法》、"田园城市"、城市社会保障体系、"卫星城"和郊区城市化等多个"第一"的论证者、实践者（纪晓岚，2004）。1801年，英国5000人以上的城镇数量有106个，城市化率由1760年的10%增加到20%，1850年达到50%，城镇数量增加到256个（盛郎，1986）。而当时，城市人口仅占世界总人口的6.3%。大城市迅速发展，伦敦成为世界最大的城市，总人口由1750年的75万，增加到1850年的263.3万，1875年达到426万。

进入城市社会以后，英国逐渐表现出城市扩展与郊区城市化并存的趋势。郊区化的表现是，大城市人口从城市中心地区外移，这在伦敦商业中心及其毗邻地区最明显。1801—1851年，伦敦商业中心区居民一直稳定在13万左右，人口密度每英亩超过1 000人，有些地区达到近2 000人。1870年后，英国在城市发展方面有一个重大变化——所有城市建立了一种经济而高效的公共交通系统：1863年世界第一条有蒸汽火车行驶的地下铁道启用，1890年有了第一条电力地下铁道，1905—1909年启用第一条郊区电气化铁路，1870—1880年出现了有轨马车和公共马车，20世纪初出现了有轨电车，1914年，公共汽车出现。在两次世界大战之间的这段时期，城郊发展和城市疏散的进程都加快了。首都伦敦人口增长、建成区面积扩大，1914年伦敦有650万人，1939年850万人，城市建成区面积扩大了近3倍。第一次世界大战前地下铁道仅仅是勉强适应现有的发展地区，但是1918年后很快扩展到那些过去未开发的地区。结果出现了一个出售廉价房、搞房地产投机的巨大浪潮。1921年英国的城市人口比重已高达77.2%（高珮义，1991）。

实现高度城市化后，英国城市化速度明显放慢。1950年城市化率为79%，此后稳中趋降，1971年下降到77%，2002年再次回升至79%，2006年达到80%，2017年年中为83.1%（United Nations，2018），见图3-1。城市化率缓慢增长的同时，部分地区出现了城市萎缩，一些城市人口出现了负增长。20世纪60年代，伯明翰人口减少了8%，伦敦减少了54万。1970—1985年，伯明翰、利兹、伦敦和曼彻斯特人口增长率为负，1985—1995年，这些城市的人口基本没有增加（王前福、王艳，2002）。

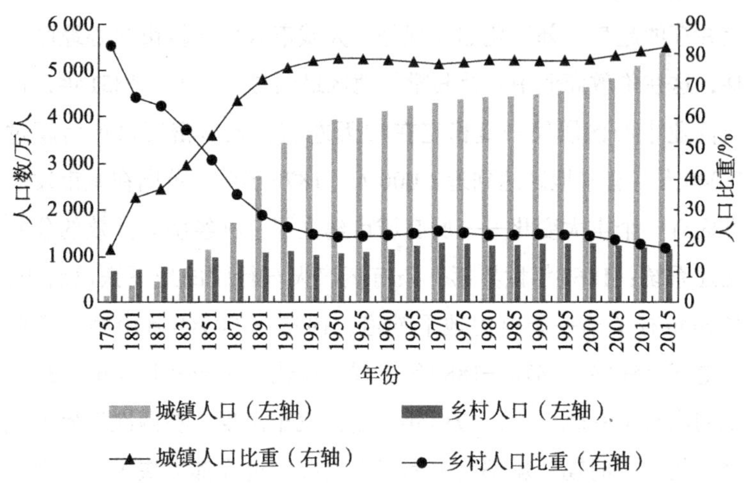

图3-1　1750—2015年英国城市人口与农村人口变化

数据来源：1750—1871年数据来自天津社会科学院历史研究所、天津市城市科学研究会（1990）；1891—1931年来自中国科学院经济研究所世界经济研究室编（1962）；1950—2015年数据来自世界银行。

作为第一个城市社会，英国的经验值得借鉴。1937年，英国成立“巴罗委员会”，研究解决伦敦人口和产业过度集中问题。1944年，英国提出大伦敦规划，用绿带限制内城扩张，在绿带外围设立8个距市中心32—50千米的卫星城，以控制中心城蔓延。此外，英国还制定了“规划许可”制度，将《城乡规划法》中“规划方案”改变为“发展规划”，以及推出诸多城市发展政策，诸如城市计划、城市再生政策、“公民社会”理念下的社区发展政策和城市复兴政策宣言等（曲凌雁，2011）。

（二）德国

德国国土面积为35.7万平方千米，总人口8 200多万，经济总量目前居世界第4位，是欧洲人口最多、经济总量最大的国家。2017年城市化率为77.3%，但这仅比67年前的1950年增加9.4个百分点。

20世纪初，德国45%的人口住在中心地区（仅占国土面积的22%），具有很高的城市化水平，城市化率已超过50%[①]，其中包括汉堡、不来梅、莱茵-鲁尔、莱茵-美因、斯图加特和慕尼黑等大型城市集聚区；1/4的人口住在“中间地区”，其余1/4住在人口稀疏的占国土面积58%的乡村地区。

大城镇集聚区与偏僻乡村的对立，是德国地理的显著特征。但是德国也有与英国相同的特征，即主要城市并非同样繁荣。1960年代起，人口1170万、面积1.15万平方千米的最大城镇集聚区莱茵-鲁尔区，因煤炭需求减少而严重衰退。1956—1972年，从事煤炭产业的就业人口减少了2/3以上，之后持续降低。另一方面，德国西南部长期繁荣的城市地区，如法兰克福、斯图加特和慕尼黑等新兴工业迅速发展。德国统一后，东部的工业在几年间迅速衰落，制造业相关的就业减少了4/5，东西部差距明显。

德国的城镇布局相对合理，形成大中小城市并行发展的总体格局，大部分人生活在10万人口以下的小城市里，平均在3 000人左右，距大中城市一小时左右的车程。柏林340万人口，莱

---

① 1900年德国城市人口比例是54.4%，比1890年提高了11.9个百分点（申晓英，2004）。

茵-鲁尔城镇集聚区基本上都是由相对独立的小规模城市构成，因而堵塞和服务设施不足的问题并不突出。德国城市化和城市建设中的可持续性、科学性、民主性、人文性和法制性值得学习借鉴，主要表现在四个方面：一是注重可持续发展，形成城市功能互补的多级都市圈；二是利用政策影响市民，推广绿色低碳交通，改变出行行为，相关政策包括价格机制、低碳汽车技术、混合居住区和提供步行和自行车的使用设施等；三是注重城市传统文化保护与身份认同；四是建设智能城市。

（三）法国

法国城市化始于19世纪30年代。在19世纪，法国人口一直没有多少增长，而其他先进国家则经历了快速人口增长。法国大型工业除集中在北部靠近比利时边境的地方外，其他地方都没有发展。

1931年，法国城市人口超过50%。第二次世界大战末，法国城市结构不同于欧洲大陆其他城市。第二次世界大战后法国政府的国民经济和城市发展规划主要集中于房地产业，与此相应，国家规划主要关注不发达地区的工业化问题，如法国南部和西部地区，刺激八大都市区增长和抑制巴黎的增长。其政策思路有两个方面：一是将巴黎地区转型为去中心化的都市区，二是在法国其他地方建立新的增长中心（布赖恩·贝利，2010）。但很快人们发现，相对于人口增长，这份规划过于保守。于是开始建立新城市中心以缓解城市中心过度拥挤的问题，不仅如此，其主要目的之一还在于创造一个综合的大范围都市区域。1966—1969年规划提出国家城市增长战略，其基本思想是城市造就区域。城市战略规划的优先领域是，通过公共政策的刺激来促进里昂、马赛、里尔-鲁贝-图尔昆、图卢兹、西南-梅斯和斯特拉斯堡等地的发展，目标是实现都市均衡发展。主要措施有：一是结合国家土地利用规划保持国家经济计划的连续性；二是将区域人口的合理分布纳入规划；三是通过划分优先城市化地区和后续发展区域，对土地使用进行地方性控制，国家投资优先或偏向于优先城市化地区，而不会拨款给后续发展区，国家投资的分配是：35%—50%给街道建设、40%给污水排放、25%给水设施；四是建设巴黎新城，制订多种有趣的城市化方案，如光辉城市（Ville Radieues）、带形城市（Cite Parallel）。这些措施在促进城市均衡发展的同时，也明显加快了城市化进程，使得城市人口大幅增长，1950年法国城市化率55%，1950年代后期超过60%。1960年，巴黎、马赛、里尔、波尔多、里昂、尼斯和图卢兹等7大城市的人口，占全国人口的39.6%。20世纪60年代末期，法国城市化率达到70%，2017年80%。

（四）苏联和俄罗斯

俄罗斯原是苏联的一个加盟共和国，苏联时期是俄罗斯城市化进程最重要的阶段，城市数量、城市人口比重无不令世人瞩目。1928年起，苏联启动了以工业化为主要目标的国民经济发展五年计划，开展了大规模的工业化运动，城市建设突飞猛进。20世纪50年代始，随着国家生产力东移，一大批大型的生产地域综合体陆续兴建，中部和东部兴起了造城运动。1926年，苏联拥有10万人口以上的城市31座，1989年296座，是1926年的近10倍，平均每年建成4.7座城市，尤其是在1927—1958年的30年间，每年新建的城市超过9座。1957年，俄罗斯城市化水平达到50.9%，1968年超过60%，1981年达到70.2%，这是苏联时代俄罗斯城市化水平发展最快的时期。此后城市化速度明显放慢，1989—1991年为73.4%，这个水平一直保持了16年，2005年才回升到

73.5%,2018年年中为74.3%，比苏联解体时增加不到1个百分点。也就是说，俄罗斯的城市化水平得益于苏联时代奠定的基础，特别是1960—1980年的苏联时代，城市化水平提高了16个百分点，由53.7%提高到69.8%，成为全球城市化速度最快的国家，同期全世界提高了5.5个百分点，发达地区提高提高了9.2个百分点、欠发达地区提高7.5个百分点。此后，由于苏联解体和社会震荡，城市化乏善可陈。

苏联在城市发展上有毋容置疑的成就。苏维埃时期，通过工业化和城市化过程的互促共进，苏联形成了一个有影响力的城市社会。根据人口普查，1926年苏联总人口为14 700万人，1959年20 880万人，到1985年，总人口27 800万人（刘洪康、吴忠观，1988）。1926年，苏联农业人口占82%，到20世纪60年代初，苏联基本跨过了城市化水平50%的拐点，城市人口首次超过农村，完成了从农业社会向工业社会的过渡，1969年56%的人口居住在城市里，而且人口超10万的城市达209座（布赖恩·贝利，2010）。

苏联城市体系建设有这样几个经验：（1）坚持社会主义人民城市观念，创造没有两极分化的城市；（2）把住房价值的社会一体化和提供广泛社会服务作为义务；（3）在工业区位、经济规划和城市规划的确定上采取城市规划适应经济规划，经济规划决定工业区位，并控制发达地区和主要城市的城市化速度的原则。城市规划实质上具备实体-工程-建筑的基础性职能，以被审批的形式进行高度开发（布赖恩·贝利，2010）。哈里斯的总结是：城市网络中城市规模和经济实力密切相关；经济增长由经济政策引导，经济计划把增长和与之关联的城市化带到远离莫斯科以外更遥远的地方。第二次世界大战后，苏联以极高成本和最低标准恢复战争毁坏的城市、单一规划、奇特建筑、重数量轻质量的工业化建造技术以及重视重工业投资而忽视住房、城市发展和服务投资，影响了城市化发展（布赖恩·贝利，2010）。

二、北美

（一）美国

20世纪，美国人口发展有两大趋势：一是美国人口由1900年的7 600万增至1920年的1.06亿、2000年的2.81亿；二是美国城市人口占总人口的比例由28%增至1920年的50%和2000年的80%（见图3-2）。同英国一样，美国通过工业革命和战争进行资本积累，在1920年城市人口首次超过农村人口（王旭、罗思东，2010）。此后，美国进入城市社会的城市化发展阶段，特点主要有以下四个方面：

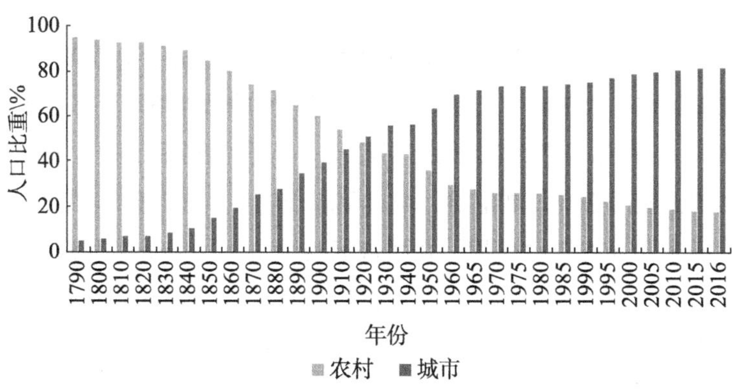

图3-2　美国城市化进程

数据来源：1960—2015年数据来自联合国（United Nations，2014）；其余数据来自美国普查局（Bureau of the Census，2011）。

第一，城市化与三大产业和谐发展。在发展前期，美国城市化、工业化和经济结构的变化高度关联，在实现工业化和城市化的同时，也实现了农业现代化（董继民，1998）。进入城市社会后，美国从制造到服务业实现了经济转型，进而引发城市中就业机会变化。在东部，以匹兹堡、克利夫兰等为中心的钢铁工业衰退，以底特律、芝加哥为中心的汽车、机械工业收缩，由此造成东部、中西部的传统制造业就业机会大幅下降，人口流出，成为“铁锈地带”（格莱泽，2012）。

第二，从城市到大都市区发展。进入城市社会以后，人口和经济活动向郊区扩展。在郊区化的带动下，美国城市发展，由单核中心型向多核中心型过渡、由局限于城市地区的发展到外围地区周而复始的扩展，大都市区逐步形成，中心区城市人口比重下降。从1940年起，一半的人口居住在大都市区，形成了波士顿－纽约－华盛顿，芝加哥－匹兹堡，旧金山－洛杉矶－圣迭戈三大城市带（仇保兴，2012[a]、2012[b]）。

第三，美国不同地区城市化程度有着明显差异，呈现出东北部最快、西部和中北部次之、南部最慢的总体格局（张国骥，2004），具体见表3-2。东北部经历了从农业到手工业、商业、再到工业的常规发展道路，城市化起步较早。而西部和中北部，依托东北部的辐射作用，在西进运动冲击下，以采矿和修路带动周边产业发展而形成“速成型”城市。南部地区，农业长期是主导部门，农业人口外迁比较晚，工业发展和城市化均呈迟缓发展态势。

表3-2　1920—1980美国城市数量和城市化水平

年份	城市数量 / 个（人口≥2 500人）	城市人口占全部人口的比重 /%				
		全国	东北部	南部	中央北部	西部
1920	2 722	51.2	75.5	28.1	52.3	51.8
1930	3 165	56.1	77.6	34.1	57.9	58.4
1940	3 464	56.5	76.6	36.7	58.4	58.5
1950	4 284	64.0	79.5	48.6	64.1	69.5
1960	5 455	69.9	80.2	58.5	68.7	77.7
1970	6 435	73.5	80.4	64.6	71.6	82.9
1980	8 756	73.7				

数据来源：李其荣（2000）。

第四，内生型城市化。美国的城市化源于经济发展的内生动力，较少受到如战争、自然灾害和行政干预等外生的、偶然的或不确定因素的干扰（王春艳，2007）。东北部地区经济发达，劳动力不足，但就业机会多、收入高、生活水平高、教育水平高并且医疗保障体系完善，交通、通信发达，都市化程度最高。南部地区经济欠发达，收入低，教育落后，城市化进展速度最慢。西部、南部地区的经济发展主要依靠高科技制造业和服务业引发新经济，是创新驱动型发展模式，由此带动人口增长和城市发展（张庭伟，2013）。

随着时间的推移，美国自由放任型城市化也产生了许多问题。譬如，城市郊区化带来经济成本居高不下、土地资源严重浪费、生态环境破坏愈演愈烈以及中心城市衰败问题汽车优先发展策略使社会患上“汽车依赖症”及其产生的一系列环境和交通拥堵问题以及城市开发过程中滋生的腐败问题，等等。总体来说，美国1920年进入城市社会以来，留下了非常成功的经验：经济实力稳居第一，经过近百年的发展，人口增加了2倍多，经济总量超过20万亿美元，占世界1/4，人均GDP是世界平均水平的5倍多。

（二）加拿大

作为近代移民国家，早期加拿大城市化进程很快，1887 年城镇人口比例为22%，到1921年，城市人口的比例就上升到50%，进入城市社会，1950年城市化率为60.9%，1962年超过70%。21世纪初，加拿大的城市化率达到 80%，2017年为81.4%（United Nations，2018）。发展定位“重功能轻形式，重里子轻面子”，强调功能和品质，注重城市发展的可持续（任晓莉、刘文昊，2017），是加拿大城市和城市化发展的重要特点。具体表现在以下方面：

第一，省和城市政府注重建立完善的城市规划体系。针对规划和建设的各个方面，加拿大政府出台的相关规定非常详尽、严密。从城市政府的组织结构看，规划部门与其他政府职能部门是平行关系。由于规划部门的权威性和城市规划的严明合理，城市建筑很少有翻修和推倒重来或重复建设的现象（李芳、高春茂，1994）。

第二，重视人文环境改善。加拿大政府不仅高度重视解决城市区域内的自然环境问题，也非常重视人文社会环境改善。健康城市、健康社区活动等覆盖许多城市、乡镇和农村（周向红，2007）。

第三，重视发展轨道交通，鼓励能源及土地的高效利用（王成超，2004），另外在注重发挥地方因素和社区精英作用、促进社会公平稳定方面也很有特色（高鉴国，2000）。加拿大城市价值体系更强调集体或公众因素，城市管理和社会体系运转更强调公共性。保证了整个社会公平和稳定。

三、日本和韩国

日本和韩国是中国近邻，同属东亚，被国际社会公认为成功跨越“中等收入陷阱”的典范。目前，两国的城市化水平都超过了80%，进入城市社会的高级阶段，但却是100年来完整经历诺瑟姆三阶段的大国，对中国有重要启示意义。

（一）日本

日本的城市化起源于明治维新时期，并且与工业化相伴而行。19世纪后期，日本纺织工业崛起。第二次世界大战后，日本重工业迅速发展，太平洋沿岸经济带逐步形成，吸引人口向这些地区聚集，城市化迅速发展（见表3-3）。

表3-3　1950—1995年日本城市数量与城市化

年份	城市数/个	城市增加数/个	城市人口/千人	城市人口比重/%
1950	248	—	31 203	37.5
1955	491	243	50 288	56.3
1960	556	65	59 333	63.5
1965	561	5	66 919	65.0
1970	579	18	74 853	72.2
1975	644	65	84 967	75.9
1980	647	3	89 187	76.2
1985	652	5	92 899	76.7
1990	656	4	95 644	77.4
1995	665	9	98 009	78.1

数据来源：转引自国家统计局城市社会经济调查总队、中国统计学城市统计委员会（2002）。

第二次世界大战后，日本的城市化水平迅速提高，城市人口比重从1950年的37%，上升到了1975年的76%[①]，跨入世界城市化先进水平行列，同时也一跃成为世界第二经济大国。城市化进程的快速推进对经济腾飞起到了重要的推动作用（李林杰、申波，2007）。

但是，在城市化过程中，也存在以下弊端。第一，工业公害、住房拥挤和交通堵塞现象严重。在日本城市化高速前进的过程中，由于过于注重工业发展的速度，城市人口过于密集，一些公害问题及“拥挤症”便显现出来。早在明治初期，就发生过几起重大的矿山公害事件，如足尾铜山矿事件、日立矿山排烟公害案和别子铜山的排烟公害事件等。第二，城市地价飙升，给经济持续发展埋下了致命隐患。土地的供不应求诱致地价上涨，这本是供求规律的一般反映。然而在日本，这一现象却显得特殊。1955—1972年的17年间，地价上涨17.5倍，成为日本陷于长期萧条“泡沫经济”的重大诱因。第三，城市负荷过重，居民生活环境恶化。随着工业化和城市化的快速发展，一方面以石油作为主要原料的工矿企业排放的污染物急剧增加，空气质量变差；另一方面，骤增的汽车尾气也使日益下降的空气质量雪上加霜。在20世纪60年代中期到70年代中期，日本完成了汽车普及化，空气污染程度达到相当严重的地步。在东京、大阪和横滨等人口密集和人口密度较大的大城市中，当时每年要发出几十次甚至上百次的光化学烟雾警报。

---

① 根据联合国（United Nations，2018）的数据，日本的城市化水平1950年为53.4%，1968年为70.3%，1975年75.7%，2001年首次达到80%。

日本虽然是市场经济国家，但政府在发展规划的制定和实施方面发挥了重要作用：一是政府对国土开发利用进行全面规划，以提高土地资源的利用效率和合理安排产业布局，保障城市化有序、高效进行。第二次世界大战结束后，日本政府就开始了大规模的国土整治，首先设置了专门负责国土整治的机构，后来又先后四次制订"全国综合开发计划"。二是为工业发展提供有力的政策支持，积极推动以高新技术为基础的工业现代化。20世纪80年代以前，日本的高技术以"引进和模仿"为主，日本政府对几乎所有的高新技术进口都实行减、免税制度，并在高新技术产业化过程中，通过用地、配套设施建设以及各种政策支持和帮助来促进工业现代化与城市化同步发展。三是采取法律手段，为政府规划和城市化的顺利实施保驾护航。鉴于"国土综合开发计划"只是一个引导城市化进程的一个大体框架，日本政府又根据各地的特殊条件，分别制定了《北海道开发法》《九州地方开发促进法》《四国地方开发促进法》等一系列法规，以确保专门针对城市化进程的国土开发计划顺利实施。

（二）韩国

韩国和日本是国际上公认的成功跨越"中等收入陷阱"的国家。韩国人均GDP在1987年超过3 000美元，1995年达到11 496美元，用了8年时间实现了从中等收入国家向高收入国家的跨越。由于城市化与工业化同步，从第二次世界大战结束到20世纪70年代中期，韩国用了约30年的时间，基本实现了工业化（谭崇台，2008），也实现了向城镇人口占多数的城市社会的历史性跨越。1950—1962年，城市化率在21.4%—29.5%，1963年首次超过30%，此后加速发展，1977年超过50%，5年后又超过了60%（1982

年），1988年超过70%，2000年接近80%，2017年81.5%（United Nations，2018），这意味着韩国已进入城市社会的高级阶段。

韩国工业的迅速增长始于20世纪60年代。在工业化过程中，韩国的轻工业和重工业优先发展程度在不同时期各有侧重。从1962年起，韩国制定并实施了符合本国国情的出口导向型发展战略，促进了工业化和城市化的推进，城市规模不断扩大，城市人口数量直线上升。1992年，占国土面积0.6%的首尔已经容纳了全国人口总数的1/4以上。事实上，早在城市社会形成之初，韩国政府就意识到人口过于向大城市集中的弊端，于是在1977年形成了多个“增长中心”为理念的城市发展规划。一方面，将部分有可能在首尔立项的开发项目疏散到其他地区，并制止大量人口从乡村向首尔迁徙；另一方面，采取培育“增长中心”的城市设计方案，将大田、大邱、马山、光州和金州这5个人口在20万—100万的中等城市列为“增长中心”，以此引导投资和人口流动（谭崇台，2008）。这些措施不仅促进了工业化和城市化的协调发展，也极大促进了社会经济发展。在20世纪50年代，韩国同加纳处于相同水平，人均GNP仅有82美元，但是到1997年，韩国人均GNP已达10 550美元，相当于加纳的28.5倍，成人文盲率男女分别降到1%和3%，而加纳仍高达24%和47%。

四、拉丁美洲与非洲

拉丁美洲与非洲同属欠发达地区，但城市化水平呈现两个极端（见图3-3）。2018年年中，拉美和加勒比地区的城市化率接近81%，而非洲只有42.5%，仅相当于前者1953年的水平，落后65年，相差近40个百分点。人口大国中，巴西的城市化率为86%、墨西哥80%、阿根廷92%，而埃及是42.7%、尼日利亚50%、南非66%。这里我们重点关注巴西、墨西哥和南非。

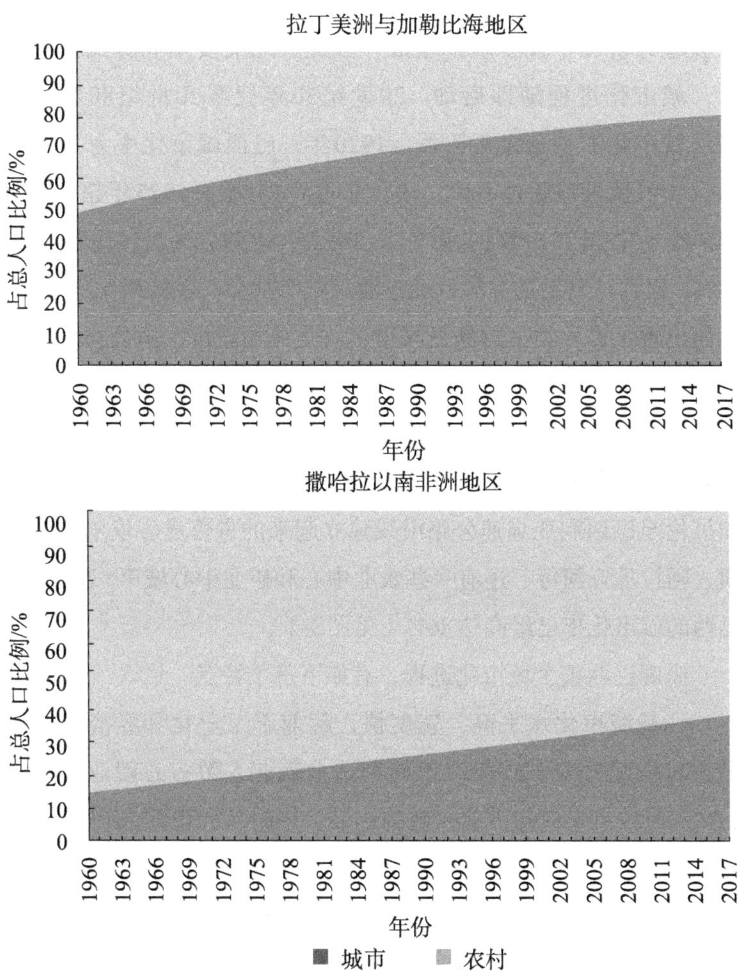

图3-3　拉美、加勒比和非洲地区城市化水平

（一）巴西

巴西是南半球面积最大、人口最多的国家，2017年中，其领土面积为851.6万平方千米，人口总量为2.093亿（国家统计局，2018）。1822年独立至19世纪末期是巴西城市化的启动阶段。随着咖啡经济和早期工业的发展，欧洲、北美资本和移民大量涌入，城市化进程随即启动。20世纪30年代至20世纪80年代是巴西城市化的快速发展阶段。1920年，巴西城市化率为25.0%，1964年城镇人口超过一半，1970年达到55.9%，1975年超过60%（略高于中国2019年的水平），1992年达到75%，1999年达到80%，巴西从落后的乡村社会过渡到城市社会。在城市化过程中，巴西出现了3 种类型的新型城市：一是公司城市，由公司扩展和房地产发展所形成，比如纳伊沃、卡拉捷斯和巴克热恩等。二是行政城市，由政府属地和土地改革机构导入而形成，如新首都巴西利亚。三是自然城市，主要依靠自然环境条件的改变而形成，如贝伦至巴西利亚高速公路沿线建立起来的古鲁皮、埃尔帕拉伊索、阿拉瓜亚河等，还有一些农业中心和矿业中心城市。2016年，巴西的城市化率已经高达86%（见图3-4）。

纵观巴西整个城市化进程，有如下三个特点。

一是城市化水平高、速度快，超前于工业化和经济发展水平。20世纪70年代中期，巴西制造业就业人数占总就业人数的20%，而城市人口却占总人数的61%。1994年，巴西人均GNP为2 970美元，城市人口比重已与高收入国家持平，达77%，而同期高收入国家人均GNP为23 420美元（World Bank，1996）。也就是说，巴西用高收入国家1/8的人均GNP支撑了和高收入国家相同的城市化水平。

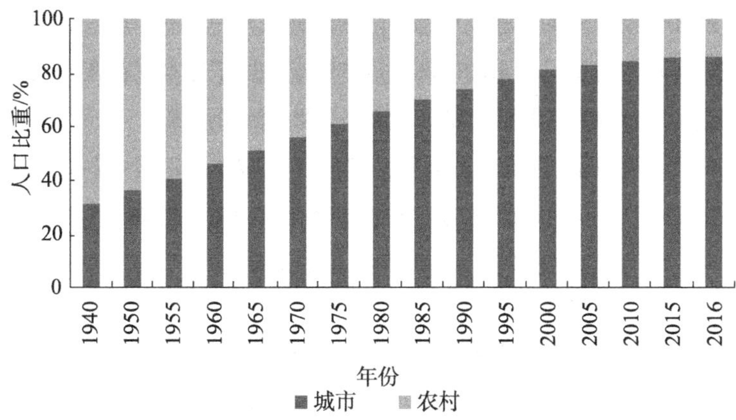

图3-4　1940年以来巴西城市化发展情况

数据来源：1940年数据源于安娜·克里斯蒂娜·费尔南德斯（Femandes，2001）；1950年以后数据来源于联合国（United Nations，2014）。

二是非均衡、不稳定。巴西城市化大多由产业发展引导，城市往往由一些产业中心演变而来。伴随新产业出现，特别是出口产业的出现，形成了一些新城市。出口产业由于高度依赖外部环境和国际形势，常常受到外部冲击而缺乏稳定性。循着这样一条与产业发展主线并行的道路，作为经济发展结果的城市化必然呈现出非均衡、不稳定的特征。

三是城市病日趋严重。严重的城市病是上述两大特征的必然结果。巴西人口向大城市过度集中，城市公共服务及设施严重不足是城市病产生的重要原因。在城市化发展过程中，乡村人口被大量吸纳到城市（见表3-4），但城市因基础设施、生活服务条件和就业不足等主客观条件，缺乏应有的吸收和消化能力，从而引起发展不足型城市病。城市人口膨胀、住宅紧张、交通拥堵、犯罪率上升、高失业率和高贫困发生率等城市病愈演愈烈。由于城市规划滞后、人口膨胀以及工业的高速发展与随之而来的汽车使用的增加，巴西的城市环境也遭受了严重的破坏。这些情况加剧了原本就存在的社会问题，造成暴力、贩毒、盗窃、卖淫等罪恶活动猖獗。

巴西有极高的城市化水平，2016年，城市人口是农村的6倍（见表3-4）。但存在严重的“虚假城市化”，城市人口比重严重高于本国的经济发展水平。因此产生了许多问题。

表3-4　1950年以来巴西城市人口与农村人口增长状况

年份	城市人口/人	前5年城市人口年均增长率/%	农村人口/人	前5年农村人口年均增长率/%	城市人口比重/%	农村人口比重/%
1950	19 517 000		34 457 000		36.2	63.8
1955	25 448 000	5.3	37 438 000	1.7	40.5	59.5
1960	33 315 843	5.0	38 891 711	1.4	46.1	53.9
1965	42 614 884	5.2	40 883 136	0.9	51.0	49.0
1970	53 296 257	4.6	42 030 536	0.6	55.9	44.1
1975	65 416 319	4.4	42 195 781	0.1	60.8	39.2
1980	79 320 872	4.1	41 838 889	−0.2	65.5	34.5
1985	94 786 163	3.4	40 890 118	−0.5	69.9	30.1
1990	110 404 093	2.8	38 948 052	−1.0	73.9	26.1
1995	125 958 401	2.3	36 338 211	−1.3	77.6	22.4
2000	142 319 498	2.6	32 968 089	−1.9	81.2	18.8
2005	154 831 127	2.1	32 086 234	−0.5	82.8	17.2
2010	165 968 133	1.4	30 828 136	−0.8	84.3	15.7
2015	176 482 751	1.3	29 479 357	−0.9	85.7	14.3
2016	178 442 336	0.2	29 210 529	−0.2	85.9	14.1

数据来源：联合国（United Nations，2014）。

一是农业农村问题突出。里约热内卢的贫民窟虽然著名——1996年，贫民窟里90%的居民月收入高于85美元——但巴西东北部农村地区只有30%的人口生活在这一贫困线上。政府解决城市贫困人口的努力远远多于解决农村贫困人口的努力，由此产生了具有讽刺意义的结果：更多的贫困人口涌入了贫民窟，形成城市贫困悖论（格莱泽，2012）。2009年巴西农村人口约3 300万，占全国人口17%左右。城市化过程中，城市人口不断增多，农村人口不断下降。但农村人口下降并没有导致农业生产率的相应增长，这根源于巴西特殊的土地制度。70%的土地为私人所有，可以买卖。在农村，0.9%的农场主拥有44.6%的土地，而40%的农民只拥有约1%的土地（冯奎，2013）。农场主拥有的土地虽然很多，但产量不断降低；小农场主的产值虽高，但规模小，耕种并不划算。由此导致快速城市化背景下的农业停滞，一批失地、失业、无住房的贫困农民成为农村不稳定的重要因素。

二是大城市、小城镇呈两极分化之势，前者膨胀很快、后者发展缓慢。如圣保罗与里约热内卢人口规模呈爆炸式增长。1900年，圣保罗与里约都不过几十万人口。1950年，巴西第一大城市圣保罗的人口约为250万人，1980年上升到1 350万人。同期，第二大城市里约热内卢，人口由290万人增加到1 070万人。全国一半以上人口居住在10万人以上的城市中，其中9个大城市占全国人口的29%。相比而言，小城镇则显衰败、缓慢发展之势。巴西城市化率达到50%以后，人口100万以上的特大城市数量由4个增加到7个，50万—100万的大城市数量从5个增加到7个；而人口2万人以下的小城镇数量从3 649个减少为3 495个。

三是人口区域分布不均衡。巴西全国51%以上的人口居住在

10万人以上的城市，其中，9个人口规模最大的城市都在东部沿海地区。1980年，人口超过2万人的城市中，东南、东北和南部分别占59%、19%和13%，而中西部5%，北部仅4%。

四是在高度城市化后，服务业内部劳动生产率分化加剧，服务业向虚脱实趋势明显。巴西的金融保险业产出比重大幅上升，但就业显著下降，而贸易餐饮、交通运输产出比重下降，但就业比重继续增加，社会和个人服务业就业比重显著上升。1990—2000年，贸易餐饮、交通运输、个人和社会服务业产值比例从36.4%下降到32.5%，就业比重则由51.6%上升到54.6%。也就是说，巴西服务业内部，产值愈发金融化，就业日益低端化，金融业就业比例虽然下降0.9个百分点，但产值比重提高7.1个百分点。贸易餐饮、交通运输、个人和社会服务业虽然产值比例下降3.9个百分点，就业比例仍然增加3个百分点（陈甬军等，2009）。由此导致服务业内部的劳动生产率差异扩大和贫富分化加重。

（二）墨西哥

墨西哥是较早步入城市社会的发展中国家之一，1960年城市化水平就超过了50%，1972年超过60%，1987年达到70%，2018年为76%（United Nations，2018），首都墨西哥城一度成为世界人口最多的城市区域。

在20世纪，墨西哥城市化经历了三个发展阶段：1900—1940年的缓慢发展阶段、1940—1980年的加速发展阶段和1980年以来的平稳发展阶段。其中，1940—1960年为城市化起步和迅速发展阶段（王文仙，2014）。墨西哥城市人口和数量分布的特点是，中部地区的城市化率不断提高，1960年为68.7%，而南部太平洋沿岸，城市化率仅为24.8%。1960—1980年是墨西哥注重地区平衡发展阶段，最明显的特征是，由以前的“极端发展主义”战略转向追求各地区平衡发展的“再分配”模式（任晓莉、刘文昊，2017）。1980年至今是城市化平稳发展阶段。墨西哥已经从传统农业国家转型为工业和城市国家。墨西哥“失去的10年”发生于20世纪八九十年代，因为1982年墨西哥爆发债务危机引发了为期10年的经济停滞。从20世纪80年代债务危机再到20世纪90年代的经济转型，墨西哥经历了重大经济变革，经济发展从以满足国内消费和生产为主的经济模式（进口替代工业化）转向以面向国际市场为主，同时把提高经济效益和实现长期增长作为发展目标，实行经济自由增长模式、企业实行私有化、加入世贸组织和北美自由贸易协定等重大改革。

从一个农业国家快速转型为工业城市国家，墨西哥城市经济起了很大作用，但迄今为止，如何消灭贫民窟、缩小发展差距、实现城市健康发展一直是墨西哥等许多发展中国家面临的共同挑战。由于墨西哥高度的城市化建立在农业衰败、乡村凋敝的基础上，因而城乡差距不断扩大。20世纪90年代以来，政府不再对大城市进行规划，结果出现了土地的狂热投机行为以及不断膨胀的大城市无政府状态（张惟英，2006）。大城市发展失序混乱、人口爆炸式增长、城市失业率高与就业不足并存等给城市基本公共服务带来一系列严重问题，“城市病”暴发，“贫民窟”现象严重、社会不平等问题日益凸显，处于城市社会边缘地位的城市贫民越来越穷，城市贫困问题愈发严重（陈芝芸，2000；袁艳，2015）。

（三）南非

南非在历史上曾是英国殖民地，1961年宣布退出英联邦，改名为南非共和国。在白人统治时期，长期在国内推行种族歧视和种族隔离政策。目前的南非是非洲第二大经济体，国土面积121.9万平方千米，2017年GDP为3 494亿美元，人口5 600万人，城市化率66%。第二次世界大战后白人政府强化了一系列种族隔离措施，试图阻止人口城市化进程，然而，城市人口比例总体仍以每年7%的速度增长。与此同时，城市中的部分非洲人却陷入结构性失业，1978年，南非城市中的非洲人失业率达到12.4%，据2010年以来甚至早些时候的统计，城镇登记失业率都在25%以上（国家统计局，2011—2015）。

1987年，南非城市人口比例超过50%，进入了城市社会。但是从1980年的白人政府执政开始，南非经济衰退就开始了。1985—1994年，南非制造业产值增速是-0.8%，1994年后，曼德拉执政时期，制造业产值增速2.5%，2005年GDP增长率为5.3%，2013年降为3%，2014—2016年持续下降，分别为1.7%、1.3%和0.3%，但城市化率仍以每年0.5个百分点的速度提升。1990—2014年，南非的农村人口增加了133万人，但城镇人口增加是农村的11倍多，由1 915万人增加到3 417万人，增加了大约1 500万人，城市化率由52%提高到64%，水平和速度都高于世界城市化的平均水平。南非的城市化和经济发展错位，在非洲算不上典型，但也很有代表性，撒哈拉以南非洲，被视为城市化和可持续发展联动影响、相互促进的反例（United Nations，2014）。

现代化过程通常以经济发展为中心，并伴随政治、社会和文化的变化。没有政治、社会和文化的相应变革，要保持经济长期持续发展是不可能的。即使在一定时期内经济发展了，而最终还是要停滞乃至下降。近十年以来南非的城市化，经济增长都趋于平稳，随着城市化率的上升，南非的人均GDP增加速度逐渐提升，但工业在GDP中的比重则呈现稳中有降的趋势（见图3-5）。2016年，南非服务业增加值比重提高至68.6%，上升了3.8个百分点，与此对应的则是，农业增加值比重下降了0.9个百分点、工业增加值比重下降了2.9个百分点。

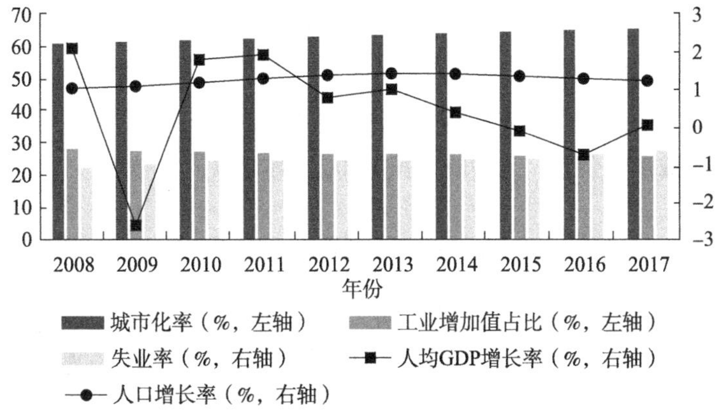

图3-5　南非近十年城市化率与经济指标走势图

数据来源：联合国（United Nations，2014）。

五、小结

本节选取了欧洲的英国、德国、法国和苏联、俄罗斯，北美的美国和加拿大、亚洲的日本和韩国、拉美和加勒比地区的巴西和墨西哥以及非洲的南非等11个国家，分析了它们城市化水平达到50%以后的城市化发展情况。这些国家可分为四类：

第一类是英美模式，包括英国、德国、法国、美国和加拿大，即工业化城市化模式。其特点有三：一是工业化引导城市化；二是工业化的完成是城市化的先决条件；三是城市化同工业化呈正相关关系。这类国家都经历了长期工业化过程，工业化水平很高，经济发展水平居世界前列。进入城市社会的时间虽然有早有晚、快慢有别，但都有上述特征（见表3-5）。英国在人均GDP达到2 300国际元后进入城市型社会，此后人均GDP直到1904年一直领先于欧美各国，农业劳动力就业显著下降，服务业稳定，而工业就业比例上升到50%以上。美国在人均5 500国际元时进入城市社会，并保持了持续的上升势头。德国进入城市社会时人均收入在3 000国际元左右，法国、加拿大进入城市社会时，人均收入在4 000国际元以上。

表3-5　1840—1950年欧美模式国家的人均GDP和劳动力就业结构情况

年份	英国	德国	法国	美国	加拿大
人均GDP/1990年国际元					
1840	1 990	—	1 428	1 588	1 162
1850	2 330	1 428	1 597	1 806	1 330
1870	3 190	1 839	1 876	2 445	1 695
1913	4 921	3 648	3 485	5 301	4 447
1920	4 568	2 796	3 227	5 552	3 861
1930	5 441	3 973	4 532	6 213	4 811
1940	6 856	5 403	4 042	7 010	5 368
1950	6 907	3 881	5 271	9 561	7 291
农业劳动力占总劳动力比例/%					
1820	37	—	—	70	—
1870	23	50	49	50	53
1900	9	37	41	38	44

（续表）

年份	英国	德国	法国	美国	加拿大
农业劳动力占总劳动力比例 /%					
1950	5	23	27	12	19
1980	3	7	2	4	5
工业劳动力占总劳动力比例 /%					
1820	33	—	—	15	—
1870	42	29	28	24	—
1900	51	41	29	30	23
1950	49	42	35	35	35
1980	38	45	40	31	29
服务业劳动力占总劳动力比例 /%					
1820	36	—	—	15	—
1870	30	22	23	26	—
1900	35	22	29	32	33
1950	40	35	38	54	46
1980	60	48	58	66	66

数据来源：人均 GDP 数据来源于安格斯·麦迪森（2009）；三次产业劳动力占比数据来源于李通屏等（2014）。

第二类是发展中国家模式，包括巴西、墨西哥、南非，进入城市社会时人均水平低、产业结构落后，工业化没有经过充分发展。如人均GDP都没有达到4 000美元，远低于英国除外的其他欧美国家，农业劳动力比例在50%以上、工业劳动力比例从未超过30%，城市化水平虽然较高，但质量较低，城乡分化严重、城市贫民窟现象突出（见表3-6）。

表3-6 1960—2000年发展中国家进入城市社会前后的基本情况

	巴西	墨西哥	南非	巴西	墨西哥	南非
年份	人均 GDP/ 国际元			劳动力就业结构 /%		
1960	2 335	3 155	3 041	52∶15∶33	55∶20∶25	
1965/1970	2 448	3 813	3 559	46∶18∶36	45∶23∶32	
1975/1980	4 190	5 146	4 271	37∶24∶39	36∶21∶34	
1990	4 923	6 119	3 966	23∶23∶54	23∶28∶40	
2000	5 556	7 218	4 139	24∶21∶56	18∶27∶55	15∶24∶61

注：劳动力就业结构为1960、1970、1980、1990和2000年数据。

数据来源：2000年劳动力就业结构数据来源于国家统计局（2006）其他数据同上。

第三类是介于第一、第二类之间、但更接近欧美模式的日本韩国模式。1937年，日本和韩国的人均GDP分别为2 300国际元和1 482国际元，1953年超过战前水平，韩国1978年超过了4 000国际元，这是它们进入城市社会时的情况。后来保持了经济的持续发展。1980年，日本的城市化水平已经与巴西和墨西哥持平，但人均收入已经超过13 000国际元，是拉美国家平均水平的2倍多，农业就业比例由50%左右下降到10%，工业就业比例达到35%，而巴西和墨西哥为24%和21%。日本制造风靡全球，工业就业在1960—2000年保持了30%以上的比例①。

第四类是独特的苏联、俄罗斯模式，实质是苏联重化工业导向的城市化模式。苏联在1950年代后期进入城市社会，当时的人

① 日本1950年农业劳动力、工业劳动力比例分别为48%和26%（中国现代化战略研究课题组、中国科学院中国现代化研究中心，2005）。

均GDP为3 700国际元，1960年三次产业的就业比例为42:29:29，农业和工业的就业比例保持在比较高的水平。1990年，苏联的人均GDP为6 878国际元，城市化水平达到70%以上。由于苏联解体，俄罗斯联邦成立后，人均收入和GDP都乏善可陈，其教训值得反思和汲取。

第三节　城市社会城市化：影响因素及其后果

为全面考察进入城市社会以后的城市化发展，本节以2017年进入城市社会的全部国家和地区为样本，并从城市化水平、经济规模（GDP）、人口规模三个维度抽丝剥茧，选取与中国最接近的样本进行比较，对城市化水平达到50%以后的影响因素及其后果进行实证研究，以进一步揭示城市社会的城市化发展规律。

一、城市社会的总体观察

世界银行的数据显示，2017年全球有143个国家或地区，城市化水平超过50%，考虑对中国及各地区的借鉴意义，我们重点关注城市化水平在50%—90%的国家和地区（见表3-7）。

表3-7　2017年城市化率在50%以上国家或地区的基本情况

城市化率		50%—100%	50%—100%（不含100%）	50%—90%
国家（地区）数/个		143	133	116
城市化率/%	最小值	50.33	50.33	50.33
	最大值	100.00	99.08	89.20
	平均值	74.54	72.63	69.53

（续表）

城市化率		50%—100%	50%—100%（不含100%）	50%—90%
人口密度 / 人每平方千米	最小值	0.14	0.14	0.14
	最大值	19 347.50	1 935.91	1 935.91
	平均值	568.81	149.11	125.45
GDP/ 亿美元	最小值	0.40	0.40	0.40
	最大值	193 906.00	193 906.00	193 906.00
	平均值	5 976.30	6 158.70	6 144.20
GDP 增长率 /%	最小值	–4.59	–4.59	–4.59
	最大值	26.70	26.70	26.70
	平均值	3.02	3.00	3.03
人均国民收入 / 美元	最小值	380.00	380.00	380.00
	最大值	80 560.00	80 560.00	80 560.00
	平均值	17 565.00	16 942.00	14 793.00
农业 /%	最小值	0.03	0.19	0.29
	最大值	34.20	34.20	34.20
	平均值	6.51	6.58	6.90
工业 /%	最小值	8.67	8.67	8.67
	最大值	59.72	59.72	59.72
	平均值	27.06	27.10	27.58
服务业 /%	最小值	25.64	25.64	25.64
	最大值	88.18	88.18	88.18
	平均值	67.05	66.61	65.52
失业率 /%	最小值	0.12	0.12	0.48
	最大值	27.40	27.40	27.40
	平均值	8.00	8.19	8.46

数据来源：人口密度、GDP 增长率、人均国民收入、三大产业占生产总值比例以及失业率等指标数据来源于联合国（United Nations，2018[a]，2018[b]），世界银行国民经济核算数据和国际劳工组织劳动力市场主要指标数据库。缺失数据以插值法补齐（下同）。

从表3-7可以看出，143个国家和地区城市化率的均值是74.54%，GDP的均值是5 976亿美元，GDP增长率的均值是3.02%，人均国民收入的均值是17 565美元，三次产业比重的均值分别是：第一产业6.51%，第二产业27.06%，第三产业67.05%，失业率均值是8.00%。扣除城市化率100%的样本，各指标总体变化不大，人均国民收入有所下降，三次产业比重变化也不是很大。进一步扣除90%以上的国家和地区，城市化率下降5个百分点为69.53%，人均国民收入下降到14 793美元，人口密度均值由568.81人每平方千米下降到125.45人每平方千米，三次产业结构的均值为6.90∶27.58∶65.52。

2017年，除京津沪三大直辖市外，中国有22个省、自治区、直辖市城市化水平超过50%，但都在70%以内，广东、江苏接近70%。考虑到我国城市化率在2035年可能达到75%，因此我们选取城市化率在50%—75%的国家和地区进行比较，由此形成表3-8。

表3-8　2017年世界城市化率在50%—75%国家或地区的情况

城市化率		50%—75%	50%—75%（不含中国）	50%—75%（人口1 000万人以上）	50%—75%（不含中国，人口1 000万人以上）
统计个数/个		74	73	28	27
城市化率/%	最小值	50.33	50.33	50.33	50.33
	最大值	74.67	74.67	74.64	74.64
	平均值	62.11	62.17	62.63	62.80
人口密度/人每平方千米	最小值	1.97	1.97	6.62	6.62
	最大值	395.72	395.72	395.72	395.72
	平均值	102.36	100.40	101.75	96.62

（续表）

城市化率		50%—75%	50%—75%（不含中国）	50%—75%（人口1 000万人以上）	50%—75%（不含中国，人口1 000万人以上）
GDP/亿美元	最小值	0.40	0.40	84.10	84.10
	最大值	122 377.00	19 347.98	122 377.00	19 347.98
	平均值	3 373.36	1 623.31	8 032.42	3 458.63
GDP增长率/%	最小值	–4.59	–4.59	–0.78	–0.78
	最大值	8.51	8.51	8.51	8.51
	平均值	3.18	3.12	3.72	3.59
人均国民收入/美元	最小值	380.00	380.00	760.00	760.00
	最大值	80 560.00	80 560.00	31 020.00	31 020.00
	平均值	9 652.92	9 667.08	7 069.73	7 004.92
农业/%	最小值	0.48	0.48	1.68	1.68
	最大值	34.20	34.20	20.46	20.46
	平均值	8.69	8.71	9.13	9.18
工业/%	最小值	11.53	11.53	19.41	19.41
	最大值	56.77	56.77	56.77	56.77
	平均值	27.78	27.56	30.12	29.68
服务业/%	最小值	25.64	25.64	25.64	25.64
	最大值	78.68	78.68	78.68	78.68
	平均值	63.53	63.73	60.75	61.14
失业率/%	最小值	2.36	2.36	2.36	2.36
	最大值	27.33	27.33	27.33	27.33
	平均值	8.83	8.89	7.97	8.10

数据来源：同表3-7。

表3-8是城市化水平与中国大致相同国家和地区情况，一共74个国家。主要指标的均值为：城市化率62.11%，人口密度102.36人每平方千米，GDP增长率3.18%，人均国民收入9 653美

元，三次产业结构为9.18∶29.68∶61.14。这一格局同中国除京津沪和西藏、新疆除外的省际之间的格局比较接近，今后20年，中国城市化水平不可能突破这个区间。

二、从人口与经济的综合角度考察

（一）较大经济体

观察GDP在1 000亿美元以上的国家或地区，有以下结果（见表3-9）。

表3-9　2017年GDP在1 000亿美元以上的大型经济体

		GDP>1 000亿美元	GDP>1 000亿美元（不含中国）	GDP排名前20
统计个数/个		62	61	20
城市化率/%	最小值	33.60	33.60	33.60
	最大值	100.00	100.00	91.54
	平均值	72.46	72.70	76.15
人口密度/人每平方千米	最小值	3.18	3.18	3.18
	最大值	7 805.64	7 805.64	513.22
	平均值	375.69	379.47	175.16
GDP/亿美元	最小值	1 030.57	1 030.57	6 788.87
	最大值	193 906.04	193 906.04	193 906.04
	平均值	12 342.08	10 538.23	32 286.07
GDP增长率/%	最小值	–2.87	–2.87	–0.74
	最大值	7.80	7.80	7.42
	平均值	3.07	3.01	2.83
人均国民收入/美元	最小值	1 470.00	1 470.00	1 820.00
	最大值	80 560.00	80 560.00	80 560.00
	平均值	23 893.57	24 142.81	29 892.09

（续表）

		GDP>1 000亿美元	GDP>1 000亿美元（不含中国）	GDP排名前20
农业/%	最小值	0.03	0.03	0.52
	最大值	30.45	30.45	15.45
	平均值	6.19	6.15	4.21
工业/%	最小值	2.31	2.31	17.36
	最大值	45.00	45.00	45.00
	平均值	27.20	26.94	27.46
服务业/%	最小值	47.49	47.49	47.49
	最大值	88.18	88.18	81.13
	平均值	67.13	67.44	68.34
失业率/%	最小值	0.12	0.12	2.83
	最大值	27.33	27.33	17.22
	平均值	6.61	6.65	6.48

GDP大于1 000亿美元经济体中，印度、越南、巴基斯坦、泰国等9个国家未达到城市社会的标准，中国香港特别行政区、新加坡、科威特城市化率高达100%，其他国家和地区城市化率大部分处于70%到90%范围。这62个经济体的基本情况是：城市化率72.46%，人口密度高达375.69人每平方千米，是中国的2.7倍，GDP12 342亿美元，人均国民收入23 894美元，是中国的2.5倍，增长率3.07%以上，产业结构6.19∶27.20∶67.13，中国的第一、第二产业比重都高于这些经济体的平均水平，失业率6.61%，略高于中国的城镇调查失业率。与前20大经济体主要指标的均值相比，中国城市化水平还低18个百分点，人均国民收入仅是20大经济体的30%，第一产业的比重高3.5个百分点，第二

产业高13个百分点，第三产业低16个百分点，城镇调查失业率低1.5个百分点。

（二）人口多、经济体量大、城市化率30%—100%的国家或地区

从全部国家和地区的样本中，我们去掉城市化率100%的国家或地区，剔除城市化率30%以下的最低值，忽略人口规模和经济规模比较小的国家或地区，以尽可能贴近我国及各省、自治区、直辖市的情况，即人口总量在100万人以上，30%＜城市化率＜100%，GDP大于100亿美元。2017年年中，满足这个条件的国家和地区共有110个（见表3-10）。

表3-10　2017年人口、经济规模较大国家的基本情况

	样本数	范围	最小值	最大值	平均值
城市化率 /%	110	68.76	30.32	99.08	65.98
人口 / 万人	110	138 513.04	126.46	138 639.50	614.63
人口密度 / 人每平方千米	110	1 933.94	1.97	1 935.91	138.83
GDP 增长率 /%	110	29.90	–3.22	26.68	3.53
人均国民收入 / 美元	110	80 140.00	420.00	80 560.00	14 826.97
农业 /%	101	38.15	0.19	38.34	8.19
工业 /%	100	53.56	2.31	55.87	27.40
服务业 /%	100	46.00	38.50	84.50	64.33
GDP/ 亿美元	110	193 801.08	104.96	193 906.04	7 013.98
失业率 /%	110	27.21	0.12	27.33	7.63
有效样本数 / 个	100				

注：人口 100 万人以上、GDP100 亿美元以上、城市化率在 30%—99.99%。

从表中看出，世界GDP 100亿美元以上、人口100万人以上、城市化率处于30%以上的110个国家或地区中，各指标的均值是，城市化水平65.98%，人口密度138.83人每平方千米，人均国民收入14 827美元，三次产业结构为8.19∶27.40∶64.33，失业率7.63%。

三、从人均国民收入角度观察

虽然中国是世界第二大经济体，但人均国民收入尚未达到世界平均水平，仅为世界平均水平的80%左右，故而表3-11专门从人均国民收入的角度进行观察分析。

表3-11 2017年人均国民收入不同状况下的观察结果

人均国民收入		10 000美元以上	世界平均水平的50%（约5 400美元）
国家或地区数量 / 个		55	83
城市化率 /%	最小值	24.71	18.61
	最大值	100.00	100.00
	平均值	78.12	73.57
人口密度 / 人每平方千米	最小值	3.18	3.18
	最大值	7 805.64	7 805.64
	平均值	452.64	357.56
GDP增长率 /%	最小值	–2.87	–3.22
	最大值	7.80	26.68
	平均值	2.77	3.18
人均国民收入 / 美元	最小值	10 140.00	5 400.00
	最大值	80 560.00	80 560.00
	平均值	32 647.00	24 252.00
农业 /%	最小值	0.03	0.03
	最大值	6.08	10.08
	平均值	2.15	3.34

（续表）

人均国民收入		10 000 美元以上	世界平均水平的 50%（约 5 400 美元）
工业 /%	最小值	11.58	11.46
	最大值	59.72	59.72
	平均值	25.88	26.62
服务业 /%	最小值	39.19	39.20
	最大值	88.14	88.14
	平均值	71.93	69.99

注：不包括 10 万人口以下的国家或地区；反映产业结构的样本量分别为 42 和 65。

从表3-11看出，2017年人均国民收入在10 000美元以上的国家和在5 400美元以上的国家或地区，城市化水平相差近5个百分点，经济增长速度也有差异，人均水平越低，增长率越高，这符合资本积累的黄金律稳态所揭示规律。达到中高收入后和达到中等收入后，产业结构的均值分别为2.15∶25.88∶71.93和3.34∶26.62∶69.99。

四、从人口规模角度观察

中国是世界第一人口大国，大国对我们有很强的参考价值，中国的城市化应该是大国的城市化，所以要借鉴大国经验（见表3-12）。

表3-12　2017年1 000万人以上人口大国的观察

统计个数 / 个		88	87（不含中国）
城市化率 /%	最小值	12.71	12.71
	最大值	97.96	97.96
	平均值	55.90	55.87

（续表）

统计个数 / 个		88	87（不含中国）
人口密度 / 人每平方千米	最小值	3.18	3.18
	最大值	1 115.42	1 115.42
	平均值	133.11	131.48
GDP/ 亿美元	最小值	34.78	34.78
	最大值	193 906.04	193 906.04
	平均值	8 922.49	7 521.81
GDP 增长率 /%	最小值	–2.95	–2.95
	最大值	10.25	10.25
	平均值	3.84	3.80
人均国民收入 / 美元	最小值	290.00	290.00
	最大值	58 270.00	58 270.00
	平均值	10 472.18	10 494.46
农业 /%	最小值	0.52	0.52
	最大值	48.59	48.59
	平均值	13.26	13.34
工业 /%	最小值	2.31	2.31
	最大值	56.77	56.77
	平均值	26.22	26.02
服务业 /%	最小值	25.64	25.64
	最大值	81.68	81.68
	平均值	60.51	60.64
失业率 /%	最小值	0.22	0.22
	最大值	27.33	27.33
	平均值	6.74	6.76

表3-12选取了人口大于1 000万的国家和地区，并将之

与剔除中国以后进行比较。可以发现，中国的相关指标都接近于世界的平均水平，其中城市化水平处于56%左右，正是中国目前的状况。中国是人口大国和经济大国，GDP和人口总量都很庞大，远远超过均值。人口大国的三次产业均值为13.26∶26.22∶60.51，不包括中国，人均国民收入的均值提高了，这主要是因为，中国的人均国民收入还低于世界平均水平，低于1 000万人口以上国家的均值，中国第二产业的比重远远高于大国的平均水平，而农业和服务业比例远低于大国的均值，中国的GDP增长率也远高于3.80%的均值，2017年中国经济增长率是6.9%。

五、城市化降低了不平等？

城市化是现代化的必由之路，但城市化是否更有利于平等的达成？托马斯·皮凯蒂（2014）认为，考察不平等需要关注长期的演化特征，而无法放在少于三四十年甚至更短的时间尺度上理解。法国1945—2010年存在三个明显的阶段：1945—1967年是收入不平等急剧上升阶段，前10%人群的收入比重从不到30%上升到36%—37%；1968—1983年大幅下降，前10%人群的收入重新降到30%；1983年之后，不平等程度稳步增长，21世纪前10年，这一比重又升到33%。美国在1950—1980年达到了低谷，这个比例是30%—35%，21世纪上升到45%—50%。有人认为2008年国际金融危机或者全球金融体系长期不稳定的唯一原因或主要原因，是美国收入不平等的扩大。有人则认为言过其实，更重要的原因是资本/收入比的结构性上升和美国国际资本的体量太大。他还注意到，不平等不仅在美国、法国呈现上升的趋势，在新兴经济体的中国、印度、印度尼西亚、南非、阿根廷和哥伦比亚，20世纪80年代初降到低点以来，目前已经上升到很高的程度。

一个显而易见的事实是，全世界的城市化水平总体是上升的，1982—2017年，全球上升了15个百分点，欠发达地区提高了20个百分点，高收入国家提高9个百分点，中等收入国家提高20个百分点。其中，中高收入国家提高29个百分点，中低收入国家提高13个百分点，而中国提高了37个百分点。拉美是世界上城市化水平最高的地区之一，也是不平等最突出的地区。当然也有通过城市化成功实现收入差距缩小的案例，如1992—2002年的墨西哥，以及亨德森描述的韩国和中国台湾（Au and Henderson，2006）。2017年，世界上65个国家或地区城市化率和基尼系数呈现的散点图不支持高城市化率可以降低不平等的观点（见图3-6）。

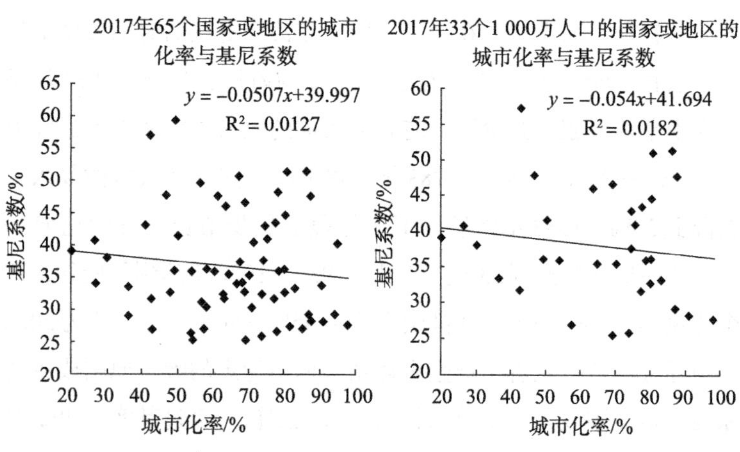

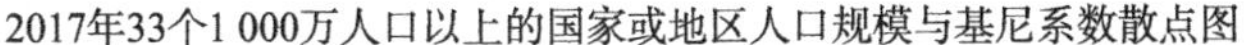

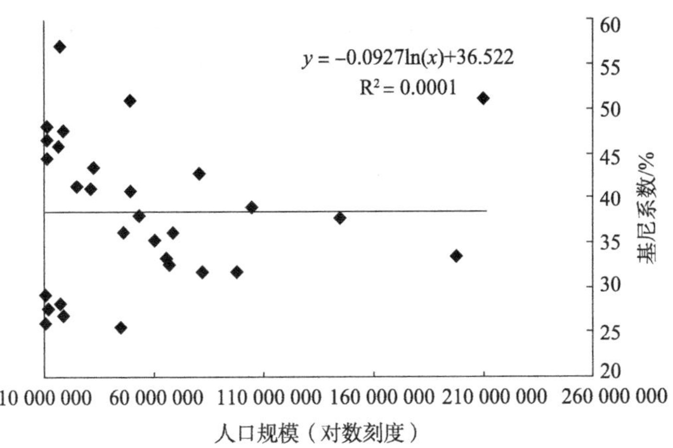

图3-6　城市化与不平等

注：基尼系数是2015年数据；城市化率为2017年年中数据。

我们把基尼系数作为被解释变量，把人均国民收入、城市化率和产业结构作为解释变量，回归结果如表3-13。

表3-13　2017年截面数据回归结果

	模型 1		模型 2		模型 3	
变量	系数	t 值	系数	t 值	系数	t 值
常数项	61.411	7.247	61.268	7.927	62.191	9.546
人均国民收入对数	−3.956	−3.123	−3.879	−3.185	−4.018	−4.009
城市化率	0.176	2.132	0.189	2.223	0.166	2.247
产业结构 I	−0.008	−0.380				
产业结构 II			−0.735	−0.601		
R^2	0.219		0.222		0.216	
调整后的 R^2	0.177		0.180		0.191	
显著性	0.003		0.030		0.001	
样本量	59		59		64	

注：关于因变量，基尼系数是2015年数据，其他是2017年数据，产业结构 I 用工业、服务业比重之和与农业比重的比值表示，产业结构 II 用服务业比重与农业、工业比重之和的比值来表示。

从截面回归结果看，城市化和基尼系数有显著正关系，在不考虑产业结构时，城市化率提高1个百分点，基尼系数提高0.166个百分点（模型3）；在考虑产业结构时，城市化率提高1，基尼系数提高0.176—0.189（模型1、模型2）。在当前背景下，人均国民收入的上升降低了以基尼系数为表征的不平等。

第四节 总结

一、主要发现

本章利用联合国、世界银行等国际组织的数据库和研究报告，通过梳理中外学者对世界城市化的相关成果，从全球视角分析了城市社会的形成、发展和未来趋势，以先行进入城市社会的大国为参照和2017年全球城市化的截面资料，分析了城市社会城市化的原因、影响因素、动力机制以及城市社会城市化的问题和挑战。主要发现是：

1.从18世纪中叶城市化启动，19世纪的工业城市化使英国率先进入城市社会，到20世纪前半叶，发达国家整体进入城市社会，2007年，世界进入城市社会的城市化发展阶段。

2.城市化水平从50%到75%，发达国家用时超过半个世纪。2003年发达国家首次超过75%（United Nations，2018），英国1911年达到75%（高珮义，1991），经过60年的时间。美国1989年达到75%，历经69年的时间。法国1996年达到75%，历经65年。德国更晚一些，世纪之交才达到75%，历时近百年（申晓英，2004）。整个欧洲尚未达到75%。欠发达国家进入城市社会以后，一般在30年左右的时间里实现了从50%到75%的跨越。巴西仅用了28年（1964—1992年），墨西哥用了30年（1972—2002年）。发达经济体中的后起之秀日本和韩国用了不足25年，苏联自1957年进入城市社会以来的60年间，尚未突破这个区间①。

3.基于经济史学家安格斯·麦迪森提供的数据，比照城市化的历程，从典型国家的经验看，进入城市社会的初始人均GDP是2 400国际元（1990年国际元），随着时间推移有提高趋势。英国在19世纪中叶是2 330国际元，20世纪50年代以前，美国是5 000国际元，德国、法国、加拿大和日本是4 000国际元左右，20世纪后半叶进入城市社会的一些发展中国家，墨西哥和南非是4 000国际元，巴西和韩国是2 400国际元左右。

4.从主要发达国家进入城市社会以后人口产业结构看，工业和制造业在30%以上持续相当一段时间，2/3的劳动力在工业和服务业，农业提供的就业机会一般在35%以下。与欧美日相比，拉美和非洲突出的问题是，进入城市社会时，工业制造业提供的就业机会长期在25%以下，而农业和服务业的就业比例很高。也就是说，农业提供的就业机会稳定在35%以下，这通常是一个国家或地区进入城市社会的重要标志。这同时说明，能否为2/3以上的劳动力提供非农就业机会，这既是城市社会的条件，也是城市社会的挑战。否则，这个城市社会是很脆弱的问题丛生的社会。

---

①　1950年及以后的城市化率数据参见联合国（United Nations，2018）对1950—2050年世界城市化的展望。

5.对2017年截面资料的分析结果：

（1）有116个国家或地区城市化水平在50%—90%，人均国民收入的均值是14 793美元，比世界平均水平高45%，比中国高50%以上，三次产业结构的均值是6.90∶27.58∶65.52，经济增长率是3.03%。

（2）从城市化水平在50%—75%的国家或地区看，74个国家或地区在这个区间，人均国民收入是9 653美元，三次产业结构是8.69∶27.78∶63.53，经济增长率是3.18%。74个国家中，28个是1 000万人口以上的大国，它们的情况是，人均GDP 7 070美元，三次产业结构9.13∶30.12∶60.75，经济增长率3.72%。

（3）GDP在1 000亿美元以上的较大经济体有62个，城市化率的均值是72.46%，人均国民收入23 894美元，三次产业结构是6.19∶27.20∶67.13，经济增长率3.07%。进一步观察经济规模位于前20位的国家或地区，其人均国民收入接近30 000美元，三次产业结构为4.21∶27.46∶68.34，经济增长率是2.83%。

（4）既考虑人口规模又考虑经济规模，同时把城市化率限定在30%—99%这个区间，全世界100亿美元以上、人口100万人以上、城市化处于30%以上的110个国家或地区中，各指标的均值是，城市化率65.98%，人均GDP14 827美元，三次产业结构8.19∶27.40∶64.33，经济增长率3.53%。

（5）从人均国民收入看，扣除10万人以下的国家或地区，人均收入在5 400美元（相当于世界平均水平的50%）以上的国家或地区是83个，城市化率73.6%，人均国民收入均值是24 252美元，三次产业结构3.34∶26.62∶69.099，经济增长率3.18%。人均国民收入在10 000美元以上的国家或地区有55

个，城市化率78.1%，人均国民收入32 647美元，三次产业结构2.15∶25.88∶71.93，经济增长率2.77%（见表3-11）。

（6）在1 000万人口以上的大国中，城市化率的均值是55.9%，人均国民收入10 472美元，三次产业结构13.3∶26.2∶60.5，GDP增长率3.8%。

（7）城市化的发展不会自动降低不平等。粗略观察，城市化的发展和以基尼系数为表征的不平等有微弱的反向关系，但在控制了经济发展所导致的人均收入以后，城市化对不平等有一定的推升作用。

二、经验教训

1.坚持以经济发展为中心，推动城市化可持续发展。中国进入以城市人口占多数的城市型社会是经济发展的必然结果，对于城市社会的城市化实现高质量发展，经济高质量发展是重中之重。从2017年世界城市化的截面资料看，与我国城市化水平相近的人口大国和较大型经济体，人均国民收入均值在9 700—24 300美元，经济增长率在3.0%—3.8%，农业所占比例的均值在2.2%—13.3%，工业在26.6%—29.7%，服务业在60.5%—70.0%，因此，促进经济更加平衡、更加充分的发展非常必要。

2.中国人均国民收入还不足9 000美元，在城市化率从50%到75%转变的过程中，经济增长率保持在不低于相近国家和地区的均值区间是完全可能的。按照3.8%的增长率，中国的GDP可以在不到19年的时间里增加一倍，即达到164万亿元人民币，按2017年的汇率，约25万亿美元，人口保持在2015年的规模，到2036年，人均GDP可以接近2万美元。

3.促进城市化更加包容、可持续有四个必须关注的领域分别是：让人民分享改革与发展成果，促进更加公平的发展，重视农业农村，缩小城乡差距，防止两极分化和拉美陷阱；促进工业制造业高质量发展，工业制造业的产值比例、就业比例需要长期保持在30%左右的水平；促进服务业高质量发展——中国服务业产值比例刚刚突破50%，就业比例只有40%，与本章分析的均值尚有较大距离，说明进一步发展空间很大；为越来越多的劳动力持续提供非农就业机会。发达国家农业就业比例已经下降到10%以下，甚至是2%—3%，而中国超过1/4的就业机会仍然由农业提供，支持创新创业，创造更多的非农就业机会既是城市社会高质量发展所必要，也是必须长期面对的挑战。

第四章　中国进入城市社会以后的城市化发展

中国幅员辽阔，自然环境、社会、经济和文化基础千差万别，进入城市社会的时间有先有后，既有先行进入城市社会几十年、城市化水平很高的京津沪，又有媲美发达国家、处于改革开放前沿、国际化和市场化程度很高的长三角、珠三角，也有城市化落后于世界和发展中国家平均水平、尚未进入城市社会的地区。这为研究城市社会背景下的城市化提供了丰沃土壤，研究城市社会的城市化，不仅要总结世界先行国家的经验教训，也要大力借鉴国内率先进入城市社会地区的宝贵经验。

在城市社会的初级阶段，城市化仍然是大势所趋。本章聚焦于进入城市社会以后的城市化如何发展的问题，从城市化水平和质量视角分析什么因素驱动了城市化的持续发展？城市社会的城市化与进入城市社会之前比较有何异同，城市社会的城市化有哪些共同规律以及如何推动城市化持续发展。

第一节 城市社会城市化的动力：来自先行地区的实证

一、问题提出与文献回顾

纵观全国各省、自治区、直辖市，中国城市社会的形成大致分为四种情形：一是以北京、天津和上海三个直辖市为代表、在改革开放之前形成的城市社会模式，这是我国最早进入城市社会的区域。1982年人口普查，三个直辖市的城市化率分别为64.68%、68.70%和58.81%。二是改革开放后逐步发展起来、以老工业基地东北为代表、与工业化相伴而生的城市社会模式，也是继京津沪以后出现的城市型社会。辽宁形成于1990年，黑龙江形成于2000年，吉林形成于2001年。三是伴随改革开放和经济快速发展，随着市场化、全球化和工业化的快速推进，在世纪之交和21世纪逐渐形成的城市社会，典型代表如广东（1998年）、浙江（2002年）、江苏（2005年）和福建（2007年）。四是通过借鉴先行地区的经验，发挥后发优势和区域竞争，在中国进入城市社会以后而最新形成的城市社会，如东部的河北和中西部的多数省区。达到城市社会标准的省、自治区和直辖市，2011年有15个，2017年有25个，未达标的仅有广西、贵州、云南、西藏、甘肃和新疆等西部的6个省区。除西藏外，其他5省区都与城市社会的最低标准非常接近。

马克思、恩格斯论述的主要问题和背景与第一个城市型社会高度关联。《资本论》将城市化、相对过剩人口、剥夺农村居民和资本积累的历史趋势联系起来，分析了劳动者失去生产资料和生活资料对劳动力成为商品、资本积累的一般规律和城市化进程的影响，蕴含着城市社会城市化的重要思想。亨德森认为，城市化必然伴随收入差距的缩小，但他没有回答收入趋同的可能后果，即收入趋同乃至收入差距消除以后，又如何产生持续的乡城迁移和城市化过程。程开明、李金昌（2007）认为，城乡不平等是城市化的格兰杰原因，它对城市化产生了负面影响。陆铭等（2011）认为，城乡和区域间的利益矛盾造成城乡分割，城乡分割政策阻碍生产要素在城乡和区域间的自由流动，进而造成城市化进程受阻、大城市发展不足和城市体系的扭曲等问题。陈斌开、林毅夫（2013）认为，重工业优先发展和资本偏向型赶超战略造成了城市化的滞后，城乡差距和城市化呈现出"U"型变化，而周云波（2009）以及穆怀中、吴鹏（2016）证实两者存在"倒U"型关系。孙久文、周玉龙（2015）基于中国县域的实证发现，收入差距扩大阻碍城市化发展，而金融支持对城镇发展的偏向性有利于农村劳动力向非农产业转移和就业城市化，但是投资偏向对城市化的推动并不明显。还有很多研究注意到户籍制度对城市化的迟滞作用（Wan，2007；邓曲恒等，2007；文贯中，2017）。

大量农业富余劳动力滞留农村和巨大的城乡差距（Wan，2007；李实等，2007；甘犁，2013）形成农村向城市迁移的"推力"。城市集聚经济和规模效益，创造出越来越多的就业机会，形成劳动力从农村迁入城市的拉力。而拉力的大小又内生于城市的就业结构。托达罗模型强调期望收益在人口迁移过程中的重要性，而预期收益又取决于在城市中找到工作的概率（城市就业机会的高低）。吴忠民和姚树洁（Wu and Yao，2003）从城市拉力角度分析中国的人口迁移现象。但遗憾的是，他们仅仅注意到了城乡二元结构，而没有进一步注意到中国事实上"双重的二元结构"，即城市和农村以及城市内部的国有部门和非国有部门，过高的国有产值比重抑制了地区城市化进程（刘瑞明、石磊，2015）。周文等（2017）发现，土地流转和户籍制度松绑能够加快中国城市化进程及促进城市化红利共享。中国地域广大，不同地区由于经济社会条件差异，城市化动力存在一定差别，如广东和东北（许学强等,2009；宋冬林,2016；李通屏等,2017[b]）。

市场和政府是城市化发展的两种主要动力。市场动力的表现是通过市场力量配置资源、调节供需，促进产业发展升级进而推动城市发展和城市化进程，而政府动力主要表现为从中央到地方各级党政机关及相应部门在城市（或镇）设置、层级规定以及规划、建设选址、土地使用的审批、土地功能的改变、规划许可证、工程许可证、基础设施建设到改造拆迁等事务有着严格的审批和直接决定的权力（李强等，2012）。城市行政等级和政府偏爱，是中国城市间发展不平衡的制度性根源，对流动人口和城市化产生直接的正向影响（魏后凯，2014；王垚、年猛，2015；黄燕芬、张超，2018），行政区划调整是推动城市化的有力工具（唐为、王媛，2015）。当然，市场动力和政府动力不是绝然对立的，有些方面则相互交叉，共同作用于城市化发展。需要指出，这些研究有重要价值，但对城市社会城市化的讨论还很不充分。本书的研究目标是城市化率超越50%以后的城市化动能和规律，因此不对市场动力和政府动力进行严格区分，而重在挖掘进入城市社会以后，什么因素驱动了城市化的持续发展？城市社会的城市化与进入城市社会之前比较有何异同，城市社会的城市化有没有共同规律？

我们知道，传统的发展经济学理论对此有所解释。如刘易斯-费景汉-拉尼斯模型、托达罗模型侧重于从“二元结构”、工农差别、城乡差别、就业机会等视角解释乡城迁移和城市化过程，城市化的动力内含于乡村的落后和城市的发达之中（Harris and Todaro，1970）。库兹涅茨（Kuznets，1971）和钱纳里（Chenery and Syrquin，1975）等把城市化看成是总体增长、人均收入增长及其产出结构变化相互联系、相互加强的过程。但这些理论或模型侧重于对经济水平落后、城市化水平低下的发展中国家的分析。当城市化达到较高水平以后，这些模型是否适用，则需要深入研究。中国特色社会主义进入新时代，瞄准城市社会不仅是理论的与时俱进和上述模型的拓展，而且对认识新时代、把握新趋势，推进以人为本、重在质量的新型城镇化极具实践价值。

二、模型、假说与变量

（一）模型建立

最常用的衡量城市化水平的指标是城市化率，即 $Urb\_ratio=\frac{UPop}{Pop}$，对公式求导后，可表示动态的城市化：

$$\mathrm{d}Urb\_ratio=\frac{\mathrm{d}Upop}{Upop}-\frac{\mathrm{d}Pop}{Pop} \qquad (4\text{-}1)$$

公式中，Urb_ratio指城市化率，$\mathrm{d}Urb_ratio$表示城市化水平的变化率，$\mathrm{d}Upop$表示城镇人口的净增量，$Upop$指城镇人口总量，

*Pop*指总人口。令n=d*Pop*/*Pop*，表示人口增长率。据托达罗模型可知，城镇新增人口，或者说城市的新移民数量依赖于城市的高收入预期和在城市获得就业机会的可能性，即d*Upop*=$f(d_i, UUr)$。公式中，d_i表示城乡的收入差距，*UUr*表示城镇登记失业率。由此，可以得到如下模型：

$$\mathrm{d}Urb\_ratio = an + bd_i + cuur + rUpop + C \quad (4\text{-}2)$$

我们知道，$\mathrm{d}Urb\_ratio = Urb\_ratio - Urb\_ratio(-1)$，进一步有

$$Urb\_ratio = an + bd_i + cuur + rUpop + \theta Urb\_ratio(-1) + C \quad (4\text{-}3)$$

在模型2和3中，a，b，c，r和θ分别表示人口增长率、城乡收入差距、城市失业率、城镇人口和滞后1期的城市化率的系数，C表示常数项。

（二）假说

根据上述分析，我们提出两个假说。

假说1：进入城市社会以后，城市化的动力机制仍然符合托达罗模型。

假说2：进入城市社会以后，城市化的动力机制已经发生了显著变化。

很显然假说1刻画的城市化的机制有这样几个共性：一是城市化率很低；二是经济发展被看成既定的低水平，甚至被忽略；三是由低经济发展水平衍生出简单经济结构和低度工业化。因此工业化对城市化非常重要，而服务业的作用不受重视。外国直接

投资、对外贸易占比极低，甚至可以忽略不计。城市社会是城市和城市化发展的新时代，这些条件已经发生了根本变化。钱纳里模型和罗斯托模型注意到经济发展及其阶段的影响，因此，分析城市化的影响因素和动力机制，必须结合发展阶段，将上述模型拓展如下：

$$\begin{aligned} Urb_{ratio} = {} & C + an + bd + cUUr + r\ln Upop + \\ & \theta Urb\_ratio(-1) + \alpha \ln grp + x_1 Str + \\ & x_2 Soe + x_3 open + x_4 fdir + x_5 Inv\_ratio + \\ & x_6 Flpop + x_7 Gov \end{aligned} \tag{4-4}$$

与模型3比较，模型4增加了新的解释变量。*grp*用以表征经济发展水平的人均地区生产总值，这是钱纳里模型中的一个基本指标，城市化一般被看成随经济发展而变化的一个正向变量。*d*表示城乡差距，包括*di*和*dc*，分别表示城乡收入差距和消费差距，$d>1$，即城市的收入水平、消费水平高于农村，这是城市化的重要原因；差距完全消失，即$d=1$，意味着城市的收入和消费水平不高于农村。同时收入和消费又高度相关，因此有必要在回归中加以区分。这样区分的结果能够使我们进一步发现，城市化的动力机制是收入还是消费以及哪个更加重要，而且很少研究用消费差距解释城市化动力问题。*Str*表示产业结构指标，它有两个代理变量，*Ind_ratio*和*Ser_ratio*分别表示工业化水平和服务业比重。工业化和城市化是孪生姊妹，没有工业化就没有城市化。同时，工业化对城市化存在阶段效应和门槛效应（李通屏等，2017[b]）。*Ser_ratio*表示服务业增加值占地区生产总值的比重，随着经济发展到一定阶段，服务业和城市化存在互动关系。新一轮城市化的主体主要不是过去意义上的农村人口，而是先进生产要素特别是高科技与高科技人才进城，是服务业进城。城市化水平的提高要求加快现代服务业的发展（洪银兴，2003；李京文，2005）。但李程骅（2012）并不认同我国城市化进程与服务业发展存在互动关系，韩峰等（2014）发现生产性服务业集聚对城市化的影响存在区域差异，专业化集聚对西部城市化的影响大于东部和中部，而多样化集聚和空间集聚规模的作用呈现出从东到西依次递减的作用。杨艳琳、张恒（2015）基于22个国家1960—2013年的相关数据，研究了全球视角下服务业与城市化的互动关系：从初期到高度发达过程中，城市化对服务业发展的促进作用较之服务业对城市化的促进作用更大；当达到潜在最大城市化率后，其正相关关系会转为负相关。李猛（2016）发现，进入城市型社会以后的大国经验是，城市化对公共服务和财政支出的影响更大更显著。*Soe*表示国有经济在地区经济发展中的作用，一般认为，国有经济由于体制机制问题和投资的重化工业导向、高交易成本和高资本有机构成，限制了劳动力流入和吸收，因而迟滞了城市化进程（林毅夫、陈斌开，2013；刘瑞明、石磊，2015）。*open*和*fdir*分别表示对外开放和外商直接投资，一般认为这是城市化快速推进的重要因素，但是对外开放和外商直接投资并未得到实证分析的充分支持，甚至存在挤出效应（罗知，2012）。*Inv_ratio*表示固定资产投资在地区生产总值中的比重，不难发现，城市化的效应首先是一种投资效应，快速的城市化推高了中国的投资率（李通屏、成金华，2005），但投资是否带来城市化加快发展仍然是个问题，进入城市社会以后，固定资产投资是否推动城市化快速发展，这是我们纳入这一指标的基本考虑。*Flpop*表示流动人口，人口流动、迁移与城市化是紧密交织的，在城市化过程中是一个不言而喻的正向变量。*Gov*表示政府干预，有两个代理指标*Gexp*和*IPS-Pop*，*Gexp*表示地方政府支出比重，多数研究用这个指标表示政府干预程度。政府支出在某种程度上可以影响一个地方的收入-消费关系，特别是在城乡二元结构情况下，政府支出往往偏向于城市户籍居民，城市户籍居民越多，政府支出越多。另外，政府支出也可能是对城市劳动力市场的反映，城镇失业率高，政府用于失业救济和保障失业者最低生活水平的支出可能越多，因此这个变量和失业率之间可能存在交叉影响。政府支出是否影响城市化，在城市化发展的新阶段，也是一个不容忽视的重要变量。*IPS-Pop*表示某一省级区域的计划单列市或副省级城市数，我们认为这也是中央政府影响城市和城市化发展的重要机制。其他指标的含义同模型3一致，关于变量的具体定义与说明，详见表4-1。

表4-1　实证研究中变量的定义与说明

变量	变量含义	计算方法
Urb_ratio	城市化水平	城镇人口/总人口（%）
Urb_ratio(−1)	滞后1期的城市化水平	城镇人口/总人口（%）
lngrp	人均地区生产总值	人均地区生产总值对数
di	城乡收入差距	城镇居民人均可支配收入/农村居民人均纯收入
dc	城乡消费差距	城镇居民人均消费支出/农村居民人均消费支出
Ind_ratio	工业化水平	工业增加值/地区生产总值（%）
Ser_ratio	服务业水平	服务业增加值/地区生产总值（%）

（续表）

变量	变量含义	计算方法
Soe	国有投资比重	国有固定资产投资 / 地区固定资产投资总额（%）
open	外贸依存度	地区进出口总额 / 地区生产总值（%）
fdir	外商直接投资水平	地区实际利用外商直接投资 / 地区生产总值（%）
Inv_ratio	固定资产投资水平	地区固定资产投资总额 / 地区生产总值（%）
Flpop	人口流动	人户分离人口数 / 常住人口（%）
n	人口自然增长率	人口自然增长率（‰）
UUr	城镇登记失业率	城镇登记失业率（%）
Gexp	政府干预程度	地方财政预算支出 / 地区生产总值（%）
IPS–Pop	副省级城市	1/ 千万人

资料来源：相关年份的《中国统计年鉴》、《中国人口统计年鉴》、《中国人口和就业统计年鉴》、各省统计年鉴及《国民经济和社会发展统计公报》。

三、实证检验

为深入考察进入新的发展阶段以后城市化的动力机制问题，本文在传统模型中加入服务业和消费差距等新的解释变量，除此之外，新增变量还包括国有经济（国有投资）比重、外贸依存度、外商直接投资水平、固定资产投资水平和政府干预程度等。因此，本部分实证检验要回答两个问题：一是新模型能否通过检验；二是传统的钱纳里和托达罗模型是否仍有解释力。

（一）变量描述性统计

鉴于京津沪城市化具有不可复制的特殊性，我们仅以2011年城市化率达到50%的其他12个省、自治区、直辖市为样本，以2005—2015年为时间节点，研究中国进入城市社会以后城市化的逻辑和动力机制。这12个省、自治区、直辖市是指2011年城市化率达到50%以上的黑龙江、吉林、辽宁、内蒙古、江苏、浙江、福建、山东、湖北、广东、海南和重庆。利用Eviews7.0对变量进行描述性统计，结果见表4-2。

表4-2　2005—2015年各解释变量的描述性统计

变量	单位	均值	中位数	最大值	最小值	标准差	观测值
Urb_ratio(−1)	%	55.89	55.45	68.71	43.20	6.25	132
lngrp	元	10.31	10.35	11.10	9.29	0.44	132
dc	%	2.61	2.60	4.26	1.78	0.50	132
di	%	2.69	2.66	4.03	2.03	0.35	132
Ind_ratio	%	41.67	43.73	52.77	13.12	8.41	132
Ser_ratio	%	40.53	39.80	53.26	32.00	4.46	132
Soe	%	26.61	26.02	46.66	11.45	8.11	132
open	%	38.69	28.31	158.07	4.39	33.93	132
fdir	%	1.29	1.04	6.47	0.04	1.10	132
Inv_ratio	%	61.53	62.05	99.00	29.25	17.23	132
n	‰	4.13	3.96	8.99	−0.60	2.47	132
UUr	%	3.54	3.60	5.60	1.70	0.62	132
Gexp	%	16.51	15.71	33.47	7.98	5.72	132
IPS–Pop	1/千万	0.23	0.24	0.47	0.00	0.14	132
Flpop		0.19	0.18	0.42	0.04	0.10	132

（二）变量关系与趋势

为直观反映我们选取的解释变量和城市化水平的关系，特绘制城市化水平及各解释变量的散点图和趋势线（见图4-1）。

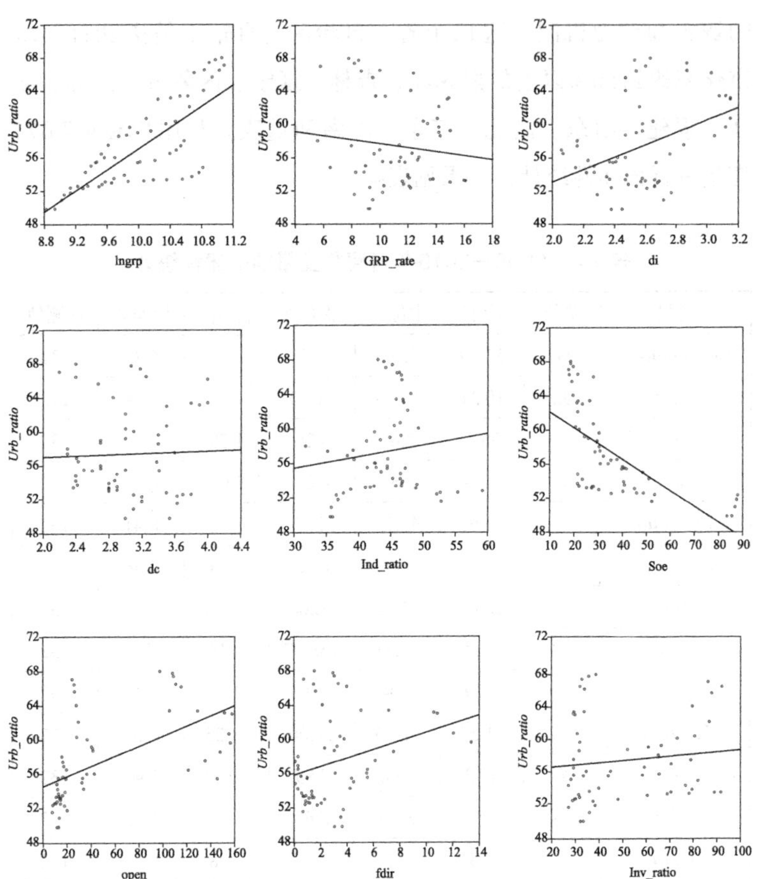

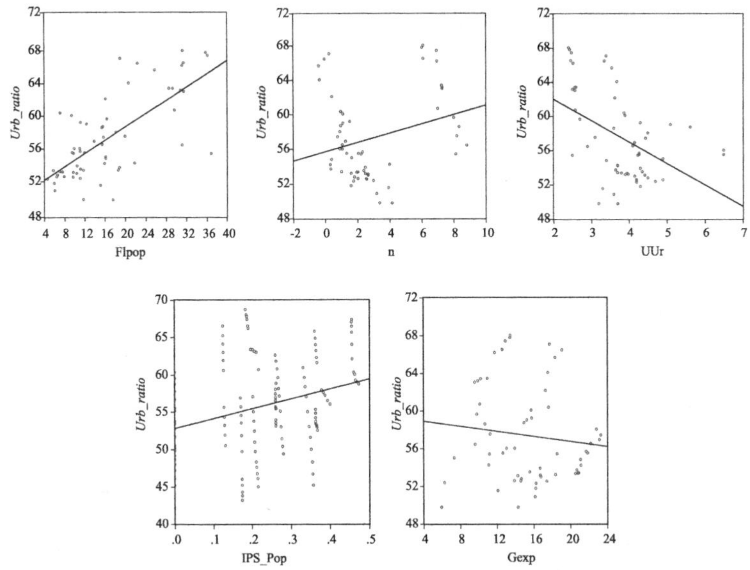

图4-1　2005—2015年12省份解释变量与城市化率散点图

观察各个变量和城市化率之间的散点图和趋势线（图4-1），可以发现城市化率*Urb_ratio*与人均地区生产总值的对数*lngrp*、工业化水平*Ind_ratio*、服务业水平*Ser_ratio*、外贸依存度*open*、每千万人计划单列市数*IPS_Pop*以及流动人口比率*Flpop*等有正相关关系；城市化率与消费差距*dc*、收入差距*di*、国有投资比重*Soe*、外商直接投资水平*fdir*、人口自然增长率*n*，以及城镇登记失业率*UUr*呈负相关关系；固定资产投资水平*Inv_ratio*和政府干预程度*Gexp*之间对城市化率的影响不太显著。考虑到面板数据各变量共同作用于城市化水平，各变量对城市化的影响有待于进一步的实证研究。

（三）假说1的检验结果

如下表中的第2列、第6列是完全按照传统模型得到的结果；其他6列则是增加了消费差距和服务业变量后的回归结果（见表4-3）。

回归结果表明，在2005—2015年，收入差距和人均GRP高度显著。而人口增长率、失业率不显著，没有通过模型检验。而放在时间较短、样本量较少的2011—2015年，收入差距在10%水平上显著，仍然是正向关系，人均收入未通过模型检验，但仍然呈正关系。加进去服务业指标进行回归（第1和第5列），收入差距和GRP的显著性和影响系数都提高了，2011—2015年，分别通过了5%和10%显著性检验，但服务业变量不显著。把收入差距换为消费差距进行回归发现，消费差距和人均GRP在模型中通过了检验，服务业通过了10%显著性检验（第3、7列）。城市失业率高低没有通过模型检验，反映出农村劳动力无限供给的假定正在发生变化，与刘易斯拐点、招工难和城镇整体的低失业率是一致的。检验结果表明，假说1是正确的，托达罗模型、钱纳里模型还是有解释力的。但我们还看到一些变化，进入城市型社会以后的5年间，城乡差距和人均收入显著性和影响程度都下降了（表的左边部分），变化的仅仅是程度，而不是方向。服务业在用消费衡量的城乡差距中，其显著性和影响程度略有提高，这可能与我们观察期较短、样本量不多有关，即使这样，与服务业和城市化变动的相关研究也是一致的。

（四）新模型回归——假说2的检验

在增加了多个新变量以后，回归结果如表4-4所示：

表 4-3　城市化水平的影响因素：假说 1 检验结果

解释变量	2011—2015 年				2005—2015 年			
di	0.539** (0.025)	0.412* (0.053)			0.636*** (0.002)	0.601*** (0.003)		
dc			0.614*** (0.002)	0.441*** (0.008)			0.549*** (0.000)	0.500*** (0.001)
UUr	0.208 (0.145)	0.145 (0.272)	0.321** (0.027)	0.204 (0.119)	0.130 (0.392)	0.068 (0.641)	0.217 (0.156)	0.136 (0.352)
Urb_ratio(−1)	0.954*** (0.000)	0.964*** (0.000)	0.938*** (0.000)	0.957*** (0.000)	0.937*** (0.000)	0.946*** (0.000)	0.925*** (0.000)	0.937*** (0.000)
lngrp_r	0.551* (0.078)	0.446 (0.135)	1.093*** (0.002)	0.795** (0.012)	1.072*** (0.000)	0.990*** (0.000)	1.419*** (0.000)	1.288*** (0.000)
Ser_ratio	0.021 (0.239)		0.032* (0.070)		0.025 (0.160)		0.030* (0.093)	
n	0.014 (0.660)	0.029 (0.340)	0.029 (0.314)	0.044 (0.121)	−0.004 (0.919)	0.009 (0.800)	0.011 (0.736)	0.025 (0.448)
C	−5.133* (0.099)	−3.270 (0.219)	−10.930*** (0.004)	−6.778** (0.026)	−9.659*** (0.001)	−8.054*** (0.001)	−12.873*** (0.000)	−10.616*** (0.000)
R^2	0.994	0.994	0.995	0.994	0.989	0.989	0.989	0.989
F 统计值	1 448.663 (0.000)	1 724.660 (0.000)	1 596.080 (0000)	1 832.816 (0.000)	1 859.531 (0.000)	2 213.546 (0.000)	1 898.065 (0.000)	2 243.821 (0.000)

注：括号内为参数对应 P 值，下同；***、** 和 * 分别表示在 1%、5% 及 10% 的显著性水平上通过检验，下同。

表 4-4 新模型回归结果

解释变量	2011—2015 年		2005—2015 年	
Urb_ratio(−1)	1.004*** （0.000）	1.017*** （0.000）	0.885*** （0.000）	0.895*** （0.000）
lngrp	0.761 （0.177）	0.616 （0.279）	1.636*** （0.001）	1.328*** （0.004）
dc	0.275 （0.238）		0.518*** （0.001）	
di		0.151 （0.598）		0.590*** （0.006）
Ind_ratio	0.006 （0.761）	0.017 （0.374）	−0.028** （0.045）	−0.024* （0.084）
Soe	0.009 （0.623）	0.003 （0.868）	0.013 （0.346）	0.008 （0.600）
open	−0.009 （0.207）	−0.012 （0.112）	0.007 （0.146）	0.006 （0.168）
fdir	0.390*** （0.007）	0.450*** （0.002）	0.079 （0.318）	0.105 （0.189）
Inv_ratio	−0.001 （0.939）	−0.005 （0.600）	0.004 （0.620）	0.003 （0.705）
n	0.143** （0.035）	0.170** （0.013）	−0.071 （0.106）	−0.068 （0.124）
UUr	0.175 （0.395）	0.190 （0.362）	0.207 （0.288）	0.195 （0.325）
Gexp	0.007 （0.871）	0.029 （0.497）	−0.019 （0.441）	−0.006 （0.824）
Flpop	−2.295* （0.070）	−2.564** （0.043）	2.616** （0.039）	2.552** （0.047）
IPS_Pop	0.682 （0.287）	0.843 （0.186）	0.272 （0.685）	0.473 （0.489）
C	−9.223 （0.113）	−8.613 （0.154）	−11.308** （0.012）	−9.098** （0.038）
R^2	0.996	0.996	0.991	0.990
F 统计值	866.509 (0.000)	845.462 (0.000)	948.282 (0.000)	922.068 (0.000)

第一，2005—2015年对城市化影响比较显著的因素是滞后1期的城市化水平、人均地区生产总值、收入差距、消费差距，这些变量通过了1%显著性检验。流动人口也是显著的，说明这些因素对城市化水平起着明显的正向作用。而工业化水平在模型中通过了5%和10%显著性检验，但显示出负向作用。工业增加值占地区生产总值的比重每提高1，城市化水平下降0.024—0.028。而国有投资比重、外贸依存度、外商直接投资、固定资产投资、城镇登记失业率以及反映政府干预的两个指标——政府支出比重和每千万人口的副省级城市（或计划单列市）数没有通过显著性检验，也就是说这些变量对城市化的影响不显著。

第二，进入城市社会之后，即2011—2015年，多数变量都不再显著，如人均地区生产总值、收入差距和消费差距以及常数项等。但出现了一些显著性变量，如国外直接投资、人口自然增长率在2011—2015年显著为正，而在整个时期不显著。*fdir*和城市化的正向变动，说明2008年国际金融危机以后特别是近年来，中国经济的良好表现，成为外国资本理想的投资场所，进而对城市化起到了推动作用。人口增长率的正向表现说明人口增长在不同时期的作用效果不同。进入城市社会之后，人口体现出规模效益，较高人口增长率不再是抑制因素，而对城市化起到了积极作用。人口流动比率在不同时期表现不同，在2005—2015年对城市化率是正向作用，而在后期的2011—2015年显示是负向作用。这同国家卫计委关于流动人口数量下降的调研结果是一致的（国家卫生和计划生育委员会流动人口司，2017）。消费差距和收入差距参数均为正，但是在2011—2015年不显著。这说明，城乡收入差距作为城市化的动力来源，在城市社会初期比较显著，随着城市社会的进一步发展，这种动力不如从前。工业化水平在2005—2015年为负，这可能是因为工业化的门槛效应，只有当工业化水平达到一定程度后，对城市化的促进作用才逐步显现；外商直接投资为正，说明它也是城市社会城市化的动力之一。

四、结论与政策启示

本章利用2005—2015年的证据，分析了12个省区市进入城市社会前后城市化的动力机制，回答了什么因素驱动了城市化以及城市化速度变化的原因。主要结论和发现是：

1.在城市社会的初级阶段，反映城市化和城乡收入差距的托达罗模型仍然没有失效，收入差距和城市化仍然同向变动，但相关程度、影响程度显著下降。在城乡收入差距缩小的情况下，城市化仍然在持续。而在整个分析期，城乡差距对城市化速度有显著的正作用。这说明城市社会城市化的动能出现转变迹象，城市化由原来建立在城乡差距扩大的基础上发展到城市化和城乡协调出现兼容趋势，城市化不以城乡差距的显著扩大为代价，已是新时期城市化的重要特征。但需要说明的是，城乡差距的缩小还没有成为城市化的动力，城乡差距越大，城市化总体上越高、越快。也就是说，假说1得到证实，而假说2仍需更多样本、更长时间的观察和证实，不能轻易拒绝。城市化的动能出现了向好迹象，但总体较弱，需要进一步培育。

2.人均收入增长对城市化有一定的正向作用，但影响程度在下降。这个结论与钱纳里模型所揭示的边际效应递减是一致的。

3.在2011—2015年表征的城市社会初级阶段，流动人口、收入差距和城镇登记失业率对城市化有影响有变化，城乡收入差距虽然在方向上符合托达罗模型，但已不显著，城镇登记失业率已经否定了模型的假定，即城镇登记失业率的提高不再对城市化产生负面影响，主要原因是中国城镇的登记失业率整体偏低，如区间值是1.7%—5.6%，均值是3.54%，中位值是3.60%，几乎是充分就业时的失业率水平，这对乡城迁移整体影响不大。流动人口率的提高对城市化的正作用没有出现，这说明把城市化看成纯粹的乡城迁移是有局限的。可能的原因是，新一轮城市化不是过去意义上的农村人口进城，而是先进生产要素特别是高科技与高科技人才在城市集聚（洪银兴，2003），城市社会的城市化不是伴随大量流动人口的城市化。人口增长率对城市化率的提高按照模型推导应该是负面作用，但回归结果显示，人口自然增长率提高在城市社会是城市化发展比较明显的推动因素。这说明中国的城市化模式正在转化为人口增长和城市化一致的模式，也就是说，城市化水平高、速度快的省份，自然增长率也高，而不是相反。

4. 伴随工业化的完成和城市社会的出现，工业化对城市化的扩张作用不再显著。国有投资比重整体上未通过模型检验，也就是说，国有投资比重对推动城市化、国有企业如何对城市化关系不大，但回归结果也不支持阻碍城市化的结论。

5. 对外贸易对城市化的正向影响不再出现或不显著，外商直接投资对城市化的影响显著上升。固定资产投资、政府干预对城市化速度提升不显著甚至为负。引入计划单列市指标后，发现计划单列市的存在，对所在省区的城市化水平有一些正向作用，但总体影响不大。

上述结论对推动城市化转型和高质量发展有政策启示：第一，在今后相当长一段时期，我们仍将面临推进城市化和缩小城乡收入差距之间的两难选择。中国已进入城市社会的初级阶段，同时正在经历城乡差距扩大、城乡发展不协调与新型城镇化动能不足的严峻挑战。城乡收入差距过去是乡城人口流动和城市化的重要动因，进入城市社会以后，这个影响仍然存在。但不以城乡差距扩大为前提的城市化现象的出现，说明城市化进入了一个新的发展阶段，城市化转型发展的机遇已经出现。第二，城市社会开启了提升城市化质量的契机。随着中国步入中高收入阶段，进入城市社会以后，经济因素对城市化速度和水平有正作用，但边际效应递减。在此阶段，质量型城市化面临重大机遇，进一步夯实城市化的物质基础，转变城市化的推进模式，重视城市化的质量和内涵，而不一味追求数量和速度将成为城市化的重心所在。扩大投资和政府支出，虽然与城市化速度关联不大，但对于改善农民工待遇、加快市民化进程和城市化质量提升无疑有积极意义。第三，鉴于工业化即将完成和服务业在经济发展中地位的上升，要拓展服务业发展空间，大力发展战略性新兴产业、现代服务业和生产性服务业，培育城市发展和经济发展的新动能，提高城市就业吸纳能力。第四，降低国民经济中的高投资率、提高消费占比，挖掘消费潜能，转变政府主导、固定资产投资和外贸驱动为主的经济发展方式。实证结果表明，增加投资对提高城市化水平影响不大，那么投资影响了城市化的什么？如城市的基础设施，地下管廊可能会有明显改善，由此引申出一个有意义的研究课题，即投资对城市化质量的影响。第五，继续支持外商投资，为城市化持续发展创造良好环境。

第二节　城市社会城市化的质量演进

党的十八大以来，以习近平同志为核心的党中央高度重视城市化建设。相继召开了第一次中央城镇化工作会议和中央城市工作会议，出台了《国家新型城镇化规划（2014—2020年）》，明确提出实施以人的城镇化为核心、以提高城镇化质量为导向的新型城镇化战略。中国已经是城市社会，但中国的城市社会还处于初级阶段的基本判断主要是基于城市化质量发展的不平衡不充分（潘家华等，2012），城市化的挑战和对城市化的不满意在质量方面最为突出（简新华等，2013；文贯中，2014、2017），关于“半城市化”或“半城镇化”的讨论也主要集中于城市化质量方面（王春光，2006；辜胜阻，2007；宁越敏，2012；姚士谋等，2014；陆大道、陈明星，2015）。本节以城市社会为基点，在深入理解城市化质量、把握城市化高质量发展关键因素的基础上，提出评价维度和指标体系，利用省际面板数据，对进入城市社会以后的城市化质量、区域格局及其演进进行实证研究，以期从质量角度，揭示城市社会城市化规律。城市化高质量发展既是经济高质量发展的结果和表现，也是经济高质量发展的动力和重要组成部分。同时高质量的城市化也是防范和化解城市化风险的应有之义。

一、城市化质量

质量反映事物发展的本质，体现事物属性的质的规定。城市化是通向现代化的必由之路，是一个自然而然的由农村到城市、由农业到工业服务业、由分散到集中的人口转移过程（United Nations，2014）。城市化不仅有规模、水平和速度的规定性，也有质的规定和量度。规模、水平和速度通常直观。质量虽然重要，但往往复杂、抽象和不确定而难以把握，量度起来更加困难。相对于数量和水平，城市化质量更倾向于回答与城市化相关的深层次问题：何谓城市化？为何城市化？为谁城市化？怎么城市化？从这个意义上说，城市化质量更接近于一种理念以及在这种理念指导下的实践，由此造成城市化质量众说纷纭，莫衷一是。早些对城市化质量的衡量常常与单一指标城市化率相联系（王怡睿等，2017），并与城市发展质量相混淆。事实上，城市发展质量仅仅是城市化质量的关键载体，城市化质量不仅包括城市发展本身，还包括与城市发展相关的乡村，涉及区域发展和城乡一体化问题（叶裕民，2001）。

城市化质量包含了社会、经济及资源环境等多系统的复杂性问题。有的研究从可持续、环境质量、生活质量和经济质量（Diener，1997；Jasch，2000；Shafer et al.，2000；Li et al.，2001）等维度开展评价，有的则从经济社会发展、生态环境、基础设施、就业、用地质量、创新质量和城乡协调的角度展开（韩增林等，2009；吴传清等，2015），还有研究尝试加入一些新的指标，如将房地产开发、精神文明、可持续发展（国家城调总队福建省城调队课题组，2005）和城乡统筹（李明秋等，2010）等纳入城市化质量的评价体系。联合国人居中心从生产能力、基础设施、废品处理、健康和教育五个方面提出城市发展指数（UN-Habitat，2002）。这些成果对深入研究城市化质量颇具启发意义，但对我国进入城市社会以后城市化质量及其区域格局很少涉猎，并且在选取指标时大多关注城市本身的发展质量，很少涉及“人”的因素。

进入城市社会之前，国内学者主要从城市优劣角度来评价城市化质量，并进一步将城市化质量归纳为具体的与城市化息息相关的多种因素，如经济总量、科技文化、基础设施、产业结构等（陈鸿彬，2001；孔凡文、许世卫，2005）。有的学者直接将这些因素归纳为物质文明、精神文明、生态文明三个方面（袁晓玲等，2008），但普遍的缺陷是忽略了“人的城镇化”。城市化的核心是人，应该以人为本，不断提高居民生活质量。进入城市社会以后，越来越多的学者尝试将“人”纳入其中（李琪，2017），这是值得肯定的重要进步。城市化质量与居民生活质量密不可分，而居民生活质量包括和人们生活息息相关的方方面面，对城市化质量的科学评价应更加关注身心健康、安全问题以及知识的掌握和应用。

基于上述成果，本文将城市化质量界定为反映城市化优劣程度的一个综合概念，特指城市化各组成要素的发展质量、协调程度和推进效率。具体包括三个方面：一是城市本身发展质量，即资源配置的高效率，环境宜人，基础设施不断完善，城市质量不断提高；二是城市居民生活质量，即发展的不平衡不充分问题借助城市化逐步得到解决，人们的获得感、幸福感、安全感随着城市和城市化发展不断增强，对美好生活的向往不断实现；三是城乡一体化质量，城市让人们生活得更美好，不仅要为城市居民服务，而且还要服务周围的其他居民，通过扩散、辐射和带动作用，融通整合城乡资源，形成互促互进、共生共存、相得益彰的利益共同体，城乡之间的差距越来越小，城乡一体化逐步实现。

二、指标体系与分析方法

（一）指标体系

基于前人的研究成果和我们对城市化质量的认识，同时考虑到研究对象的完整性、科学性和数据可得性，本文从城市发展质量、城市居民生活质量和城乡一体化质量3个维度，从人口、经济、空间、社会和城乡协调5个层面，构建城市化质量评价体系，相关指标如表4-5所示，为了便于不同地区的比较和量纲统一，均采用人均指标和比例指标。

表4-5 城市化质量评价指标体系

一级指标	二级指标	三级指标	四级指标		指标属性
			指 标	单 位	
城市发展质量	人口层面	人口集约度	城市化水平[①]	%	正向
			城市人口密度	人每平方千米	正向
		就业结构	第二、第三产业就业人口比重	%	正向
	经济层面	经济集约度	城市人均地区生产总值	元每人	正向
			城市经济密度	亿元每平方千米	正向
			单位GDP耗电量	千瓦·时每元	逆向
			单位GDP耗水量	平方米每元	逆向
		非农产业发展	第二、第三产业增加值所占比重	%	正向

① 衡量城市化水平有三种方法：一是常住人口城市化率；二是户籍人口城市化率；三是将两者加权得到加权平均的城市化水平指标。常住人口城市化率统计资料完整，而户籍人口城市化率在我国几经波折，采用了又放弃、放弃了又采用，很不完整，尤其在省级及以下层面。这里采用第一种和第三种方法，详见后边的分析和说明。

（续表）

一级指标	二级指标	三级指标	四级指标		指标属性
			指　标	单　位	
城市发展质量	空间层面	生活空间	人均建成区面积	立方米每人	适中
			城市人均居住用地面积	平方米每人	正向
		生产空间	商业服务业设施用地面积占城市建设用地比重	%	正向
			工业用地面积占城市建设用地比重	%	适中
		生态空间	城市人均绿地面积	平方米每人	正向
城市居民生活质量	社会层面	居民生活	城市单位就业人员平均工资	元	正向
			城市居民消费水平	元	正向
		文化	城市人均公共图书馆藏书量	册	正向
		卫生事业	城市千人医疗卫生机构床位数	张	正向
			城市千人拥有卫生技术人员数	人	正向
		失业	城镇登记失业率	%	逆向
城乡一体化质量	城乡协调层面	收入差距	城乡收入比（农村居民为1）	—	逆向
		消费差距	城乡消费水平比（农村居民为1）	—	逆向
		文化教育差距	城乡文教娱乐支出比（农村居民为1）	—	逆向
		医疗卫生差距	城乡千人拥有卫生技术人员比（农村居民为1）	—	逆向
		城市化水平偏离度	$1-\frac{户籍人口城市化率}{常住人口城市化率}$	绝对值	逆向

注：其中人均建成区面积和工业用地面积占城市建设用地比重是适中指标，依据住建部2012年生效的《城市用地分类与规划建设用地标准》分别取105平方米每人和25%为最优值。

（二）指标解释

由表4-5可知，城市发展质量由人口、经济、空间层面刻画，城市居民生活质量由社会层面的一组指标反映，城乡一体化质量由反映城乡协调或城乡统筹发展的一组指标衡量。

1.人口指标。真正的城市是由居民而不是混凝土组成的，人类共同所产生的力量是城市存在的主要理由（格莱泽，2012）。一个地方之所以发展成为城市，肇端于人口集中。城市化的核心是人，人的因素在城市化质量评估中必不可少。人口指标主要从人口集约度和就业结构两个方面展开。人口集约度用城市化率和人口密度两项指标衡量，主要考虑城市化率是使用最广泛的指标。城市化率有常住人口城市化率和户籍人口城市化率两个口径，也可以用两者加权得到的平均值来表示。用密度来研究和规范城市可以更好地体现城市的聚集性（江曼琦等，2015）。就业结构主要体现城市的产业结构和人力资本配置状况，用第二、第三产业就业比重表示。

2.经济指标。经济发展是城市化的持久动力，而城市化又会反过来促进经济发展。城市是经济活动和家庭相当集中的一个巨大地理区域，城市经济发展的特点就是居住和工作地点的高密度（沃纳·赫希，1990），因此经济层面的指标主要从经济集约度和非农产业发展状况两个方面来刻画。经济总量是城市经济活力的基础，可以形成规模效益和产业集聚，提高产出效率（金延杰，2007）。城市发展质量与经济发展质量也是紧密相连的，衡量城市发展质量，可以由反映经济发展水平和质量的一组指标刻画，如人均地区生产总值、经济密度以及反映经济能耗的单位GDP耗电量和耗水量，而城市经济密度则用第二、第三产业增加值之和与城区面积之比来衡量。非农产业发展状况采用第二、第三产业增加值比重来衡量。

3.空间指标。城市是相对独立的地域空间，城市化也是空间形态再造。人们主要通过城市提供的生活、生产和生态空间享受城市文明，因此可以从城市生活、生产和生态空间（简称“三生空间”）角度刻画城市发展质量。生活空间用人均建成区面积和城市人均居住用地面积来表示；生产空间用商业服务业设施用地面积占城市建设用地比重和工业用地占城市建设用地比重表示，而生态空间则用城市人均绿地面积表示。城市的高品质、高质量与宜业、宜居、宜游的高品质生活圈密切相连。

4.社会指标。社会层面的指标主要包括4个方面：一是居民生活状况，包括城市单位就业人员平均工资和居民消费水平；二是文化状况，文化是人类文明的象征，为人类社会所独有，能够升华人的精神境界和陶冶情操，用城市居民人均拥有公共图书馆藏书量来衡量；三是卫生事业状况，卫生事业关乎健康和居民的基本权利，是保持正常工作和生活的前提，与广大居民的生活质量直接相关，基本指标是医生和医院床位数；四是失业，失业不仅意味着人力资源的闲置，也意味着家庭和社会的不稳定，用城镇登记失业率来衡量。

5.城乡协调。统筹城乡发展是提高城市化质量的重要方面，和城乡协调、城乡一体化相辅相成，因此可以通过收入、消费、文化教育和医疗等方面的城乡对比，来反映城乡协调程度，从而说明各个区域城乡一体化质量。另外，考虑到公共服务全覆盖和市民化进程，我们也纳入户籍人口与常住人口城市化水平偏离度指标，以修正常住人口城市化水平指标造成的城市化水平虚高的缺陷。上述五个维度实际上包含24个[①]指标。

（三）数据来源

本节采用了中国大陆2011—2017年各省、自治区、直辖市的面板数据。数据来源于2012—2018年《中国统计年鉴》《中国城市统计年鉴》《中国城市建设统计年鉴》《中国区域经济统计年鉴》以及相关年度各省份的《统计年鉴》《国民经济和社会发展统计公报》等。需要说明的是，户籍人口城市化率指标由于地方统计资料的非连续，来源比较复杂。除上述提到的几个渠道外，数据来源还包括省一级的《政府工作报告》、一些省份的领导讲话，如还缺失，我们利用趋势外推法予以完善、补正。

（四）权重确定

基于客观性、准确性和适用性考虑，本文选取客观赋权评价法中的熵值法来确定权重。熵值法评价的关键步骤如下：

1. 指标选取：设有i个省份，j个指标，则x_{ij}代表第i省份第j个原始指标值。

2. 无量纲化处理：为便于不同区域的比较，本节根据公式（4-5）—（4-7）进行无量纲处理。

正向指标：

$$f_{ij}=\frac{x_{ij}-\min(x_{ij})}{\max(x_{ij})-\min(x_{ij})} \tag{4-5}$$

① 本节仅采用加权平均的城市化水平指标，计算过程中实际包含23个指标，而在使用常住人口城市化水平指标时涉及偏离度指标，指标体系就有24个。

逆向指标：

$$f_{ij}=\frac{\max(x_{ij})-x_{ij}}{\max(x_{ij})-\min(x_{ij})} \qquad (4\text{-}6)$$

适中指标：

$$f_{ij}=\begin{cases}1-\dfrac{q-x_{ij}}{\max[q-\min(x_{ij}),\max(x_{ij})-q]} & x_{ij}<q\\[2ex] 1-\dfrac{x_{ij}-q}{\max[q-\min(x_{ij}),\max(x_{ij})-q]} & x_{ij}>q\\[2ex] 1 & x_{ij}=q\end{cases}\text{sss}(4\text{-}7)$$

f_{ij}表示经过处理后的第i省份第j个指标值，max表示最大值，min表示最小值，q为适中指标理想最优值。

3.确定熵值和指标权重

$$p_{ij}=\frac{f_{ij}+1}{\sum_{i=1}^{m}f_{ij}} \qquad (4\text{-}8)$$

$$e_j=-\frac{1}{\ln(m)}\sum_{i=1}^{m}p_{ij}\ln(p_{ij}) \qquad (4\text{-}9)$$

$$W_j=\frac{1-e_j}{\sum_{j=1}^{n}(1-e_j)}=\frac{1-e_j}{n-\sum_{j=1}^{n}e_j} \qquad (4\text{-}10)$$

f_{ij}表示经过处理后的第i省份第j个指标值，max表示最大值，min表示最小值，q为适中指标理想最优值。

公式（4-8）—（4-10）中，p_{ij}表示第j个指标的各省份所占比重，无量纲化后指标值加1避免0值的影响；e_j代表熵值，m=31，代表省级单位个数；w_j代表权重，n代表指标个数。

以2011年各省、自治区、直辖市的各个指标数据为基准来确立各个指标的权重，相关指标的描述性统计和权重见表4-6所示。

表4-6 2011年变量的描述性统计及权重

	最小值	最大值	极差	平均值	标准差	权重1	权重2
常住人口城市化率/%	22.71	89.30	66.59	52.17	14.47	0.038	
加权城市化率/%	20.03	89.31	69.28	45.04	15.45		0.045
城市人口密度/人每平方公里	515.00	5 821.00	5 306.00	2 724.74	1 322.80	0.040	0.041
第二、第三产业就业人口比重/%	33.38	97.31	63.93	63.37	16.82	0.036	0.037
城市人均地区生产总值/元	16 413	85 213	68 800	39 441	18 796	0.046	0.047
城市经济密度/亿元每平方公里	0.561	8.221	7.660	2.990	1.560	0.048	0.049
单位GDP耗电量/千瓦时每元	0.051	0.345	0.294	0.110	0.070	0.024	0.025
单位GDP耗水量/立方米每元	0.002	0.081	0.079	0.020	0.020	0.024	0.025
第二、第三产业增加值所占比重/%	73.80	99.30	25.50	89.38	5.30	0.030	0.031
人均建成区面积/平方米	14.65	60.99	46.34	33.96	12.66	0.061	0.063
城市人均居住用地面积/平方米	11.92	50.52	38.60	21.57	8.14	0.055	0.056
商业服务业设施用地面积占城市建设用地比重/%	0.03	0.29	0.26	0.07	0.05	0.067	0.069
工业用地面积占城市建设用地比重/%	0.06	0.25	0.19	0.19	0.05	0.027	0.028

（续表）

	最小值	最大值	极差	平均值	标准差	权重 1	权重 2
城市人均绿地面积 / 平方米	14.81	58.77	43.96	30.19	12.81	0.044	0.046
城市单位就业人员平均工资 / 元	31 302	75 591	44 289	41 047	10 631	0.059	0.061
城市居民消费水平 / 元	11 393	37 558	26 165	17 975	5 669	0.055	0.057
城市人均公共图书馆藏书量 / 册	0.51	3.29	2.78	1.03	0.49	0.065	0.067
城市千人医疗卫生机构床位数 / 张	3.78	11.34	7.56	6.63	1.55	0.043	0.044
城市千人拥有卫生技术人员数 / 名	4.27	14.58	10.31	8.42	2.30	0.041	0.042
城镇登记失业率 /%	1.40	4.40	3.00	3.46	0.65	0.048	0.050
城乡收入比 / 农村居民为 1	2.07	3.98	1.91	2.91	0.52	0.032	0.033
城乡消费水平比 / 农村居民为 1	2.12	4.11	1.99	2.89	0.53	0.030	0.031
城乡文教娱乐支出比 / 农村居民为 1	2.56	12.57	10.01	4.53	1.88	0.024	0.025
城乡千人拥有卫生技术人员比 / 农村居民为 1	1.30	4.43	3.13	2.47	0.76	0.029	0.030
城市化水平偏离度	0.0002	0.5495	0.5493	0.2946	0.1535	0.037	

注：权重 1 包含常住人口城市化率和城市化水平偏离度在内的 24 个指标，权重 2 只包含了加权城市化率在内的 23 个指标。

（五）计算方法和测度结果

根据权重，可以计算出每个指标的单项得分和各分项层面的得分，然后加总得到各省、自治区、直辖市总得分。具体步骤和方法可由如下一组公式反映：

$$h_{ij} = w_j \times f_{ij} \times 100 \qquad (4\text{-}11)$$

$$z_i = \sum z_{ij} \qquad (4\text{-}12)$$

h_{ij}表示i省份j指标的得分，z_i表示i省份5个层面单项得分，然后将5个层面的单项得分加总得到i地区城市化质量总得分。

比如，2011年北京市城市化质量得分：对常住人口城市化水平指标进行无量纲化处理，得到$f_{11}=\frac{86.2-22.71}{66.59}=0.9534$，$h_{11}=0.038\times0.9534\times100=3.62$。依此类推，城市人口密度得分0.68；第二、第三产业就业人口比重得分3.48，加总得到Z_i人口层面分值7.78。同理得到经济、空间、社会和城乡协调等其他4个层面分值12.58、10.30、22.24和13.48，最后加总得到北京市城市化质量得分66.38。中国各省、自治区、直辖市不同年份城市化质量综合得分如表4-7所示。

表4-7 2011—2017年中国各省、自治区、直辖市城市化质量综合得分

省份	2011年		2012年	2013年	2014年	2015年	2016年	2017年		2011—2017年变化	
	得分	排序	得分	得分	得分	得分	得分	得分	排序	得分	排序
北京	66.38	2	69.45	72.12	74.22	78.57	82.55	86.94	2	20.56	—
天津	53.38	3	56.75	59.80	63.74	67.01	71.58	74.88	3	21.50	—
河北	32.66	20	34.56	36.46	39.07	40.60	42.48	47.10	26	14.44	↓6
山西	37.05	14	39.55	41.08	43.87	44.90	45.85	49.44	21	12.40	↓7
内蒙古	36.66	15	41.26	43.57	47.95	50.31	52.86	53.66	11	17.00	↑4

（续表）

省份	2011 年		2012 年	2013 年	2014 年	2015 年	2016 年	2017 年		2011—2017 年变化	
	得分	排序	得分	得分	得分	得分	得分	得分	排序	得分	排序
辽宁	44.58	7	47.81	49.83	52.59	54.27	53.19	56.00	9	11.42	↓2
吉林	40.95	10	44.03	50.20	49.70	51.69	52.04	53.18	15	12.24	↓5
黑龙江	42.33	9	43.30	45.12	46.74	48.92	50.69	52.89	16	10.56	↓7
上海	76.30	1	78.36	79.56	82.57	85.91	89.87	94.23	1	17.93	—
江苏	50.52	4	54.18	57.59	61.61	64.96	68.31	71.93	4	21.41	—
浙江	48.56	5	52.07	54.65	58.29	61.96	65.33	69.58	5	21.01	—
安徽	30.58	26	31.36	34.36	37.98	40.58	42.59	45.81	28	15.23	↓2
福建	38.19	13	42.24	44.53	48.18	50.60	52.89	56.53	8	18.34	↑5
江西	36.24	17	38.72	40.16	42.63	45.90	48.41	51.62	18	15.38	↓1
山东	40.32	11	43.04	46.08	49.51	51.81	54.60	57.58	7	17.25	↑4
河南	32.58	21	35.24	37.13	40.71	43.16	45.91	49.18	22	16.60	↓1
湖北	32.23	23	35.72	39.60	44.21	47.25	50.24	53.62	12	21.38	↑11
湖南	30.04	27	32.35	34.69	38.78	41.73	44.79	48.59	23	18.56	↑4
广东	47.91	6	51.04	53.84	57.51	60.02	62.79	65.51	6	17.60	—
广西	24.24	30	26.13	28.46	33.80	38.18	40.21	43.42	31	19.18	↓1
海南	33.67	19	36.87	37.80	42.38	43.19	45.69	47.86	25	14.19	↓6
重庆	31.35	24	34.22	36.70	40.99	43.72	46.65	50.29	20	18.94	↑4
四川	30.98	25	33.33	36.52	39.44	40.11	43.70	46.83	27	15.85	↓2
贵州	21.92	31	25.67	28.69	33.38	38.31	41.95	47.92	24	26.00	↑7
云南	27.30	29	29.92	28.43	34.61	37.96	41.16	45.30	29	18.00	—
西藏	36.47	16	40.78	39.62	44.47	46.15	47.62	52.69	17	16.21	↓1
陕西	38.50	12	38.73	40.75	44.91	44.89	47.38	50.96	19	12.46	↓7
甘肃	27.86	28	30.15	33.53	36.56	39.05	40.91	43.49	30	15.64	↓2
青海	32.34	22	37.06	41.59	45.04	47.67	49.82	53.24	14	20.90	↑8

（续表）

省份	2011年		2012年	2013年	2014年	2015年	2016年	2017年		2011—2017年变化	
	得分	排序	得分	得分	得分	得分	得分	得分	排序	得分	排序
宁夏	35.60	18	39.82	42.75	46.78	48.24	49.85	53.31	13	17.71	↑5
新疆	42.63	8	47.70	48.17	53.16	52.94	53.43	55.92	10	13.29	↓2
得分平均值	38.72		41.66	43.98	47.59	50.02	52.43	55.79		17.07	

注：基于常住人口城市化水平和城市化水平偏离度等24个指标计算。“↑”表示排序上升，“↓”表示下降，“—”表示持平。

三、测度结果分析

（一）城市化质量的综合得分

1.城市化质量稳步提升。按照2011年进入城市社会时的标准，中国城市化质量综合得分显著上升，由2011年的38.72分增加到2017年的55.79分，提高17.07分。最低值由21.92分提高到43.42分，提高21.5个分值，最高分提高17.93个分值。

2.城市化质量发展不充分的问题依然突出。2011—2017年，城市化质量尽管提高很快，但2017年总分超过60的只有6个省市，比2011年仅仅增加了天津、江苏、浙江和广东4个省市，而质量得分在50以下的仍然有11个省份，特别是河北、河南、安徽、湖南、四川、贵州、云南、甘肃都是人口大省，总人口占全国的40%以上，更需要引起关注。

3.发展不平衡问题仍然存在。一是区域间发展不平衡，2017年，各省、自治区、直辖市得分的均值是55.79分，最高得分94.23分，最低43.42分，相差50.81分，比2011年的54.38分缩小

3.57分。如按加权平均的城市化率调整，2017年差值为52分，比2011年的53分缩小了1分。京津沪三大直辖市和江苏、浙江、广东质量上升幅度都超过17，因此稳居全国前列。而原本城市化质量高、基础好的东北三省出现明显下滑，吉林、黑龙江跌至中游，下滑5名、7名。二是区域内发展不平衡。如位于东部沿海省份的河北省和海南省，2011—2017年城市化质量仅提高了14分多，比全国均值低近3分，由此导致在全国的位次下滑6名。在中部，湖北位次大幅提升，而山西、陕西下滑比较明显，河南、江西低位徘徊。在西部，内蒙古、西藏、宁夏、青海和新疆得分高于中部大部分省份，居全国中上游。从进步程度和名次提升看，湖北上升了11位、青海上升了8位、贵州上升7位，上升20分以上。广西虽然进步幅度明显，但原本与它水平接近的贵州提升幅度更大，所以排名反而下降。

4.城市化质量综合得分提升最快的是向城市社会冲刺的贵州省，上升26分。其他上升明显的是中部的湖北和湖南省，分值和排名均有显著上升，其中湖北排名上升11位、湖南4位。

5.从区域格局看，东部稳居全国前列，西部快速追赶，中部潜力很大。连续6年城市化质量在前10位的省份和直辖市有6个在东部地区；而西部位于后10位的省份由2011年的7个减少到2017年的5个，青海和重庆已经上升到20位之前。东部除河北省、海南省排名较低以外，其他东部沿海省份总体高于中西部省份，上海、北京、天津、浙江、江苏和广东稳居全国前列。这说明城市化质量与经济发展水平大体一致，经济发展不仅会促进城市化水平的提升，也对城市化质量产生重要影响。进入城市社会后，经济发达地区凭借完善的基础设施、充足的资本供应、宜业、宜居的区位和空间优势，通过创新和集聚，提高了城市化质量；而尚未进入或刚刚跨入城市社会门槛的后发地区，注重吸取先行地区的经验教训，利用后发优势和优惠政策，城市化质量也得到提升。但是，总体来看，地区差距并没有根本改变，京津沪城市化质量领跑全国、东部沿海省份紧跟其后、西部内陆省份快速追赶的态势没有变。通过快速追赶，西部地区有些省份与中部进入了同一质量序列，如新疆和内蒙古的城市化质量得分和排名明显领先于中西部其他省份。这反映出西部地区在赶超过程中比较注重城市化质量与速度的协同共进，而中部地区在如何实现质量与数量、速度和水平的协调方面仍有很大提升空间。

（二）城市化质量分项得分

表4-8是5个维度的分项得分，可以看出，一些综合得分、排名较高的省份仍然存在短板。比如，广东综合得分连续6年位居第6名，但城乡协调层面排在20名左右。通过分项指标和总体指标的比较，可以发现各地城市化质量的突出短板。比如河北省，城乡协调层面发展较好，高于均值，但在人口、经济、空间和社会四个层面发展较慢且明显滞后，显著低于均值，2017年的人口列全国第17位、经济第17位、空间第26位、社会29位，其中社会指标比2011年下滑13位，经济方面与均值的差距由不足0.45扩大到1.20。与均值相比，海南省的人口得分与均值的差距由不足1分扩大到1.21分，经济差距由3.03分扩大到3.61分，空间得分差距居高不下，社会和城乡协调优势不再甚至低于均值。而另一些省份，尽管在人口、经济层面表现一般，但是在社会、空间和城乡协调方面表现好，总体排名相对靠前，如新疆，虽然经济层面得分落后于西部地区平均值，

但在社会、空间和城乡协调方面得分显著高于大部分中西部省份，所以综合得分比较靠前。

表4-8　各省、自治区、直辖市2011年和2017年城市化质量分项得分

省份	人口		经济		空间		社会		城乡协调	
	2011年	2017年	2011年	2017年	2011年	2017年	2011年	2017年	2011年	2017年
北京	7.78	7.67	12.58	16.14	10.30	11.35	22.24	38.59	13.48	13.20
天津	8.26	8.88	14.82	18.75	6.90	10.90	10.95	21.68	12.45	14.69
河北	4.41	5.39	8.56	10.64	4.32	4.96	6.63	14.13	8.75	11.98
山西	7.01	7.46	8.87	10.76	4.20	5.38	8.00	15.38	8.97	10.47
内蒙古	3.30	4.73	8.98	9.96	7.20	9.39	8.43	18.56	8.76	11.02
辽宁	5.36	5.54	9.37	9.63	10.01	11.63	9.05	17.87	10.78	11.33
吉林	4.49	5.12	8.43	10.73	8.75	10.23	6.27	12.95	13.02	14.15
黑龙江	6.84	7.54	8.75	9.47	8.63	8.71	5.42	14.11	12.69	13.06
上海	9.78	9.78	13.41	17.78	14.87	15.45	23.79	37.61	14.45	13.62
江苏	5.92	6.59	11.41	16.04	10.92	11.77	9.07	23.28	13.20	14.25
浙江	6.14	6.86	11.11	14.50	8.09	9.83	12.75	25.12	10.48	13.26
安徽	4.15	5.25	7.31	10.26	7.12	7.06	4.16	12.95	7.84	10.28
福建	5.65	6.69	10.13	15.05	5.59	6.89	7.84	15.65	8.98	12.25
江西	6.14	7.10	9.44	12.49	5.32	5.86	5.87	14.75	9.47	11.42
山东	4.11	5.07	9.49	12.12	8.37	9.75	7.14	17.78	11.22	12.85
河南	5.80	6.42	9.68	13.09	3.65	4.09	6.14	15.71	7.31	9.86
湖北	3.94	5.45	7.76	11.52	5.82	7.33	5.10	17.51	9.61	11.80
湖南	4.47	5.82	8.48	12.68	3.66	3.71	6.03	16.43	7.39	9.95
广东	6.51	7.29	10.50	14.31	10.87	11.75	12.17	21.22	7.85	10.94
广西	2.63	3.52	6.01	8.19	5.35	6.20	4.97	15.15	5.27	10.36

（续表）

省份	人口		经济		空间		社会		城乡协调	
	2011年	2017年	2011年	2017年	2011年	2017年	2011年	2017年	2011年	2017年
海南	4.18	4.63	5.98	8.23	4.13	5.53	9.57	19.12	9.81	10.35
重庆	3.70	5.03	8.36	11.33	6.75	7.71	4.37	15.30	8.17	10.92
四川	4.14	5.06	7.84	10.25	5.10	6.29	4.62	13.10	9.28	12.14
贵州	2.93	3.20	6.46	8.85	3.43	6.06	6.09	21.22	3.01	8.60
云南	3.68	4.00	6.94	9.21	5.56	4.39	6.49	18.90	4.63	8.79
西藏	0.93	2.65	4.65	8.55	16.04	10.02	11.64	23.37	3.22	8.10
陕西	6.88	5.45	12.26	13.89	5.50	5.48	6.19	15.54	7.68	10.60
甘肃	3.60	4.61	6.26	8.28	4.97	5.70	5.75	15.86	7.27	9.04
青海	4.36	5.19	6.31	8.49	1.73	3.64	12.80	27.61	7.14	8.31
宁夏	3.83	4.20	4.78	7.44	11.43	12.90	7.78	17.50	7.79	11.28
新疆	5.23	4.31	5.79	7.06	10.25	12.31	10.68	20.60	10.68	11.64
均值	5.09	5.84	9.01	11.84	7.48	8.40	8.92	19.79	7.59	9.56

注：表中数据为基于常住人口城市化水平和城市化水平偏离度等24个指标计算的结果。

（三）城市化质量与城市化水平

城市化质量与城市化水平高度关联。2011—2017年，我国各省、自治区、直辖市的城市化水平和城市化质量总体呈现正向关系，如图4-2的散点所示。城市化水平高的地区，城市化质量也高。图的右上方是高水平-高质量匹配模式，以上海、北京和天津为代表，城市化水平和质量都稳居全国前列；最左边是低水平-中低质量匹配模式，以西藏为代表；中间是低水平-低质量、中等水平-中等质量、中上水平-中高质量的匹配模式，表示其他省份，散点紧挨趋势线或与趋势线高度吻合。趋势线下方的散点分布或密集程度多于上方，说明相当一部分省份城市化质量总体上落后于城市化水平，质量提升空间更大。

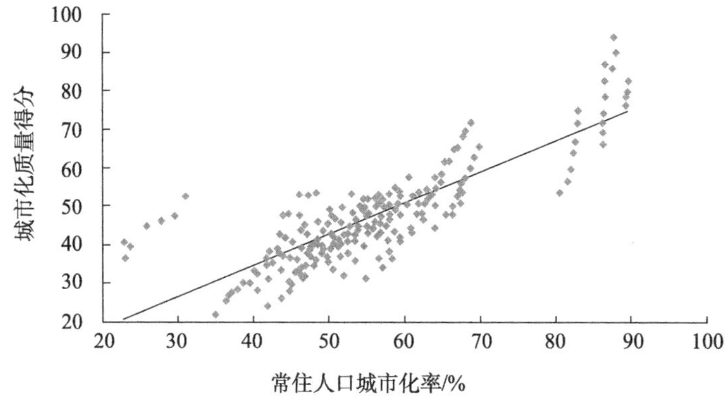

图4-2　2011—2017年中国各省、自治区、直辖市城市化率和城市化质量的关系

（四）测度结果讨论

1.本节所得结果与大多数研究基本上一致。进入21世纪，中国城市化质量随着时间的推移逐渐呈现上升趋势，但是区域之间发展差距依旧较大，城市化质量存在很明显的阶梯型，东部沿海地区城市化质量普遍优于中西部地区城市化质量（李琪，2017；王怡睿等，2017；肖祎平等，2018）。

2.基于常住人口城市化率和户籍人口城市化率加权得到加权平均的城市化水平，进而计算出进入城市社会以后的城市化质量，各省份总体结果非常接近（见图4-3），说明结果是平稳、可信的。

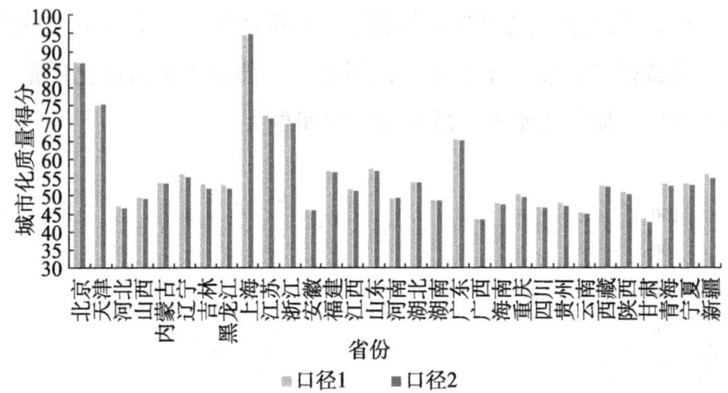

图4-3 2017年各省、自治区、直辖市城市化质量得分

注：口径1基于常住人口城市化水平和偏离度等24个指标计算，与表4-7相同；口径2包含23个指标，通过常住人口和户籍人口加权平均得到城市化水平。

四、结论与政策建议

（一）结论

本节以中国进入城市社会为节点，基于城市发展、居民生活和城乡一体化3个维度，从人口、经济、空间、社会和城乡协调5个层面，构建了包含户籍人口城市化率或城市化水平偏离度在内的衡量城市化质量的指标体系，运用熵值法进行赋权，对不完整的户籍人口城市化率以插值法、趋势外推法进行完善，由此形成2011—2017年的省际面板数据，对中国进入城市社会以后的城市化质量及其演进进行了实证研究。研究发现：

1.进入城市社会以来，中国城市化质量显著提高。一些不发达地区通过后发优势，努力学习，加快追赶。但是，相对于城市化水平和速度来说，质量落后于数量的格局比较明显，城市化质量发展的不平衡、不充分问题依然突出。

2.在城市社会时代，高质量城市化和经济发展水平仍然是紧密相连、协同互动的。2011—2017年，中国经济年均增长7%以上，总量由不足50万亿元增加到80多万亿元，人均GDP进入世界中高收入国家行列。这是进入城市社会以后城市化高水平、高质量发展的决定性因素，经济因素对城市化速度和水平有正作用，但在城市社会阶段出现边际效应递减。在此阶段，质量型城市化面临重大机遇，进一步夯实城市化的物质基础，转变城市化的推进模式，重视城市化的质量和内涵，而不一味追求数量和速度，将成为城市化的重心所在。

3.高质量城市化和高水平城市化紧密相连。城市化水平低也是城市化高质量发展的重要制约因素。前面的分析结果表明，城市化水平和质量大致吻合，城市化高质量地区基本上也是城市化率比较高的地区，如京、津、沪三大直辖市，江苏、浙江、广东和福建等省呈现出高水平-高质量的匹配模式。不过，低城市化水平并不意味低质量。

（二）对策建议

1.坚持以人为本，不断提升城市化的获得感、幸福感、安全感。人的城镇化是城市化的本质和初心，城市化要凝聚人气，以人为中心。把人口指标和人口动向放在城市化高质量发展的重要位置，把以人民为中心的发展贯穿于城市化全过程，顺应民心、尊重民意、关注民情、致力民生，让人民共享城市化发展成果，激励和引导人民更加自觉地投身于让生活更美好的城市化过程之中。瞄准人民对美好生活的向往，从人民利益出发，依靠人民群众的勤劳和智慧，推动城市化持续发展。

2.促进城市高质量发展。城市化的主体是人，载体是城市。促进城市化高质量发展，必须提高城市发展质量，如大力提高城市资源配置效率和土地集约利用水平，提高建成区人口密度、经济密度，提高能源利用效率，降低能源消耗和二氧化碳排放强度；高度重视生态安全，不断改善环境质量，减少主要污染物排放总量。

3.努力缩小城乡发展差距，推进城乡一体化。要建立健全城乡融合发展的体制机制，以工促农，以城带乡，构建新型工农关系、城乡关系；统筹规划，破除二元结构，实现资源配置、战略布局等多方面的相互融合；加快农业转移人口在城市落户安居，加快实现基本公共服务常住人口全覆盖；通过制度保障，让进城的进得放心，让留在农村的留得安心，实现城镇与乡村相得益彰。

4.推动经济持续发展，夯实城市化高质量发展的物质基础。城市化关键在“市”，应以“市”为支撑。“市”是本质和内核，城是外表和载体。有城无“市”的城市化是虚假的、缺乏物质基础的、不可持续的城市化。“市”的本质是市场和交易，经济发展应同市场和交易互促共进。城市宜居、宜业性差，城市化水平不高、质量不优的问题在于支撑城市化发展的经济基础薄弱、发展质量不高。很多城市问题、城市病乃至城市风险、城市化陷阱的解决或规避，有赖于经济的持续发展。经济发展助推城市化，既是城市化的一般规律，也是解决城市和城市化问题的基本手段。

5.推动人口、经济、社会和空间和谐共生，建设绿色、可持续、高品质的现代城市社会。城市化不能建立在城乡差距持续扩大的基础之上，不能走牺牲农村、农民和农业的旧型城市化老路，不能只要城市、不要农村。建设一个宜居、宜业、可持续、高品质的现代城市社会，必须推动城市化公平性、包容性发展。城市化基础好、水平和质量双高的地区，要瞄准城市化质量不稳定攻坚克难，进一步挖掘城市化高质量发展的潜力；城市化基础差、水平和质量双低的地区，要对标先进地区、汲取经验教训，注重后发优势，努力提高城市化质量和促进速度更加平衡、更加充分的发展；城市化基础一般，在全国处于中游的地区，要把生态文明建设融入城市化发展的全过程，质量先行，扎实推进，努力实现质量和速度的双赢。

第三节　本章总结

本章分析了中国进入城市社会以来的城市化发展：先行进入城市社会地区的城市化动力和城市社会城市化质量的演进，主要创新是将城市化置于城市社会这一背景之下，探讨城市化率超越50%以后的动能和规律。

一、主要结论

1.进入城市社会以后，中国的城市化仍处于快速发展阶段，但已稳中趋降，分化愈发明显。具体表现是城市化速度较前有所减缓，其中京津沪原地踏步甚至下降，增速长期领跑全国的东部沿海省份，2011年以来远远慢于全国增速，人口大省特别是中西部人口大省成了中国城市化快速发展的重要支撑，山东、河北、河南、湖南、四川、云南和贵州等人口大省接力领跑。

2.城市化质量提升的物质基础更加坚实，城市和城市化高质量发展愈发引起重视，质量明显提升。2011—2017年，质量分值提高了17.07，一些西部省区在城市化水平提高的同时，质量上升明显，东部省市仍然呈现高水平-高质量发展态势，中西部省区正在奋力追赶，城市化高质量发展态势良好。但是相对于城市化水平和速度来说，整体上呈现出质量落后于数量的格局，城市化质量发展的不平衡、不充分问题依然突出。

3.进入城市社会以后，收入差距和城市化仍然同向变动，但相关程度、影响程度显著下降。在城乡收入差距缩小的情况下，城市化仍然在持续。这说明城市社会，或者城市社会的初级阶段，城市化动能出现转变迹象，由依赖城乡差距扩大的城市化发展到城市化和城乡协调出现兼容趋势，城市化不以城乡差距的显著扩大为代价，成为新时期的重要特征。但需要说明的是，城乡差距的缩小还没有成为城市化的动力，城乡差距越大，城市化总体上越高、越快。

4.在城市社会的初级阶段，人均收入增长对城市化有正向作用，但影响程度不及城市社会形成之前。城乡收入差距在方向上符合托达罗模型，但已不显著，城镇登记失业率否定了模型的假定，即城镇登记失业率的提高不再对城市化产生负面影响，主要原因是中国城镇登记失业率整体偏低，对乡城迁移整体影响不大。流动人口率的提高对城市化的没有显示正作用，这说明把城市化看成纯粹的乡城迁移是有局限的。城市社会的城市化不是过去意义上的农村人口进城，城市社会城市化不是伴随大量流动人口的城市化。人口自然增长率提高在城市社会是城市化发展比较明显的推动因素，人口自然增长和城市化一致的模式正在成为中国城市化的新特征，也就是说，城市化水平高、速度快的省份，自然增长率也高，而不是相反。

5.伴随工业化的完成和城市社会的出现，工业化对城市化的扩张作用不再显著。国有投资比重整体上未通过模型检验，但回归结果也不支持阻碍城市化的结论。固定资产投资、政府干预对城市化速度提升不显著甚至为负。引入了计划单列市指标，发现计划单列市的存在，对所在省区的城市化水平有一些正向作用，但总体影响不大。

二、对策建议

（一）立足城市社会，推动城市化高质量发展

城市社会是中国城市化发展的新阶段，中国进入城市社会总体符合经济社会发展的普遍规律，是一个自然而然的历史过程。刚刚进入城市社会以后的城市化虽然还处于快速发展阶段，但速度放缓了，今后放缓的趋势可能更明显，这同样是经济社会发展的规律使然，要对这种发展的必然性有深刻认识和准确预判。这个阶段出现的新情况、新问题正是城市化规律的表现形式，尊重城市化发展的客观规律而不是人为加速，可能更加重要和迫切。

（二）推动经济持续发展，夯实城市化高质量发展的物质基础

一是立足新发展阶段、贯彻新发展理念、构建新发展格局，推动高质量发展。二是支持实体经济与互联网、大数据、人工智能高度融合，促进制造业高质量发展。鉴于工业化即将完成和服务业在经济发展中地位的上升，要拓展服务业发展空间，大力发展战略性新兴产业，发展现代服务业、生产性服务业，提升传统消费、培育新型消费，扩大惠民生、促消费、增后劲、利长远的

有效投资，培育经济发展新动能，提高城市就业吸纳能力。

（三）坚持以人为本，从“增长导向型”转向“民生导向型”，不断提升城市化的获得感、幸福感、安全感

以人为本就是要瞄准人民对美好生活的向往，实现发展方式由投资驱动向消费和投资共同驱动转变，投资要从“增长导向”转向“民生导向”。在城市社会，投资和政府支出虽然与城市化速度的关联减弱，但对于改善公共服务、加快市民化进程无疑有积极意义。坚持以人民为中心的发展，摒弃紧盯资本积累和经济增长的城市化战略，推进城乡协调和乡村振兴，推进政府购买公共服务和农村社会保障建设。当务之急是让符合条件的农业转移人口在城市落户安居，加快实现基本公共服务常住人口全覆盖，通过制度保障，让进城的进得放心，让留在农村的留得安心，实现城镇与乡村相得益彰。

（四）借鉴先行进入城市社会地区的城市化经验，查漏补缺，夯实城市化高质量发展的经济基础、社会基础

中国是一个区域差异明显的发展中大国，既有比肩发达国家的京津沪、长三角、珠三角等发达地区，也有堪比非洲的中西部欠发达地区，城市化水平必然有高有低、速度有快有慢、质量参差不齐、模式多种多样，很难整齐划一。快不可能永远快，慢不可能永远慢，要包容差异。后发地区要借鉴先行地区的经验，努力学习，结合自身实际奋力追赶。在今后相当长一段时期，中国仍将面临推进城市化和缩小城乡收入差距之间的两难选择。中国已进入城市社会的初级阶段，同时正在经历城乡差距高企、城乡发展不协调与新型城镇化动能不足的严峻挑战。城乡收入差距过去是乡城人口流动和城市化的重要动因，进入城市社会以后，这个影响仍然存在。基于先行进入城市社会地区的经验教训，基于我国城市化发展的历史经验，必须强弱项、补短板，大力提升城市和城市化发展质量。

（五）转变政府主导、固定资产投资和外贸驱动为主的经济发展方式，激发城市化发展内生动力，推动城市化包容、公平，建设绿色、可持续、高品质现代城市社会

城市化基础好、水平和质量双高的地区，要瞄准城市化质量不稳定攻坚克难，进一步挖掘城市化高质量发展的潜力；城市化基础差、水平和质量双低的地区，要汲取先行地区的经验教训，注重后发优势，形成质量和速度更加平衡、更加充分的城市化发展格局；城市化基础一般，在全国处于中游的地区，要质量先行，把以人民为中心的发展贯穿于城市化发展的全过程，把生态文明建设融入城市化发展的全过程，推动人口、经济、社会和空间和谐共生，建设一个绿色、可持续、高品质的现代城市社会。

个[illegible]

市和城市化发展过程。

（五）[illegible]主导，固定资产投资和外贸拉动为主的经济发展方式[illegible]，激发城市化发展内生动力，推动城市化与经济、社会、生态融合，可持续、高品质现代城市建设

[illegible]

第三篇

城市社会的城市化：风险挑战

城市社会的城市化是历史发展的必然结果，这一阶段的城市化既传承了快速城市化的红利，也承接了历史遗留问题和由此导致的风险因素。城市化具有路径依赖性，过去的表现和选择对今后的选择同样产生影响和制约，尊重历史才能准确把握未来面临什么样的机会和选择。本篇主要分析中国城市社会城市化的发展环境和风险挑战,既包括内含于城市和城市化本身的历史遗留问题和风险因素，也包括城市化发展新阶段可能诱发的新场景、新风险和新挑战。本篇包括5章：第五章“中国快速城市化的问题和挑战”；第六章“社会风险与风险社会”；第七章“城市化风险与公共安全”；第八章“土地城市化、土地财政与土地陷阱”；第九章“城市化与金融风险”。

第五章　中国快速城市化的问题和挑战

改革开放初期，中国城市化率超过50%的只有京津沪三个直辖市，2017年，全国各省、自治区、直辖市中已经有25个城市化水平超过50%。实现从农村人口占多数向城镇人口占多数、由农业人口占多数向非农业人口占多数的转变。改革开放40年来，中国城市化取得了历史性成就，一是城市化水平在全球范围内实现了4次超越；二是创造了大量非农就业机会，减少了农村人口和农业人口数量；三是提高了农业比较劳动生产率，极大地降低了贫困（李通屏，2018）；四是对世界城市化起到了极大的促进作用（苏红键、魏后凯，2018）。但问题也相伴而生。这些问题可分为两种情况，一种是原本就存在的问题，即历史遗留问题的持续挑战；二是紧密相关或由此引发、催生的问题。本章的重心是对问题进行梳理，并分析可能形成的风险和挑战。

第一节 持续的挑战

一、风险易发高发期

中国仍是一个转型中的社会，工业化、城市化、现代化、信息化、全球化快速发展，这种总体的社会场景在进入城市社会的2011年之前已经存在。转型、变革必然伴随着机遇和挑战。在新一轮经济转型背景下，我国正处于风险易发高发期。经济增速换挡使潜在风险显性化，产能过剩和结构性失衡导致利润率下降和实体经济资金脱实向虚，大量资金流入金融业和房地产市场，催生金融业过度繁荣和房地产泡沫，投资效率下降引发债务率攀升；人口结构少子老龄化导致劳动力供给减少、抚养比上升，加快引发储蓄率、投资率下行压力，政府负担加重；面临外部经济金融环境不确定性和风险溢出冲击，风险管理体系和管理能力建设滞后。这些因素单独或综合发挥作用，使得未来风险应对面临巨大挑战。中国产业转型升级面临三大风险：消费者的国货信心与“低质量陷阱”风险，新一轮产业革命和发达国家“再制造业化”与外需增长停滞风险，市场竞争不完善和劳动力流动性过高与工匠精神不足的风险（国务院发展研究中心和世界银行联合课题组，2014）。

在经济转型升级的重要时期，中国城市化速度很快，但却成功避免了一些常见城市病，如城市贫困、失业和贫民窟，城市化成就巨大。然而城市化面临三方面的挑战，一是土地、资本的低效利用和不完整的人口迁移，地方政府过于依赖投资和土地出让激励的现行发展模式；二是包容性不足，如不平等加剧、社会矛盾增加、拥有品质住房的经济承受能力和城乡公共服务供给的不平衡、不充分；三是资源消耗加快和污染困扰等不可持续性挑战（国务院发展研究中心和世界银行联合课题组，2014）。

二、农村土地问题与征地纠纷

管子说过，“地者，政之本也”。工业化和城市化的本质是劳动力、土地、资本的非农化过程，由此带来经济、社会和文化等方面的变迁，必然产生土地转让、人员流动等复杂的经济社会问题。曲福田等（2010）认为，提高农村土地资源配置效率、维护农民土地财产权利是城市化进程中农村土地政策的主要目标。陈锡文（2010）认为，土地问题不仅关系土地低效利用和农民权益，更关系到国家粮食安全、生态保护和社会的稳定，反过来也影响工业化、城市化的方向和质量。快速推进城市化，必然涉及土地制度改革。由于土地制度涉及面广、事关发展大计和农村居民切身利益，所以中央先行试点，稳妥推进。

（一）土地征收制度

土地资源被征收是农民为城市化、工业化做出的直接贡献。随着市场经济的发展，征地制度存在着不少内在缺陷，如补偿原则仅仅是适当补偿，而不是合理补偿，更不是充分补偿和完全补偿（王顺祥，2011）。征地制度属于经济发展导向型制度，农民分享由此带来的成果理所当然，但实际上征地补偿费多有拖欠或补偿不到位。1999—2004年11月，全国拖欠农民集体所有的土地征收补偿费175.46亿元，相当于2003年全国财政用于农业资金的10%（王顺祥，2011），由此引发一系列纠纷。

在经济发展和城市扩张过程中，人口城市化必然伴随土地城市化。土地城市化表现为城郊农地被征收为城市建设用地（贺雪峰等，2018）。被征土地农民按土地原有用途获得补偿，而附着在特定位置土地上的增值收益，往往通过“招拍挂”以土地出让金的形式进入国家手中，由此实现农地非农使用增值收益的“涨价归公”。扣除土地开发成本后的土地出让金成为地方政府的土地财政收入，进而成为地方政府推进城市基础设施建设的重要资金来源，进一步推动经济发展和城市扩张，带来更大规模的城市化（贺雪峰等，2018）。征地制度涉及非常广泛复杂的利益关系，不少问题、困难和风险由此产生。

土地制度、土地财政和城市化密切关联（见图5-1）。土地财政使得地方政府拥有自己的财产和收益，因此，地方政府具有扩张这种财产收益的明确动机和行为（温铁军等，1996），进而使得政府推动的城市化模式进一步固化，集聚和诱发越来越大的经济风险。由征地制度导致的农地非农化和相关税收、土地出让等收入成为地方政府重要的财源。有人估计，预算内收入中50%来自农地非农化的相关收入，而预算外收入的大部分通过土地出让实现，由此形成了地方政府主导的“以地生财、以财养地”土地开发和城市建设模式（曲福田等，2010；郑思齐等，2014）。城市化取决于土地市场发展，土地市场发展又对房地产市场形成高度依赖；为支持房地产市场发展，70%以上的投资和消费必须依靠金融支撑（刘守英，2005）。“土地馅饼”变成了“土地陷阱”（华生，2013）。这样的发展模式影响了经济发展的效率和质量，干扰正常的市场竞争秩序，诱发生态环境问题。同时缺乏有效的房地产消费需求支撑造成房地产开发和销售中的结构性失衡加重。一些地方政府过度依靠卖地获得土地收益和土地资源的冲动日益剧烈，结果在现实中形成了越来越大的财政金融风险（邵朝对等，2016；梅冬州等，2018）。

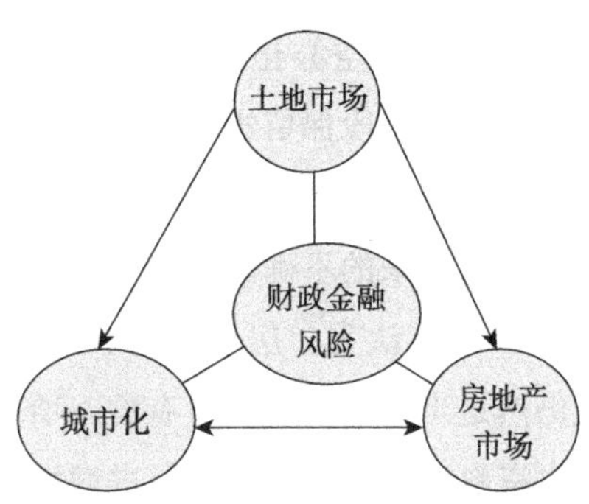

图5-1　房地产市场、土地市场、城市化与财政金融风险

（二）农村集体建设用地入市制度

为什么需要入市制度？依据是什么？农村集体建设用地的核心是建立城乡统一的建设用地市场，让城乡建设用地同权同价，其目的在于盘活农村建设用地资源、缓解城市建设用地不足的困境，同时增加财产性收入。现实问题是，打通城乡市场，还有诸多难以跨越的坎。一是建设用地同权同价不可能包括所有农村集体建设用地，原因在于农村差别很大，绝大多数农村集体建设用地因没有区位优势而难以入市，或者说，城乡建设用地市场同权同价的可能只会出现在具有区位优势的城郊农村。二是一般农业型地区，由于不具备区位优势，难以获得土地非农使用的增值收益，即这样的土地入市与否都与土地收益增值关系不大。这好比经济学讲的“一价定律”，局限性很大。因此，大部分农地还是要

作农用地考虑，不能操之过急，否则会造成很大的风险隐患。

（三）农民的宅基地

宅基地是农民安家的地方，是家的载体和基本附着物，是基本社会保障中的基本。当前中国正在经历史无前例的快速城市化过程，村庄出现人口流出和空心化，宅基地过剩似乎较为普遍。但这是基本保障，在这个阶段保留进城农民的宅基地对于保障农民权利和社会稳定很重要。急于动员进城农民退出宅基地、拆农民房子，会增加农民对未来的不确定性和不安全感，增加城市化风险。贺雪峰等（2018）认为，房屋所有权、宅基地使用权和土地经营承包权仍然是当代中国农民所有的三项基本权利，是维持底线生存的基本资料。一旦失去，农民进城失败后再也不可能找到回家的路。如果这样，前景不堪设想，那不仅仅是农民的悲剧，也是中国现代化的悲剧和全中国的悲剧。

三、偏离发展规律

中国城市化取得惊人成就，当前的问题已不是速度太慢、水平太低、严重滞后，而在于质量。譬如，地价房价暴涨高企，农民工不能享受与城市居民同等福利待遇，无法在城市安居乐业；征地拆迁过程中产生的问题尖锐难解，存在不合理现象；重速度轻质量、“过度城市化”，交通拥堵、环境恶化、雾霾袭城、社会治安问题突出的“城市病”日益显现；人口城市化滞后于土地城市化，把城市化搞成“房地产化”以及“大跃进城市化”和“贵族化”等城市化偏差（简新华等，2013、2016）。

文贯中认为，中国城市化的问题是对经济学规律和城市化规律的偏离。城市化规律可概括为以粮食安全为前提、有自己的政治经济功能、真正消化农村人口和内生型城市化。偏离城市化规律导致了化地不化人的不可持续特征：追求卖地财政的政府主导、土地制度和户籍制度导致要素缺乏流动、低收入人群被挤到越来越远的城郊、缺乏人气和商机的新城区和新工业园区遍地开花、房价高得离谱、伪城市化和半城市化愈演愈烈（文贯中，2014；文贯中等，2015）。

陆铭（2017）认为，在快速城市化过程中，城市规模不断扩张，确实存在着诸如拥堵、污染等“城市病”，但这不是城市规模扩张惹的祸。拥堵和污染可以通过技术革新和加强管理来解决，把“城市病”归咎于城市规模扩大站不住脚。中国城市化的问题是大国小城，由此造成房价陡升、雾霾遮天、交通拥堵、空巢老人、留守儿童、农民工的窘境……城市病状和乡村病依次显露，限制大城市集聚产生了诸多问题。任远（2018）认为，人口规模和人口密度不是“城市病”的根源，城市病的根源是在人口增长过程中的管理能力和配套服务的滞后，应对城市病的根本应该是基于人口状况及其变化，实施精细化管理。

四、城市化功能误区

什么样的城市规模有利于提升竞争力？吴敬琏（2019）认为，这些问题的实质是城市化功能问题。对基本问题搞不清楚，在实践中将会产生一系列问题。王国刚（2010）认为，仅从人口转移、非农化和空间集聚等人口角度理解城市化是有局限的，城市化的内涵是消费结构升级、中国经济发展方式转变重心，否则的话，随着城市化推进，中国经济的可持续能力将会下降。

对城市化功能的认识存在着一些误区。21世纪初期出现了对

“造城大跃进”的批评，后来则认为城市化的功能主要是稳增长、扩内需、调结构。但内需如何挖掘、消费潜力如何释放，很难一化就灵，关键看在城市化过程中是否创造了就业机会、增加了城乡居民收入以及稳定了收支预期。

格莱泽认为：城市是创新发动机，人们在城市里聚集有利于思想交流。从古希腊产生的许多新思想、文艺复兴时代意大利绘画技术发展到知识经济时代一大批科学家、工程师被硅谷吸引，进而成为美国最重要的信息技术中心，这些都说明城市及其集聚效应的重要。诺贝尔奖得主保罗·罗默认为，新思想是在人们的聚集、交流、思想碰撞中产生的，所以城市化有利于新思想、新技术、新制度的产生。城市规模越大，聚集的密度越大，效率也就越高。但中国苏州的情况可能无法印证这些观点的正确。苏州的问题是，好不容易从西部地区引进的人才，最后都跑到上海去了。不引进不行，但引进人才都是为上海作嫁衣裳。由此产生的问题是如何挖掘城市化红利而避免其负面效应。在经济社会转型期，我们面临的问题非常多。但是对这些问题的讨论往往是就事论事，而对于基本问题和问题的本质则缺乏透彻理解，例如提升城市竞争力、城市规模涉及很多问题，农民工市民化及其资金来源问题、城市公共服务均等化问题和城市化功能等。对于城市规模往往是见仁见智；有人认为大城市病，中国已病得不轻，所以要发展小城镇。其实，这些问题的实质是城市化功能问题（吴敬琏，2019）。

五、深度人口老龄化和人口负增长

进入21世纪，中国已经达到联合国界定的老年人口标准，65

岁以上的老年人口超过7%，2017年人口老龄化持续加剧，60岁以上人口比重由2011年的13.7%上升至2017年的17.3%，65岁及以上的人口由9.1%上升至11.4%（见表5-1）。人口负增长在东北已经开始。黑龙江、辽宁、吉林人口先后从2013年开始陷入持续负增长。黑龙江从3 835万人减少到3 789万人，减少46万人，吉林由2014年的2 752万减少到2 717万人，减少35万人，辽宁由4 391万人减少到4 369万人，减少22万人。不仅如此，东北最大的4个城市（省会和计划单列市），户籍人口2015年以来也在明显减少，沈阳减少7万人、哈尔滨减少6万人，长春减少5万人，大连减少2万人。在21世纪20年代后期，中国将出现人口负增长，21世纪30年代将会出现持续的负增长（张车伟，2018）。

表5-1　2011年和2017年中国大陆人口数及构成

	指标	2011年		2017年	
	总人口	年末人口数/万人	比重/%	年末人口数/万人	比重/%
		134 735		139 008	
其中	男性	69 068	51.3	71 137	51.2
	女性	65 667	48.7	67 871	48.8
	0—15岁	22 164	16.5	24 719	17.8
	16—59岁	94 072	69.8	90 199	64.9
	60周岁及以上	18 499	13.7	24 090	17.3
	其中65周岁及以上	12 288	9.1	15 831	11.4

注：2011年数据为0—14岁和15—59岁。

数据来源：《中华人民共和国2011年国民经济和社会发展统计公报》和《中华人民共和国2017年国民经济和社会发展统计公报》。

第二节 快速城市化过程中的市民化意愿

一、对市民化意愿研究结果的回顾

中国进入城市社会以来，市民化问题已成为顶层设计和推进以人为本的新型城镇化的重要抓手。党中央和国务院有关文件以及国家领导人讲话中多次提到“推进农业转移人口市民化”。党的十八大明确提出，“加快改革户籍制度，有序推进农业转移人口市民化”是“四化”协调的重要举措。党的十九大再次强调“加快农业转移人口市民化”问题。此后两年的中央经济工作会议和中央农村工作会议也强调把“增强对农业转移人口的吸引力和承载力，加快户籍制度改革落地步伐”和“让符合条件的农业转移人口在城镇落户定居”作为年度工作重点，作为推动区域协调发展和乡村振兴的重要战略举措。

市民化意愿是农业转移人口实现市民化的一个关键前提，也是近年来的研究热点。在CNKI数据库检索发现，以市民化意愿为主题，2004年出现1条，2011年达到25条，2014年增加到65条，2015年为87条，2016和2017年突破100条，2018年仍然有58条。以“农民工市民化”为主题的文献2018年之前有3 816篇，其中2015年544篇，超过2010年及之前的总和。影响最大的是武汉大学刘传江团队，在被引次数前20篇文献中有8篇，被引次数前10的文献中有6篇（刘传江，2004、2006、2010；刘传江等，2008、2007、2009），其次是复旦大学王桂新团队（王桂新等，2008、2010）；再次是国务院发展研究中心课题组的两篇论文（刘世锦等，2010[b]；侯云春等，2011）。关于市民化意愿的情况调查如表5-2所示：

表5-2　中国市民化意愿的基本情况

作者	时间	地点	市民化意愿	特定群体	有效样本
刘传江（2010）	2008年12月	武汉市	58.0% 53.0%	第二代农民工 第一代农民工	1 100个
王桂新等（2010）	2006年5—9月	上海市	男：55.0% 女：55.8%	农民工	1 026个中的717个
宁光杰、刘丽丽（2018）			转户意愿：47.0%—53.0%	长期居住意愿：55.0%—61.0%	3 768个
侯云春等（2011）	2009年		28.2%		6 232个中的5 453个
国家卫生和计划生育委员会流动人口司（2013）	2013年	上海、无锡、泉州、武汉、长沙、西安、咸阳	51.8%		13 159个

国务院发展研究中心侯云春课题组调查发现，即便不放开户口，明确表示愿意成为城镇居民的有28.2%，表示不愿意和无所谓的48.2%，相信这种情况会改变的占23.6%，希望保留老家承包地而愿意进城定居的农民工占83.6%，这其中希望自家耕种的占46.0%，希望有偿流转的占27.2%，10.4%的人希望以入股分红的方式处置承包地。只有8.2%的人表示愿意以土地换户口，其中2.6%的人表示给城镇户口可以无偿放弃承包地，6.6%的人表示给城镇户口可以有偿放弃承包地（侯云春等，2011）。

关于市民化意愿指标的处理，王桂新、胡健（2015）和李练军（2015）使用转户意愿指标，即“是否愿意把户口迁入城市”。胡军辉（2015）使用了获得城市户口的意愿、定居城市的意愿和按照城市生活方式生活的意愿3个层次的指标。陈昭玖、胡雯（2016），宁光杰、李瑞（2016）有所不同，分别为转户意愿、自我身份判断和留城意愿。最新的样本结果显示，2013年，农业转移人口转户意愿均值为53%，2016年相同地区为49%。2014年转户意愿均值为47%，2016年相同地区的数字为53%。长期居住意愿比例略高于转户意愿。而长期居住意愿2013年和2016年相同地区的均值分别为55%和60%；2014年和2016年相同地区长期居住意愿均值为61%（宁光杰、刘丽丽，2018）。宁光杰、刘丽丽（2018）将农业转移人口划分为：只有转户意愿、只有长期居住意愿、两者都有、两者都无的4种类型。2014年，四类群体的分布情况是，既有转户意愿又有长期居住意愿的人最多，共3 768人，占33.08%。只有长期居住意愿者占比为27.43%，仅有转户意愿者占比为14.29%，有长期居住意愿者的占比远高于有转户意愿者。

二、本课题组关于市民化意愿的调查

（一）目的、内容与方法

人民对美好生活的向往就是我们的奋斗目标。因此，了解市民化意愿对推进市民化进程，满足农村居民和农民工对美好生活需要有很重要的决策参考价值。

2017年7月17日至8月31日，为了解快速城镇化过程中的市民化意愿及其影响因素，了解新型城镇化在基层的实践，本课题组进行了问卷调查和实地访谈。实地访谈主要是了解新型城镇化在基层取得的成就、主要经验和做法；了解被调查地区推进新型城镇化的突出矛盾、关键环节、重点领域和重点突破问题；了解近年来被调查地区在推进新型城镇化方面，诸如规划、建设、农民工市民化、棚户区和城中村改造以及就近城镇化方面采取了哪些措施？如何评价？目的是进一步增强对新型城镇化的感性认识，使研究能够接地气、可实施、可操作，使对策建议更加精准。访谈的地点有湖北省孝感市发展和改革委员会、信阳市发展和改革委员会及其安排的城镇化区域，如孝感市孝南城区、毛陈镇彭兴乡和信阳市柳林乡。问卷调查分四个部分：被调查者基本情况；被调查者从业类型、个人与家庭的收入水平和市民化意愿。本次拟调查800份问卷，实际完成467份，实际回收426份问卷，其中录入402份问卷，占回收问卷数的94%。

调查员由教师3人、博士研究生3人、硕士研究生4人和55名本科生组成，由教师和研究生填写问卷347份，本科生交回的有效问卷55份，共402份。调查采取随机抽样的方法，本着准确、科学、可靠和不贪多求大、宁缺毋滥的原则，采取集中与分散相结合的方式，如武汉市、孝感市、信阳市和郑州市的问卷多是集中调查，其他地区的问卷由熟悉被调查区域的教师、学生在父母、同学、亲戚朋友或熟人中进行，以保证问卷有效可靠。

调查问卷虽然来自8个省、自治区、直辖市，但绝大部分集中在湖北省和河南省，其中，湖北省共有问卷289份，占71.9%；河南省共有问卷100份，占24.9%；其他6个省、自治区、直辖市的仅有13份，分别是江苏省如皋市、安徽省六安市、江西省九江市、北京市丰台区、内蒙古呼和浩特市以及新疆维吾尔自治区的乌鲁木齐市和伊宁市，仅占3.2%。

来自武汉市的有效问卷116份，占28.8%，武汉市其他地区包括黄陂区、汉阳区和江岸区；孝感市孝南区共填写有效问卷98份，占24.4%；黄冈市共填写有效问卷67份，占16.7%；襄阳市共填写有效问卷10份，占2.5%；信阳市（仅指商城县和浉河区的柳林乡）共填写有效问卷58份，占14.4%；郑州市二七区共填写有效问卷40份，占10.0%；其他地区共收集有效问卷13份，占3.2%（见图5-2）。

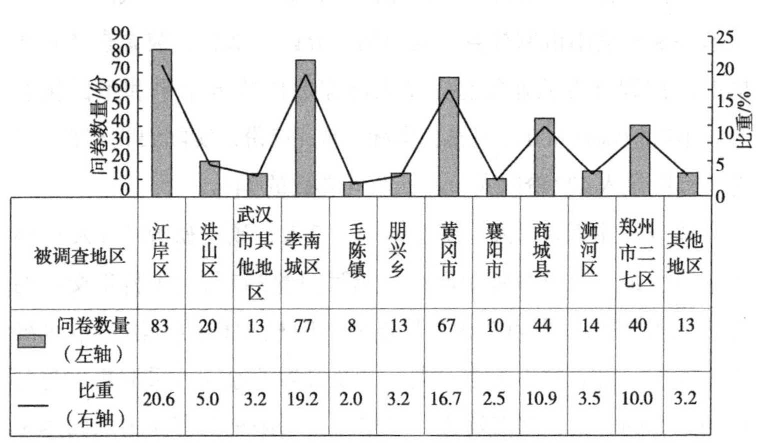

被调查地区	江岸区	洪山区	武汉市其他地区	孝南城区	毛陈镇	朋兴乡	黄冈市	襄阳市	商城县	浉河区	郑州市二七区	其他地区
问卷数量（左轴）	83	20	13	77	8	13	67	10	44	14	40	13
比重（右轴）	20.6	5.0	3.2	19.2	2.0	3.2	16.7	2.5	10.9	3.5	10.0	3.2

图5-2 问卷来源及分布

（二）被调查者基本情况与市民化意愿

在402份有效样本中，221人明确表示希望成为市民，占54.98%。其中，男性希望成为市民的比例是56.4%，女性是53.5%，男性略高于女性。

1.被调查者的市民化意愿为55%，这一水平明显低于黄锟（2011）的68.3%和李练军（2015）的65%。说明受各种因素影响，本调查的受访者市民化意愿并不强烈。这可能是调查对象不同导致的，李练军等人是专门针对农村居民或新生代农民工展开的调查，而本调查中有31.8%的受访者为本地非城镇居民，另有29.1%的受访者为本地城镇居民，这将对市民化意愿结果产生一定的影响。

2.从被调查者的基本情况来看：不同婚姻状况的受访者市民化意愿相差不大，差距在4个百分点以内；男性和女性受访者市民化意愿相差2.9个百分点；不同民族受访者市民化意愿相差近14个百分点，汉族高于其他民族41.7个百分点，但这可能与受访者数量较少有关。不同年龄、不同文化程度和不同户口类型的受访者市民化意愿有显著差异，其中20—44岁受访者，60%有市民化意愿，55—59岁、65岁及以上受访者市民化意愿也较高，分别为58.3%、75%；不同文化程度受访者市民化意愿差距较大，市民化意愿基本与其文化程度呈正相关关系，高中及以上文化程度的显著高于小学和初中及初中以下的比例。从户口类型看，本地城镇居民和本地非城镇居民意愿相差36.6个百分点，常住本地6个月以上非户籍受访者市民化意愿为58.6%，高出平均值3.6个百分点。这说明市民化意愿有“没进来的想进来，进来的想出去”这样的特点，即没有城镇户籍的想有，已经有城镇居民身份的部分被调查者有“出去”的愿望，想成为市民的比例只是71.8%。

3.从卡方检验结果看，民族和婚姻状况的卡方检验的P值分别为0.347和0.762，说明这2个变量对被调查者市民化意愿影响不显著，而年龄对市民化意愿具有显著性影响，文化程度和户口类型对市民化意愿具有高显著性影响。被调查者的人口特征与市民化意愿的关系如表5-3所示。

表5-3 被调查者人口特征与市民化意愿的交叉分析

变量	变量特征	人数/个	比重/%	希望市民化		卡方值（P值）
				人数/个	比重/%	
年龄	15岁以下	2	0.5	2	100.0	24.689（0.010）
	15—19	12	3.0	3	25.0	
	20—24	56	13.9	29	51.8	
	25—29	99	24.6	61	61.6	
	30—34	54	13.4	35	64.8	
	35—39	51	12.7	29	56.9	
	40—44	40	10.0	26	65.0	
	45—49	45	11.2	19	42.2	
	50—54	20	5.0	5	25.0	
	55—59	12	3.0	7	58.3	
	60—64	7	1.7	2	28.6	
	65岁及以上	4	1.0	3	75.0	
民族	汉族	390	97.0	216	55.4	0.885（0.347）
	其他	12	3.0	5	41.7	
文化程度	小学及以下	39	9.7	13	33.3	20.548（0.000）
	初中	93	23.1	39	41.9	
	高中中专	92	22.9	60	65.2	
	大专	83	20.6	50	60.2	
	本科及以上	95	23.6	59	62.1	
婚姻状况	未婚	135	33.6	71	52.6	0.543（0.762）
	已婚	250	62.2	141	56.4	
	其他	17	4.2	9	52.9	
户口类型	常住本地6个月以上非户籍	157	39.1	92	58.6	34.517（0.000）
	本地城镇居民	117	29.1	84	71.8	
	本地非城镇居民	128	31.8	45	35.2	

（三）被调查者从业类型变量与市民化意愿的交叉分析

被调查者从业类型对市民化意愿具有高显著性影响，不同从业类型受访者市民化意愿具有显著差异。从事工矿企业的受访者意愿最强烈，高达87.5%；其次为交通运输、仓储、邮政通信和旅游业的受访者，市民化意愿达到80%。市民化意愿最低的为居民服务、社会服务、修理和其他服务业以及其他（农业、不在业及其他不便分类职业等），分别为37.9%和39.3%，均低于平均水平（见表5-4）。

表5-4　被调查者从业类型与市民化意愿的交叉分析

变量特征*	人数/个	比重/%	希望市民化		卡方值（P值）
			人数/个	比重/%	
1	76	18.9	37	48.7	31.168（0.000）
2	8	2.0	7	87.5	
3	71	17.7	40	56.3	
4	30	7.5	24	80.0	
5	29	7.2	20	69.0	
6	46	11.4	30	65.2	
7	24	6.0	17	70.8	
8	29	7.2	11	37.9	
9	89	22.1	35	39.3	

*: 1.个体工商户；2.工矿企业；3.商业、餐饮和宾馆服务业；4.交通运输、仓储、邮政通信和旅游业；5.金融、保险、信息技术和房地产服务业；6.文化、教育、体育、卫生和娱乐业；7.水利、环境和公共设施管理业、公共管理、社会保障和社会组织服务业；8.居民服务、社会服务、修理和其他服务业；9.其他（农业、不在业及其他不便分类职业等）。

（四）个人与家庭收入水平变量与市民化意愿的交叉分析

个人月均收入和家庭月均收入对被调查者市民化意愿具有显著性影响，被调查者在本地区的收入水平和其在农村是否有宅基地、房产和责任田对市民化意愿具有高显著性影响（见表5-5）。

表5-5 个人与家庭收入水平与市民化意愿的交叉分析

变量	变量特征	人数/个	比重/%	希望市民化		卡方值（P值）
				人数/个	比重/%	
个人月均收入	1.1 500元以下	73	18.2	31	42.5	15.012（0.005）
	2.1 500—2 500元	72	17.9	33	45.8	
	3.2 500—3 500元	95	23.6	51	53.7	
	4.4 000元左右	86	21.4	59	68.6	
	5.5 000元以上	76	18.9	47	61.8	
家庭月均收入	1.3 000元以下	29	7.2	11	37.9	10.005（0.075）
	2.3 000—4 000元	40	10.0	19	47.5	
	3.4 000—5 000元	60	14.9	27	45.0	
	4.6 000元左右	75	18.7	44	58.7	
	5.7 000元左右	94	23.4	59	62.8	
	6.8 000元以上	104	25.9	61	58.7	
在本地区收入水平	1. 高收入	7	1.7	5	71.4	23.754（0.000）
	2. 中等偏上	30	7.5	22	73.3	
	3. 中等收入	149	37.1	93	62.4	
	4. 中等偏下	133	33.1	72	54.1	
	5. 低收入	79	19.7	29	36.7	
	6. 其他	4	1.0	0	0.0	
在农村是否有宅基地、房产和责任田	1. 都有	182	45.3	77	42.3	22.490（0.000）
	2. 有宅基地、房产，无责任田	120	29.9	75	62.5	
	3. 都没有	100	24.9	69	69.0	

个人及家庭月均收入越高、在本地区收入水平越高，市民化意愿越强烈；而被调查者在农村拥有宅基地、房产和责任田越齐备，其市民化意愿越低。

综上所述，被调查者的性别、民族和婚姻状况等三大人口特征，对市民化意愿影响不显著；而年龄、本人月均收入和家庭月均收入三个变量对市民化意愿具有显著性影响，而文化程度、户口类型、从业类型、在本地区的收入水平和在农村拥有宅基地、房产和责任田的情况五个变量对市民化意愿具有高显著性影响。

（五）希望成为市民的原因是什么？

调查问卷最后设计了一道选择题，“您希望成为城镇居民的原因是（限3项以内）”，以考察被调查者市民化的期望。对此采用多选项交叉分组下的频数分析方法进行研究，可以发现不同年龄段、不同文化程度、不同从业类型和不同收入水平被调查者市民化的期望存在差异。

1.哪些年龄段的人希望成为市民？

20—24岁年龄段受访者更加看重城镇工作机会多、收入高，占比62.1%。25—49岁年龄段的受访者选择子女可以享受到更好的教育最多，分别达到55.7%、65.7%、72.4%、76.9%和94.7%，比重随着受访者年龄的增长而加大，符合该年龄段内受访者对子女教育关注度随着子女逐渐长大而提升的事实。此外，该年龄段的受访者对城镇工作机会多、收入高，以及家庭团聚、工作和生活都很方便的期望均高于其他五个原因。50—54岁受访者在关注工作机会、子女教育之外，对城市的工作和生活很享受、很向往。55岁及以上受访者则对家庭团聚、工作和生活都很方便更为看重。由此看来，不同年龄段的被调查者对市民化的期盼具有不同的内容，相对而言，年轻的受访者对子女教育、工作机会和收入更为看重，而年龄较大的受访者对家庭团聚、工作和生活方便和医疗保险等方面更为看重（见表5-6）。

表5-6 年龄与希望成为本地城镇居民原因的交叉分析

年龄分组		希望成为本地城镇居民的原因								
		Y1	Y2	Y3	Y4	Y5	Y6	Y7	Y8	总计
15岁以下	人数/个	0	1	0	2	1	1	0	1	2
	比重/%	0.0	50.0	0.0	100.0	50.0	50.0	0.0	50.0	
15—19	人数/个	2	1	2	1	0	0	0	0	3
	比重/%	66.7	33.3	66.7	33.3	0.0	0.0	0.0	0.0	
20—24	人数/个	18	12	10	11	5	10	2	7	29
	比重/%	62.1	41.4	34.5	37.9	17.2	34.5	6.9	24.1	
25—29	人数/个	26	34	16	26	12	11	6	19	61
	比重/%	42.6	55.7	26.2	42.6	19.7	18.0	9.8	31.1	
30—34	人数/个	13	23	13	21	3	7	2	10	35
	比重/%	37.1	65.7	37.1	60.0	8.6	20.0	5.7	28.6	
35—39	人数/个	13	21	9	16	3	5	2	5	29
	比重/%	44.8	72.4	31.0	55.2	10.3	17.2	6.9	17.2	
40—44	人数/个	11	20	7	8	2	7	2	6	26
	比重/%	42.3	76.9	26.9	30.8	7.7	26.9	7.7	23.1	
45—49	人数/个	12	18	9	10	2	3	0	0	19
	比重/%	63.2	94.7	47.4	52.6	10.5	15.8	0.0	0.0	
50—54	人数/个	4	3	1	0	0	3	0	1	5
	比重/%	80.0	60.0	20.0	0.0	0.0	60.0	0.0	20.0	

（续表）

年龄分组		希望成为本地城镇居民的原因								
		Y1	Y2	Y3	Y4	Y5	Y6	Y7	Y8	总计
55—59	人数 / 个	2	5	2	6	0	3	0	1	7
	比重 /%	28.6	71.4	28.6	85.7	0.0	42.9	0.0	14.3	
60—64	人数 / 个	0	1	1	2	1	0	1	0	2
	比重 /%	0.0	50.0	50.0	100.0	50.0	0.0	50.0	0.0	
65 岁及以上	人数 / 个	1	1	2	2	0	2	1	0	3
	比重 /%	33.3	33.3	66.7	66.7	0.0	66.7	33.3	0.0	
总计		102	140	72	105	29	52	16	50	221

注：Y1 表示工作机会多、收入高；Y2 表示子女可以享受到更好的教育；Y3 表示有医疗保险和退休金；Y4 表示家庭团聚，工作和生活都很方便；Y5 表示找对象容易；Y6 表示对城市的工作和生活很享受、很向往；Y7 表示政府的优惠政策很到位；Y8 表示其他。表 5–7、表 5–8 和表 5–9 含义与此相同。

2. 被调查者文化程度与市民化意愿

子女可以享受到更好的教育是市民化动机的首选。其中文化程度为初中、高中中专和大专的受访者对子女的教育尤为看重，占比分别为71.8%、70.0%和62.0%，明显高出其余选项；相比之下，文化程度为小学及以下、本科及以上的受访者对子女教育关注度偏低，仅占54%左右，要么是年龄太大、要么是刚毕业未婚未育。除子女教育之外，文化程度在高中中专及以下的受访者最在意家庭团聚、工作和生活的方便，而大专和本科以上受访者则更为注重工作机会和收入水平（见表5-7）。

表5-7 文化程度与希望成为本地城镇居民原因交叉分析

文化程度		希望成为本地城镇居民的原因								
		Y1	Y2	Y3	Y4	Y5	Y6	Y7	Y8	总计
小学及以下	人数/个	4	7	4	7	3	5	2	3	13
	比重/%	30.8	53.8	30.8	53.8	23.1	38.5	15.4	23.1	
初中	人数/个	16	28	14	21	5	10	1	7	39
	比重/%	41.0	71.8	35.9	53.8	12.8	25.6	2.6	17.9	
高中中专	人数/个	30	42	18	31	3	11	6	15	60
	比重/%	50.0	70.0	30.0	51.7	5.0	18.3	10.0	25.0	
大专	人数/个	22	31	16	21	9	9	5	12	50
	比重/%	44.0	62.0	32.0	42.0	18.0	18.0	10.0	24.0	
本科及以上	人数/个	30	32	20	25	9	17	2	13	59
	比重/%	50.8	54.2	33.9	42.4	15.3	28.8	3.4	22.0	
总计		102	140	72	105	29	52	16	50	221

此外，不同文化程度受访者对医疗保险和退休金的期望程度差距不大，平均在32.5%左右；对找对象、城市工作和生活的向往以及政府的优惠政策的期望，文化程度为小学及以下的受访者均是最高的。

3.从业类型对市民化意愿的影响

在221名希望市民化的受访者当中，个体工商户，商业、餐饮和宾馆服务业，文化、教育、体育、卫生和娱乐业及其他从业类型的人数最多，同时他们最为注重子女教育，平均68.1%；水利、环境等服务业和居民、社会等服务业的受访者最为看重工作机会和收入，其次是医疗保险和退休金、城市工作生活方便等，子女教育排在了第四位甚至第五位（见表5-8）。

表5-8　从业类型与希望成为本地城镇居民原因交叉分析

从业类型		希望成为本地城镇居民的原因								
		Y1	Y2	Y3	Y4	Y5	Y6	Y7	Y8	总计
个体工商户	人数/个	17	26	14	20	3	9	1	5	37
	比重/%	45.9	70.3	37.8	54.1	8.1	24.3	2.7	13.5	
工矿企业	人数/个	3	5	2	2	2	2	0	3	7
	比重/%	42.9	71.4	28.6	28.6	28.6	28.6	0.0	42.9	
商业、餐饮和宾馆服务业	人数/个	22	33	13	17	5	7	3	5	40
	比重/%	55.0	82.5	32.5	42.5	12.5	17.5	7.5	12.5	
交通运输、仓储、邮政通信和旅游业	人数/个	9	17	11	11	2	6	1	6	24
	比重/%	37.5	70.8	45.8	45.8	8.3	25.0	4.2	25.0	
金融、保险、信息技术和房地产服务业	人数/个	10	11	6	11	3	1	2	5	20
	比重/%	50.0	55.0	30.0	55.0	15.0	5.0	10.0	25.0	
文化、教育、体育、卫生和娱乐业	人数/个	13	17	9	17	8	3	1	10	30
	比重/%	43.3	56.7	30.0	56.7	26.7	10.0	3.3	33.3	
水利、环境和公共设施管理业、公共管理、社会保障和社会组织服务业	人数/个	8	6	7	7	3	7	2	3	17
	比重/%	47.1	35.3	41.2	41.2	17.6	41.2	11.8	17.6	
居民服务、社会服务、修理和其他服务业	人数/个	5	3	3	4	0	3	2	4	11
	比重/%	45.5	27.3	27.3	36.4	0.0	27.3	18.2	36.4	
其他（如农业、不在业及其他不便分类的职业等）	人数/个	15	22	7	16	3	14	4	9	35
	比重/%	42.9	62.9	20.0	45.7	8.6	40.0	11.4	25.7	
总计		102	140	72	105	29	52	16	50	221

4. 被调查者收入获得感与市民化动机

针对问卷“在本地区您认为您家的收入属于表中的哪种收入类型”，被调查者的分布如图5-3所示。

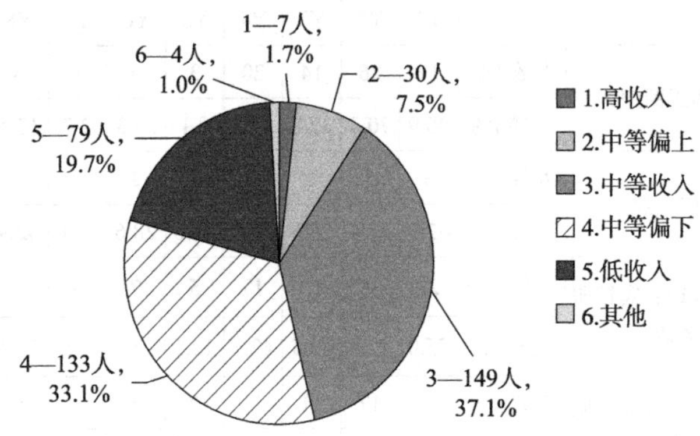

图5-3 被调查者的自我感知的家庭收入水平

被调查者中，认为家庭收入在本地区属于中等偏上、中等收入和中等偏下的人数分别为30人、149人和133人，占比为7.5%、37.1%和33.1%，合计占77.7%，认为是高收入的7人，仅占1.7%，认为是低收入的79人，占19.7%，说不清或其他的4人，将近1%，说明被调查者中，近20%的人认为所在家庭是低收入。

希望成为城镇居民的主要原因，第一位是子女受更好的教育140人，占希望成为城镇居民总数的63.3%。第二位是家庭团聚105人，第三位是工作机会和高收入102人，分别占47.5%和46.2%。所有的高收入者都选择了子女教育，高收入者想成为城镇居民的主要原因是子女教育（100%）、工作机会和高收入

（80%）以及对城市生活和工作的享受。中等收入家庭和低收入家庭把家庭团聚看得很重，是市民化意愿的第二位原因，分别为55.9%和51.7%。而在其他组别中，工作机会和高收入是成为市民的第二位原因（见表5-9）。

表5-9　收入水平与希望成为本地城镇居民原因的交叉分析

地区收入水平		希望成为本地城镇居民的原因								
		Y1	Y2	Y3	Y4	Y5	Y6	Y7	Y8	总计
高收入	人数 / 人	4	5	1	1	1	2	0	1	5
	比重 /%	80.0	100.0	20.0	20.0	20.0	40.0	0.0	20.0	
中等偏上收入	人数 / 人	11	13	6	8	1	8	0	7	22
	比重 /%	50.0	59.1	27.3	36.4	4.5	36.4	0.0	31.8	
中等收入	人数 / 人	44	57	32	52	13	22	11	17	93
	比重 /%	47.3	61.3	34.4	55.9	14.0	23.7	11.8	18.3	
中等偏下收入	人数 / 人	30	49	27	29	10	12	5	18	72
	比重 /%	41.7	68.1	37.5	40.3	13.9	16.7	6.9	25.0	
低收入	人数 / 人	13	16	6	15	4	8	0	7	29
	比重 /%	44.8	55.2	20.7	51.7	13.8	27.6	0.0	24.1	
总计		102	140	72	105	29	52	16	50	221

任何收入水平的受访者都最为看重子女教育，尤其是高收入受访者，占比为100%，其他收入水平的受访者对子女教育的关注度也都在55%以上；受访者对成为城镇居民后有更多工作机会与更高收入的期望基本与其收入水平呈正相关关系，收入越高的

受访者选择此选项的比例越高；而受访者对成为城镇居民后家庭团聚、工作和生活都很方便的关注度基本与其收入水平呈负相关关系，有超过一半的低收入水平受访者选择该选项，而在高收入水平受访者中只占20%。

（六）市民化意愿的地区分布

调查发现，市民化意愿，武汉市表示希望的有71人，占61.2%；郑州市是24人，占60%；孝感市一共获得98分问卷，回答希望的有44人，比例是44.9%；信阳市得到问卷58份，回答希望的34人，占比58.6%；黄冈市是52.2%；其他地区是53.8%（见图5-4）。市民化意愿的地区分布，按从高到低排序是：武＞汉＞郑州＞襄阳＞信阳＞其他地区＞黄冈＞孝感。

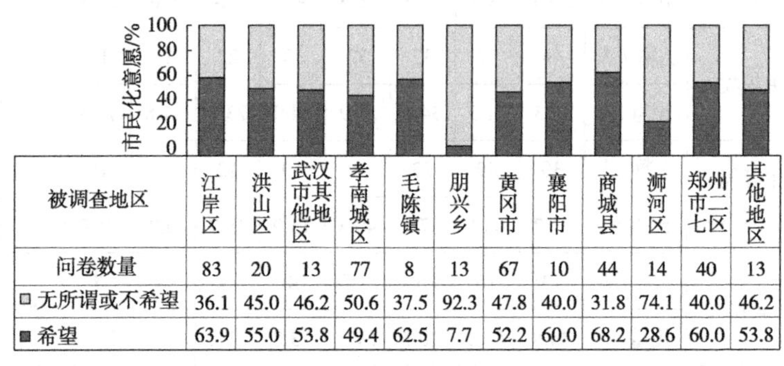

被调查地区	江岸区	洪山区	武汉市其他地区	孝南城区	毛陈镇	朋兴乡	黄冈市	襄阳市	商城县	浉河区	郑州市二七区	其他地区
问卷数量	83	20	13	77	8	13	67	10	44	14	40	13
□ 无所谓或不希望	36.1	45.0	46.2	50.6	37.5	92.3	47.8	40.0	31.8	74.1	40.0	46.2
■ 希望	63.9	55.0	53.8	49.4	62.5	7.7	52.2	60.0	68.2	28.6	60.0	53.8

图5-4 被调查地区的市民化意愿

对于成为本地城镇居民，持无所谓或不希望态度的超过四成，最大的原因第一是房子贵；第二是花销大；第三是没有合适工作，收入不确定；而担心土地被征收、房屋被拆迁的比例最小（见图5-5）。

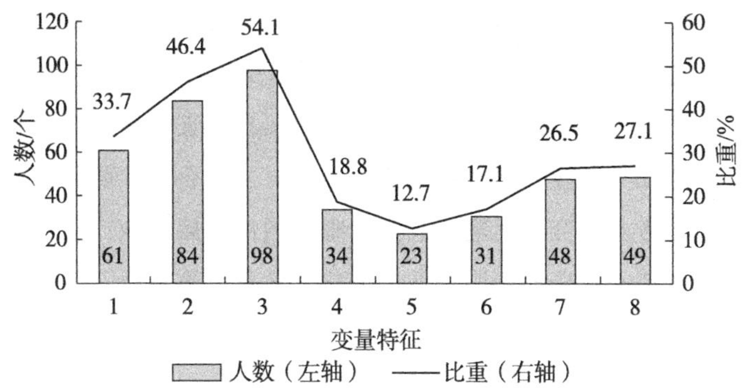

图5-5　无所谓或不希望成为本地城镇居民的原因

注：1.没有合适的工作，收入不确定；2.花销太大；3.城里房子贵，买不起；4.农村的田地、房产和家庭无人照看；5.成为城镇居民后，担心土地被征收、房屋被拆迁；6.城镇的社会保障、医疗保险没有什么吸引人的；7.喜欢农村的生活和工作，农村整体上比城市好；8.其他。

（七）关于市民化意愿调查的结论

本次调查选取了8个省、自治区、直辖市，但基本是湖北和河南两省，其他6个省、自治区、直辖市样本量很少，仅占3.2%，湖北71.9%，河南不足24.9%。调查获取402份样本，结论是：

1.成为特大城市、省会城市市民的意愿要强于其他中等城市和小城市，如成为武汉市民、郑州市民的意愿显著高于信阳、黄冈和孝感。

2.青壮年（25—44岁）市民化意愿总体上高于其他年龄段。这有利于获得工作机会和高收入。另外，65岁及以上的老年人市民化意愿很强烈，超过70%，这可能是由于孤独，希望家庭团聚的愿望较强烈。

3.文化程度与成为市民的意愿总体正相关，高中及以上文化程度的被访者意愿明显高于初中及以下的受教育者。

4.已婚者的市民化意愿高于未婚、离异和丧偶者。从职业类型看，这几类职业者更倾向于成为市民：工矿企业；商业、餐饮和宾馆服务业；交通运输、仓储、邮政通信和旅游业；金融、保险、信息技术和房地产服务业；文化、教育、体育、卫生和娱乐业以及水利、环境和公共设施管理业、公共管理、社会保障和社会组织服务业等。

5.本人收入、家庭收入以及对收入的感知越高的被访者，市民化意愿越高，反之越低。

6.农村有责任田、宅基地和房产的被调查者市民化意愿弱于什么都没有的被调查者，什么都没有的市民化意愿最强。

7.成为市民最普遍的动机是为了孩子获得更好的教育机会，而获得更高的收入和工作机会略逊于家庭团聚，居第三位。

8.不愿意不希望成为市民的主要原因是房子贵、花销大、担心没合适的工作和收入不确定等。

第六章　社会风险与风险社会

“船到中流浪更急、人到半山路更陡。”习近平总书记在庆祝改革开放40周年大会上的这句话，同样适用于城市社会城市化。中国和世界都处在工业化、城市化、现代化、信息化、全球化快速发展所孕育的风险社会中①，这是城市社会城市化展开的基本场景。城市作为人口高度聚集和高度流动的生产、生活空间，比乡村更易发生社会风险。城市化不仅有“三个臭皮匠，赛过诸葛亮”的集聚效应，相伴而来也有巨大的挑战和风险集聚。本章将基于社会风险与风险社会理论，进一步分析城市社会城市化的场景及其风险的表现形式。

第一节　社会风险与风险社会理论

一、风险

风险现象在经济生活中无处不在。在早期的航海贸易和保险

---

① 风险社会是用来表征当今世界正在从传统工业社会向后工业社会转变过程的概念，风险社会的开创性人物是乌尔里希·贝克。他认为，在一个建构主义时代，想要在现代性和风险社会之间画出一条界线是很天真很矛盾的（乌尔里希·贝克，2004[a]；芭芭拉·亚当、乌尔里希·贝克、约斯特·房·龙，2005）。

业中，“风险”是指一种自然现象或者航海中遇到礁石、风暴等事件，即客观危险。这种客观、不可抗拒的可能性，属于自然风险，英国著名社会学家安东尼·吉登斯称之为“外部风险”。随后“人为风险”包含其中（安东尼·吉登斯、克里斯多弗·皮尔森，2001）。在《失控的世界》一书中，吉登斯将风险做了外部风险（External Risk）和被制造出来的风险（Manufactured Risk）的区分。前者是来自外部、传统或者自然的不变性和固定性所带来的风险，后者产生于我们不断发展的知识对这个世界产生影响以及我们没有多少历史经验的情况下（安东尼·吉登斯，2001）。

约翰·穆勒和马歇尔是首先关注并采用“风险”概念的经济学家。威雷特最早对“风险”一词做出界定：“风险是关于不愿发生的事件发生的不确定性的客观体现。”这个定义包含了风险的三个特征，即客观性、不确定性和信息不对称。对风险做出最重要贡献的当属芝加哥学派创始人、美国著名经济学家奈特，他不仅进一步阐述了风险的含义，而且对风险和不确定性进行了明确区分，风险不是一般的不确定性，而是可测度的不确定性，而不可测度的不确定性才是真正意义上的不确定性（弗兰克·H.奈特，2006）。经济生活中的现实风险和未来风险都可以借助数理统计来计量和测定。后来，关注风险的经济学文献进一步发展到用冯·诺依曼–莫根施特恩效用函数刻画风险选择、风险规避和风险测度问题。20世纪60年代后期以来，哈达和鲁塞尔、汉诺克和莱维、罗斯柴尔德和斯蒂格利茨（Rothschild and Stiglitz，1970、1971）以及戴蒙德和斯蒂格利茨（Diamond and Stiglitz，1974）提出“递增风险”概念，从而解决了单变量风险测度遭到的失败。递增风险的核心观点是：风险就是风险规避者所憎恶的东西，对随机变量增加一个噪声将使其风险增大，把概率质量从概率分布中心移到其尾端将增加这种分布的风险（Machina and Rothschild，1996）。

20世纪80年代以来，风险逐渐成为跨学科的自然和社会议题，对风险的关注已经从学术团体和保险业这些狭小领域发展到更为广泛的公共政策领域。随着人们对风险的理解不断加深，经济学、管理学、文化学和社会学的风险概念获得比较多的运用。经济学认为，风险是某个事件造成破坏的或伤害的可能性或概率。即风险（R）=伤害的程度（H）×发生的概率（P）。管理学认为，风险是确定性消失的时候世界存在不确定性的一种特质。文化学的代表人物玛丽·道格拉斯和维尔达沃斯基（Douglas and Wildavsky，1983）认为，风险是一个群体对危险的认知和社会结构本身具有的功能，其作用在于辨别群体所处环境的危险性，风险应该被视为“关于未来的知识与对于最期望的未来所持共识的共同产物”（Douglas and Wildavsky，1983），而知识是社会活动的产物，并总是处于建构过程中。社会学家乌尔里希·贝克被认为是社会风险理论的开创性人物。他认为风险和现代化难舍难分，它是“一种应对现代化本身诱发并带来的灾难与不安全的系统方法。……是具有威胁性的现代化力量以及现代化造成的怀疑全球化所引发的结果”（Beck，1992），是“预测和控制人类行为未来后果的现代方式”。风险已经成为“政治动员的主要力量……，一种造成传统政治范畴过时的话语体系”（Beck，1999）。人们采取某种行动时，他们事先能够肯定的所有可能后果及每种后果出现的可能性都叫风险。风险是指既可能出现坏的结果，也可能出现好的结果。而多数研究则强调风险的伤害性和损失性①。

二、社会风险

随着人类社会系统性结构转型的发生和风险认识的深化，社会风险的概念应运而生。社会风险有广义和狭义之分，广义上看，个人损失及个人风险以外的各种损失和风险都可以被称为社会损失和社会风险。广义的社会风险一般是与自然风险相对而言的，在现代意义上，社会风险的概念不仅是“风险”分类的结果，而且是为了凸显现代社会风险问题的“社会性”特征。在现代社会风险中，人们更多强调风险的社会内涵和社会根源。广义社会风险是指由现代社会所造成的风险以及有社会性影响的灾害。乌尔里希·贝克、科斯特·拉什、吉登斯以及约瑟夫·休伯的风险社会理论、风险文化理论和生态主义风险理论等，都属于广义社会风险范畴。基于广义社会风险和马克思主义社会有机体理论，袁方（2013）把社会风险定义为在实践过程中存在的、与主体的价值目标相背离的反社会主体效应的可能性存在，其实质就是人类实践活动的矛盾性。狭义社会风险包括与政治风险、经济风险、文化风险、金融风险、决策风险等相并列、其社会损失有特定内涵的风险，既不是指外敌入侵这种国家损失，也不是指党派冲突这种政治损失，既不是指经济萎缩这种经济损失，也不是指股票暴跌和传统文化没落所造成的金融和文化损失，而是指

---

① 杨雪冬等（2006）认为，风险是个人和群体在未来遇到的伤害的可能性以及对这种可能性的判断与认知。冯必扬（2008）认为，在风险的不确定性和损失性这两种属性中，损失性是更为根本的属性。风险的本质应当是指损失的不确定性。

社会正常秩序遭到破坏所造成的社会失序和社会混乱，这种失序和混乱是由一部分社会成员或社会团体的反叛社会行为所引起。社会风险就是社会损失的不确定性，是由个人或团体反叛社会行为所引起的社会失序和社会混乱的可能性（冯必扬，2004）。所以广义的社会风险外延极广。

三、风险社会与全球风险社会

20世纪80年代以来，人类社会进入了一个高度不确定和高度复杂的“全球风险社会”时代（范如国，2017）。风险社会正是用来表征当今世界正在从传统工业社会向一种后工业社会——风险社会的转变过程的概念（乌尔里希·贝克，2004[a]）。风险社会是不可避免的，现代社会，特别是发达社会中的财富生产系统伴随着风险的社会生产。现代工业化文明在利用各种科技手段创造财富的同时，也处处产生和遗留了许多“潜在的副作用”，当这些副作用变得明显可见、无法逃避时，人类就进入了风险社会。也就是说，风险社会的出现是工业文明达到一定程度的结果，其所产生的危险超出了人们的预测和控制能力。

不同学者对风险社会有着不同的理解。贝克认为，风险社会是特定文化背景下规则、制度和对风险的认定与评估的体系。吉登斯把风险社会与制度性结构所支撑的社会体系相联系。沃特·阿赫特贝格、科恩和休伯等都将风险社会看成是一个未来社会可能的前景和发展模式。我国学者对风险社会的理解是：更为现代且被疑虑笼罩的工业主义的一个日益不可把握的阶段（刘小枫，1998）；反思性现代化和全球化可能给人类生存带来毁灭性损失的社会发展阶段（冯必扬，2008）。

"风险社会"对当代社会结构特征进行了很好刻画——"除了风险别无选择。"风险，我们生产生活的组成部分，无处无时不在（杨雪冬等，2006）。它不仅来自我们生活于其中的自然环境和制度环境，也来自我们作为集体或个人做出的每个决定、选择和行动。人类所面临的社会风险与传统的自然风险明显不同。第一，社会风险具有内生性。伴随人类的决策和行动，风险是各种社会制度正常运行的结果。第二，社会风险具有时空性。风险和危害是跨越时空、跨越国界乃至遍布全球，而且风险也不仅限于现在，尚未出生的人或未来数代都可能受到当前事件的危害。第三，社会风险具有难以感知性，风险的严重程度超出了预警检测和事后处理的能力（谢建社，2009）。

当风险成为全球社会的普遍现象，并带来极大不确定性的时候，社会就成了全球风险社会。风险的类型、成因、频率及后果比传统社会中的风险要复杂和严重得多，风险生存成为人们生活的主要逻辑。作为全球社会一般范畴的风险社会，具有六个方面的典型特征，即多元化风险、不可控及毁灭性风险、人为制造的"人化风险"、高度复合的系统性风险、没有人可以置身事外的平等性风险和制度系统在结构、执行等方面的不合理不科学而形成的制度化风险（范如国，2017）。在当代中国，随着"熟人社会"向现代化转变，出现了大量"心理不适"，焦虑、缺乏安全感。出现了由于政治信任消解、执政不公、文化价值取向弱化而不断产生和积聚的社会风险。同时，经济与社会发展中的不协调、不可持续问题严重，城乡差异、区域差异、贫富差异显著、传统发展方式失灵、服务型政府不到位和政府社会控制能力下降，社会系统转型与快速发展不断催生出风险社会的中国形态。习近平总书记告诫全党，今后5年，可能是我国发展面临的各方面风险不断积累甚至集中显露的时期（习近平，2016）。

第二节　马克思和恩格斯对城市社会及其风险的分析

对于城市发展、城市化和城市社会，马克思早有关注。关于城市发展和城市化的动力、逻辑机制以及城市社会的深层矛盾，马克思和恩格斯的分析对我们深刻认识城市社会可能的风险具有时代价值。他们对城市社会风险的分析蕴含于资本主义必然灭亡的论断之中。1851年，英国城镇人口首次超过农村，成为人类历史上第一个进入城市社会的国家，这无疑是重大历史事件。对农民的剥夺是推动资本家阶级形成的一切变革过程的基础，并且英国彻底完成了这种剥夺。因此，马克思和恩格斯在分析资本主义生产方式产生和发展的过程中，以英国为案例，深刻剖析了城市社会〔《资本论（法文版）》第1卷，1983〕。在对劳动力商品、相对过剩人口、无产阶级贫困化和资本积累历史趋势分析的逻辑链条中，从城市和城市化的历史进步性出发，对资本主义城市社会隐含的风险危机进行了入木三分的揭露。

一、城市化是自然历史过程，创造了前所未有的生产力

马克思说，“社会经济形态的发展是一种自然历史过程”（《马克思恩格斯选集》第2卷，1972）。城市化使得“城市人口比农村人口大大增加起来，因而使一大部分居民脱离了乡村生活的愚昧状态”（《马克思恩格斯选集》第1卷，1972）。城市和城市化

“所创造的生产力，比过去一切世代创造的全部生产力还要多，还要大。自然力的征服，机器的采用，化学在工业和农业中的应用，轮船的行驶，铁路的通行，电报的使用，整个大陆的开垦，河川的通航，仿佛用法术从地下呼唤出来的大量人口，——过去哪一个世纪能够料想到有这样的生产力潜伏在社会劳动里呢”（《马克思恩格斯选集》第1卷，1972）。在伦敦的世界博览会上，英国首屈一指的展品令恩格斯非常兴奋。像伦敦这样的城市，就是逛几个钟头也看不到它的尽头……它真是“一个非常特别的东西。这种大规模的集中，250万人这样聚集在一个地方，使这250万人的力量增加了100倍；他们把伦敦变成了全世界的商业首都……这一切是这样雄伟，这样壮丽，简直令人陶醉，使人还在踏上英国的土地以前就不能不对英国的伟大感到惊奇”（《马克思恩格斯全集》第2卷，1957）。

城市化本质上也是一种社会经济形态的发展，它是社会经济发展到一定历史阶段而自然形成的一种模式。马克思认为，与古典古代、亚细亚和中世纪的历史不同，“现代的历史是乡村城市化”〔《马克思恩格斯全集》第46卷（上），1979〕。也就是说，乡村城市化是现代历史的特征，是历史发展到一定阶段产生的。如何对待这种自然历史现象，马克思进一步指出，“一个国家应该而且可以向其他国家学习。一个社会即使探索到了本身运动的自然规律，……它还是既不能跳过也不能用法令取消自然的发展阶段。但是它能缩短和减轻分娩的痛苦”（《马克思恩格斯选集》第2卷，1972）。这种把城市化看成是自然历史过程的观点，对把握城市化规律、认识城市社会非常重要，对我们制定城市和城市化发展规划，少走弯路、少犯错误、防范风险非常关键。这是对待城市化的正确态度，只有这样才能趋利避害，避免受到“自然历史过程”的惩罚。其政策含义就是必须从我国社会主义初级阶段的实际出发，遵循规律，推进城市化顺势而为、水到渠成[①]。

二、城市是人口、供给要素和需求要素的集中地

少数人掌握财产，工人既无生产资料也无消费资料，因而变成了赤贫者，贫困比人口和财富增加得还要快，由此导致统治的不可持续。城市虽然表明了“人口、生产工具、资本、享乐和需求的集中；而在乡村里所看到的却是完全相反的情况：孤立和分散”(《马克思恩格斯全集》第3卷，1960)。这种只有在私有制范围内才能存在的城乡对立反映出个人对于分工的屈从、对于他被迫从事的某种活动的屈从，因此一部分人变为受局限的城市动物——城里人，另一部分人变为受局限的乡村动物——农村人，这种城乡对立关系每天都被不断地生产出来。不仅如此，农村屈服于城市、从属于城市，未开化和半开化的国家从属于文明的国家，农民的民族从属于资产阶级的民族。马克思在这里实际上回答了什么是城市？城市和乡村有何不同？私有制下城乡关系为什么对立？这种对立发展的历史趋势是什么？集中不仅有助于形成集聚效益——机器推广，还会产生政治后果——政治集中。马克思指出，统治者和统治阶级（资产阶级）日甚一日地消灭生产资料、财产和人口的分散状态。它使人口、生产资料集中起来，使

---

① 2013年中央城镇化工作会议指出：“城镇化是一个自然历史过程，是我国发展必然要遇到的经济社会发展过程。”参见“中央城镇化工作会议公报”，中华人民共和国财政部官网，http://zgb.mof.gov.cn/zhuantilanmu/xcjssd/bf/201401/t20140121_1037854.html。

财产聚集在少数人的手里。由此必然产生的结果是：政治集中和机器推广→工人变成机器的单纯附属品→工资低且不稳定→整个生活缺乏保障。再进一步的发展是"工人变成赤贫者，贫困比人口和财富增长得还要快。……资产阶级不能统治下去了……社会再不能在它统治下生活下去了"(《马克思恩格斯选集》第1卷，1972)。

三、资本主义城市社会蕴含着巨大风险

资本主义城市社会的成就虽然使马克思和恩格斯感到"令人陶醉"和"令人惊奇的伟大"，但他们同样也洞察到资本主义城市社会的风险隐患和巨大危机。其逻辑机制如图6-1所示：

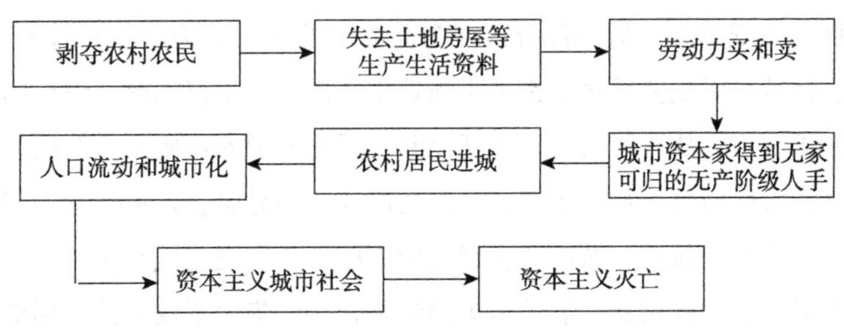

图6-1　城市化和资本主义城市社会的风险和危机

图6-1回答了资本主义城市社会为什么存在巨大风险隐患。

第一，通过暴力手段迫使生产者和生产资料相分离是资本主义生产方式形成的基础。通过暴力手段，社会财富迅速集中在少数人手中并转化为资本，另一方面使大批的直接生产者被剥夺了生产资料而变成一无所有的自由劳动者。在英国，地理大发现

后欧洲市场对羊毛的需求急剧扩大，这催生了一场延续300年的圈地运动，形成资本的前史。不难看出，这种生产方式是以土地及其他生产资料的分散为前提的。它既排斥生产资料的积聚，也排斥协作，排斥同一生产过程内部的分工，排斥社会对自然的统治和支配，排斥社会生产力的自由发展。……个人的分散的生产资料转化为社会的积聚的生产资料，从而多数人的小财产转化为少数人的大财产，广大人民群众被剥夺土地、生活资料、劳动工具……这种剥夺包含一系列的暴力方法……对直接生产者的剥夺，是用最残酷无情的野蛮手段，在最下流、最龌龊、最卑鄙和最可恶的贪欲的驱使下完成的（《马克思恩格斯全集》第23卷，1972）。

第二，断后路、拆小屋、彻底消除小农户。15世纪最后30多年到18世纪末，是人民被暴力剥夺的一连串的苦难史。马克思利用哈里逊《英国概述》、托马斯·摩尔的《乌托邦》等书和汉特医生《公共卫生报告》的相关资料，描述了对农村居民剥夺的情况：

"'我们的大掠夺者什么也不在乎！'农民的住房和工人的小屋被强行拆除，或者任其损坏……无数的房屋和小农户消失了……一些新的城市繁荣起来，但是很多城市衰落了……城市和乡村为了作牧羊场而被毁坏，只有领主的城堡保留下来……"〔《资本论（法文版）》第1卷，1983〕亨利七世以来的150年尽管颁布了禁止剥夺农民和小租地农民的法律，但毫无效果。如1801—1831年农场居民被夺取3 511 770英亩公有地。对农民土地的最后一次大规模剥夺是所谓"清除茅屋"的战斗（清扫领地，实际上是把人从领地上清扫出去），这是把农民以及要转为大农场耕作和牧场的地产上的农民房屋清除掉的全部暴力行为。这是……一切剥夺方法的顶点……人们正在清除农业工人的小屋，因为这些小屋的存在有损他们耕种的土地的美观〔《资本论（法文版）》第1卷，1983〕。

苏格兰高地是“清扫”小屋、“清扫领地”的典型和急先锋，被清扫的土地面积相当于德意志几个公国〔《资本论（法文版）》第1卷，1983〕。马克思《资本论》第一卷对盖尔人被驱逐有过这样的描述：1814—1820年，仅萨特伦德公爵夫人的“清扫”就使得“这15 000个居民，大约3 000户，有步骤地被驱逐了。他们的村庄全都被破坏和烧毁，他们的田地全都变成了牧场。不列颠的士兵奉命协助，同当地居民发生了冲突。一个老太婆因拒绝离开小屋而被烧死在里面。这位贵夫人用这种方法把自古以来就属于克兰的794 000英亩土地据为己有了。到1825年，15 000个放逐者已经被131 000只羊所代替。被赶到海边的那部分土著居民企图靠捕鱼为生。他们成了真正的两栖动物，一半生活在陆上，一半生活在水上，但是二者合在一起也只能使他们过半饱的生活……鱼的气味传到这些大人的鼻子里去了。他们嗅到其中有某种有利可图的东西，于是把沿海地区租给伦敦的大鱼商。盖尔人又一次被驱逐了”〔《资本论（法文版）》第1卷，1983〕。

第三，对农村居民的暴力剥夺和驱逐客观上加速了城市化进程，人为造成了社会不稳定。掠夺教会地产，欺骗性地出让国有土地，盗窃公有地，用剥夺方法、恐怖手段把封建财产和宗法制财产变为现代私有财产，清除茅屋之战，……为资本主义农业夺得了地盘，使土地与资本合并，为城市工业提供了无家可归的、顺从的无产阶级人手〔《资本论（法文版）》第1卷，1983〕。

由于封建家臣的解散和土地断断续续遭到暴力剥夺而被驱逐的人，这个不受法律保护的无产阶级，不可能象它诞生那样快地被新兴的工场手工业所吸收。由于环境所迫他们成为产业后备军或者大批地变成了乞丐、盗贼、流浪者（《马克思恩格斯全集》第23卷，1972）。被暴力剥夺了土地而变成了流浪者的农村居民，由于这些古怪的恐怖的法律，通过鞭打、烙印、酷刑、奴役，被迫习惯于雇佣劳动制度所必需的纪律〔《资本论（法文版）》第1卷，1983〕。对农民断断续续的、一再重复的剥夺和驱逐，不断地为城市工业提供大批完全处于行会关系之外的无产者……被驱逐出来的农民今后必须从自己的新主人工业资本家那里，以工资的形式挣得这些生活资料的价值〔《资本论（法文版）》第1卷，1983〕。从英国的历史可以发现，从十五世纪最后三十多年起怨声不断（只是有短暂的中止），抱怨资本主义农业日益发展，独立农民日益被消灭……这些农民又不断重新出现，虽然他们人数在减少，处境日益恶化〔《资本论（法文版）》第1卷，1983〕。

从马克思对英国的分析中不难发现，资本的原始积累不仅是英国资本主义生产方式的基础，也催生了第一个城市社会，城市社会的风险和危机由此而生。

第三节　城市化与社会风险

城市化快速发展特别是城市群的形成，对推动我国经济社会发展和增强国际竞争力发挥了重要作用。与此同时，城市化也带来了城市人口密度高、各类群体高度聚集、社会互动频繁等产生的风险与挑战，如生产生活压力大、节奏快，对时间、空间和各种生产生活资源占有的激烈竞争，城乡之间的不平等不公平及农民工的相对剥夺感引发社会动荡、政策和制度变迁、社会风尚变化以及各种可预见不可预见的风险因素明显增多。城市化在推动社会发展进步的同时，可能带来社会系统脆弱性增加、社会结构平衡破坏、社会问题和矛盾冲突增多，各类致灾因子和风险因素明显增多，从而影响城市乃至国家的和谐稳定。按照诺瑟姆曲线，城市化水平从30%—70%是中期加速阶段，而这个阶段也是诸多社会问题、社会矛盾爆发比较集中的时期。

一、城市化诱发社会风险的机制

牛文元（2001）把社会的失稳和动荡类比为物理燃烧。物理燃烧的发生需具备三个基本条件：可燃物、助燃剂和点火温度。在社会燃烧理论中，人与自然、人与人之间的不和谐可视为导致社会动乱的“可燃物”；媒体的挑动、网络的传播、群体心理的放大等则相当于“助燃剂”；具有一定规模的社会事件可以看作导火索或者“点火温度”。

刘子操（2006）认为，子女教育上的福利差距、住宅福利、户籍制度和就业制度的歧视，导致农民工成为实际上的城乡“边缘人”，如果社会保障制度不能及时嵌入，这必然延长他们市民化的时间，降低他们市民化的意愿，甚至使得他们放弃进入城市的努力。洪大用、张斐男（2013）认为，城市化进程可能引发基础设施风险、人口结构风险、公共卫生风险、利益冲突风险、能源资源风险、环境污染风险、价值观冲突风险和城乡分化等八类社会风险。金太军、张振波（2014）认为，基于中国现代化进程、资源要素空间配置、跨越式增长、城市规模扩张与文化失范、价值冲突、贫困、阶层分化固化和管理失序与社会风险的关系，中国可能长期呈现“风险社会”状态。向春玲等（2014）认为，我国城市化面临着质量不高、农业转移人口市民化任务艰巨、资源约束和制度约束、不符合实际的“大跃进”和“贪大求洋”以及城市人口增多对公共服务和社会管理的严峻压力等五大挑战。冯丹认为，城市化进程裹挟着影响政治稳定的社会风险，并可能由贫富、身份差距导致心理失衡、社会失序，而且人口的快速城市化会激发阶层矛盾，土地城市化也会积累社会不稳定因子。龚维斌、曲天词（2017）将城市社会风险分为生存性风险、发展性风险、价值性风险和秩序性风险四种类型。

综上所述，我们可以把快速城市化风险分为经济风险、社会风险、生态风险和人口风险四大类。经济风险主要是指快速城市化导致经济发展比例关系不合理、结构劣化和过快去工业化、房地产化以及由此形成的土地财政依赖和金融风险等；社会风险包括城乡协调发展、社会公共服务水平及社会公共安全等方面的状况日益恶化或令人不满意、不幸福等；生态风险包括资源消耗和环境污染两个方面；人口风险主要包括人口结构和就业结构两个方面。根据本章第一节对社会风险的分析，上述不同类型的风险在一定条件下都可以叠加为广义社会风险。结合牛文元提出的“社会燃烧理论”（牛文元，2001），分别从城市化经济风险、社会和人口风险①、生态风险三个方面归纳的广义社会风险传导过程

① 方便起见，这里将人口风险和社会风险合二为一。

如图6-2所示。

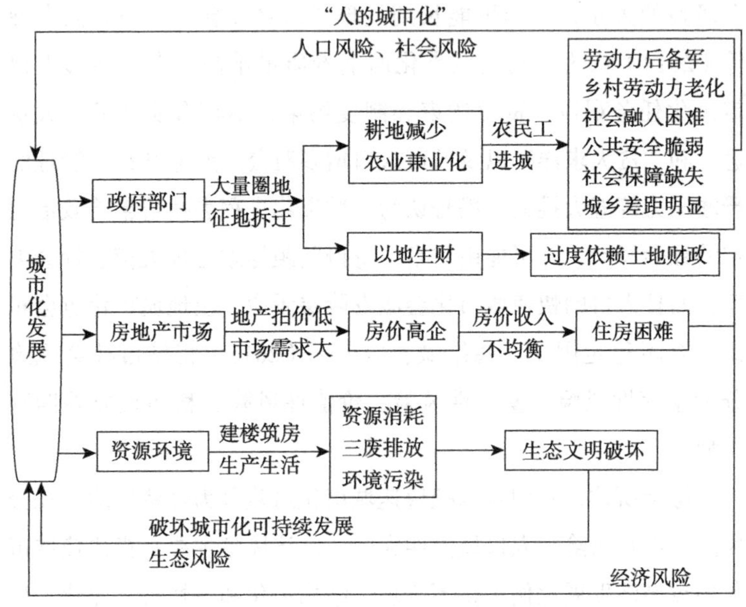

图6-2 城市化－社会风险传导机制

首先，为城市化而城市化，违背以人为本思想。这种"被城市化"现象，一方面使一部分农民丧失土地而被迫成为面临巨大生存风险的无地、无业和无生活来源的"三无"人员，另一方面，建设过程中的强拆强建也会带来一系列治安风险和群体性事件。

其次，"招拍挂"给地方政府带来巨大财政收入，地方政府有足够的动力进行圈地运动，从而对土地财政产生过度依赖。城市化的快速发展也给房产开发商提供了机会，以低价拍下政府出让的土地，开发楼盘并高价卖出。由于人口大规模流入城市，造成住房需求大幅增加和房价大幅上涨。此外，高昂房价和与之不匹配的收入水平限制了居民的购房能力，农民和农民工在城里安家的难度进一步加大，由此阻碍房地产市场稳定和城市化有序进行，从而酿成经济风险。

再次，城市建设要消耗大量能源资源，造成生活垃圾堆积和“三废”排放增加，导致资源退化和环境严重污染，从而带来生态风险。

二、城市化的递增风险效应

我们可以把快速城市化比作一种递增风险。递增风险最著名的解释来自罗斯柴尔德和斯蒂格利茨（Rothschild and Stiglitz，1970、1971）、戴蒙德和斯蒂格利茨（Diamond and Stiglitz，1974）以及马琴那（Machina，1987）等人。递增风险的核心要点是：风险是风险厌恶者所憎恨的东西；对随机变量增加一个噪声将使其风险变大；从风险的定义看，所有风险规避者都因为风险的增加而可能变得更糟。快速城市化和慢速城市化都可能导致递增的风险，因为它们都可以理解为在常速的基础上增加了一个噪声，因而造成风险的强化和递增。改革开放以来中国的城市化显然是快速城市化。从全球格局看，40年来，中国城市化已经实现了四次超越（李通屏，2018）。1994年之前，中国城市化水平在30%以下，属于低速发展的第一阶段。1995年开始进入加速推进的第二阶段，中国城市化水平2011年超过50%，用了16年时间，而世界用了55年（1952—2007年），欠发达地区用了35年（1982—2017年），中高收入国家用了37年（1963—2000年），中等收入国家用了37年（1977—2014年），中低收入国家的城市化水平在2013年首次超过30%，联合国预计2050年可能达到50%，也需要37年。当然，快速城市化，对迅速减少农村人口、农业人口和农村从业人员的数量，大规模降低绝对贫困、迅速提高农村、农业的比较劳动力生产率贡献巨大。但由此而来的问题和风险很难预估，就像行进中的汽车，超速与正常行驶相比，风险自然要大。在快速城市化过程中以下风险可能被强化。

（一）被城市化风险

被城市化风险源于政府主导的自上而下和很多人为设计。章光日、顾朝林（2006）估算，仅因建设占用耕地一项就可能使10%左右的农民被城市化。城市周边乡村地区完全被建设成为城市区域后，这部分乡村人口也将被转为城市人口，其比例在5%—10%。这种被城市化在历史上虽然不可避免，但它对城市社会结构的形成、城市空间景观的塑造等可能有持久、难以回避的影响。有的地区出于取得农民土地、开发房地产、实现农业规模经营等需要，采用行政手段，“拆村并户”，许诺给农民城镇户口、廉价住房和一定的经济补偿，使农民“被上楼”、被动地实现城市化。这种城市化，由于不是工业化和经济发展的结果，容易产生“城市病”，导致“过度城市化”，由此酿成严重社会稳定问题（李通屏，2015）。李实（2016）指出我国城镇存在六个“滞后”，即城市化滞后于工业化、人口城市化滞后于土地城市化、城市建设滞后于城市化速度、身份转变滞后于职业转变、文化建设和生态建设滞后于实体建设和城市管理滞后于城市发展。这一系列的发展不平衡导致的最直接的后果是城市化进程中的各种潜在问题和风险，使城市化在风险中“带病前进”。

（二）农地非农化和农民市民化的矛盾和风险

失地农民是快速城市化过程中的特殊群体和城市中心的弱势群体，可能引发一系列社会风险和社会稳定问题。具体表现在失地农民的生存风险、身份转换挑战和心理压力等。失地农民获得市民身份后，依然过着后农村生活。在就业岗位、子女入学、社会保障和日常生活和社会交往等方面常常遭到歧视性待遇。尽管近年来各级政府做出了很多努力，情况在向好发展。然而，真正融入城市社会，要实现生活习惯、传统观念、传统社会交往网络的根本性转变却不是轻而易举的。

首先是农民真的愿意到城市落户吗？未必。上一章我们已经介绍了相关研究成果，也展示了课题组实地调查的结果，无论是大城市还是中等城市，有强烈意愿的不是很多。如果落了户，是否意味着和农村隔断一切联系，或者大大增加割断的可能性？与不落户的农村居民相比，落户的农民更有可能失去农村承包地和宅基地。尽管中央三令五申，不以退出承包地和宅基地为条件。但一旦落户，怎能保证不退承包地和宅基地。所以，到城市做活可以，要落户，可真得掂量掂量。

其次是心理适应问题。即使愿意落户同时又毫无障碍，但由于身份转换的滞后，从熟人社会向陌生人社会转变极可能导致心理不适。“无土地、无岗位、无保障”，失地导致经济来源的失去，随之产生严重的剥夺感，进一步引发仇富心理；政治上缺乏权利保障，利益表达受阻，失去熟悉环境中的话语权而深感无助。因为受制于个人资本和社会资本，失地农民在受到权利侵犯后，找不到表达利益诉求的渠道，往往引发绝望情绪和极端行为；在社会层面，因从事最累、最脏、最危险的工作而受社会歧视，产生自卑与压抑……造成抑郁、焦虑等不良情绪。这些长期存在的心理问题如果不能及时舒缓，极易形成暴戾、多疑的性格，很可能“一冲动酿大祸”（李强等，2009）。

最后是就业与社会保障问题。农民就业是中国就业战略中的重要组成部分，事关全面建成小康社会和乡村振兴。由于面临严重产能过剩，传统制造业面临着全球性不景气，农民、农民工和新市民的传统就业空间被大大压缩。即使他们中的一部分在城市找到了工作，但由于自身条件限制，大多从事条件艰苦、收入水平低、风险性大的工作，如保洁、运输、建筑、矿工或安保等，且同样面临着生存风险，同样要承担企业经营失败的后果。与此同时，失地农民被安置的情况也不乐观，安置比较好的不超过50%，低的10%不到（李小云等，2004）。同时，由于资金约束和建设需要，疏于补偿、安置的情况比较普遍，原来的承诺很难兑现。

（三）不同群体的利益结构失衡可能诱发社会风险

城市市民、城市化进程中的失地农民、农民工以及短期和较长期的流动人口都集中在城市，这是城市的活力所在。但多元化的人口构成必然引起利益关系复杂化，如不能合理调适整合，利益结构可能失衡加剧，引起利益冲突。

快速城市化给我国现代化带来发展机遇的同时，也带来了诸多问题和风险。如有的省份提出，城市化率2011—2015年要从45%提高到54%，到2020年达到64%，要求每年提高2个百分点，远远高于国家“十二五”期间的规划目标（汝信、付崇兰，2011）。其后果必将是“过度城市化”，忽视产业发展，出现城市发展中的产业“空心化”，人口大量进城，而创造的就业机会不足；基础设施建设滞后，交通拥堵，环境污染；更令人担心的是在快速城市化的引导下，出现了因强迫农民上楼、强制拆迁而引发群体性事件和被拆迁群众过激行为事件。

（四）巨大的流动人口规模加剧社会管理风险

2010年第六次全国人口普查数据显示，我国流动人口总量已达2.21亿，其中87.1%的人为农业人口，也就是说农业流动人口已达1.91亿。近年来，流动人口增速尽管有所减缓，但仍高达2.5亿（见图6-3）。由于土地改革、城乡收入差距、社会保障制度、子女教育等一系列原因，大批农村劳动力脱离土地，进城务工，形成了波澜壮阔的世纪大迁徙。

流动人口增加最直接的结果是城市人口膨胀。在城市化进程中，农村人口不断向城市转移，一些大城市人口数量剧增，造成城市人口数量庞大、密度过高等问题。在城市有限的承载力上，源源不断的人口增加和规模庞大的人口流动让大城市出现一系列问题。《中国统计年鉴（2017）》的数据显示，按照户籍人口来算，2016年年末超过1 000万人口的超大城市有6个（北京1 363万人；天津1 044万人；石家庄1 038万人；上海1 450万人；重庆3 392万人；成都1 399万人），若按常住人口计算，则有10余个之多。城市增加了大量的外来流动人口，对水电、公共交通等公共物品的需求也大大增加，从而导致公共物品总量短缺的情况时有发生。超负荷的人口压力对城市正常运转产生负面影响。能源资源的大量消耗、水资源的浪费污染、垃圾围城、废弃物堆积等环境问题也日渐严峻。数量庞大且仍在增长的人口与数量有限并不断消耗的自然资源之间的矛盾正考验着人类社会，就业困难、住房困难、交通拥堵、教育医疗困难等都是人口高位运行给现代社会带来的最直接的问题。

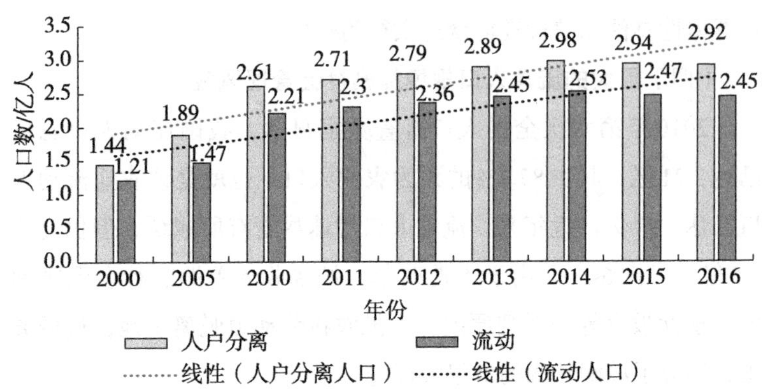

图6-3　2000—2016年中国流动人口及其规模变化

数据来源：国家统计局（2017）；国家统计局网站。

三、警惕城市社会风险

国内外城市社会发展的历史经验表明，先期进入城市社会的国家和地区出现过以下风险。

（一）拉美陷阱

拉美是世界上城市化水平最高的地区之一，1961年起，超过半数的人在城镇居住，达到初步城市社会的标准。1974年城市化率超过60%，1989年超过70%，2016年首次突破80%。其中巴西1964年超过50%，1975年超过60%，1986年超过70%，1999年超过80%，目前与京津沪三大直辖市非常接近（见表6-1）。大都市区人口之多，多年居世界前列，如墨西哥城、圣保罗、里约热内卢和布宜诺斯艾利斯。拉美的城市化水平虽然与北美不相上下，但许多大城市和大都市区往往声名狼藉，成了肮脏、贫穷、疾病、犯罪、高价、混乱的代名词，人均收入并没有随城市化水平的提高显著上升，而是陷入停滞甚至倒退，贫民区的居民甚至占城市人口总数的一半以上。这种过度城市化现象被称为“拉美陷阱”（田雪原，2006）。

表6-1　拉丁美洲主要国家和地区的城市化水平变化的关键节点及其比较

城市化水平	50%	60%	70%	80%
世界	2007年	—	—	—
拉丁美洲及加勒比	1961年	1974年	1989年	2016年
加勒比	1975年	1991年	2015年	—
墨西哥	1960年	1972年	1987年	2018年
阿根廷	—	—	1956年	1973年
巴西	1964年	1975年	1986年	1999年
智利	—	1952年	1963年	1978年
秘鲁	1964年	1973年	1993年	—
委内瑞拉	1952年	1959年	1968年	1982年

资料来源：联合国（United Nations, 2018）。

与“拉美陷阱”比较相近的说法还有“拉美化”“拉美现象”或“掉队的拉美”（塞巴斯蒂安·爱德华兹，2019），但没有一致公认的界定（孙洪波，2005）。马凯（2004）的解释是，在人均国内生产总值达到1 000美元之后，如果政府面对各种矛盾处理不当，就会走向贫富悬殊、失业激增、社会矛盾激化，最终导致经济发展徘徊不前，甚至引发社会动荡和倒退。程凯（2004）认为，拉美现象就是一些拉美国家在经济发展到一定阶段后出现了经济停滞甚至后退的现象，而这个阶段大致在一些国家的人均GDP达到1 000 美元的时候。田雪原等（2013）认为，“拉美陷阱”的主要表现是收入分配不公，贫富分化严重，从而引发各种社会矛盾的激化，特别是在城市内部，由于人口密集，更容易引发事端。陈湘源（2011）对拉美陷阱做了四点概括：经济长期低迷、社会分化日趋严重、发展能力不断下降和政治社会动荡不安。拉美的情况为中国城市社会提供了一种警示，城市社会的城市化不能像拉美那样。

（二）东北现象

东北是我国除京津沪外，最早进入城市社会的地区。1990年，辽宁省城镇人口比例超过50%，2000年和2001年吉林和黑龙江也相继超过了50%，也就是说，东北地区比全国提前10年进入城市社会。但此后，城市化水平增长缓慢，人口增长放缓甚至停滞，人口老龄化严重，经济增长速度在21世纪前10年显著高于全国平均水平，而后来持续下滑，甚至出现几年来的负增长（见表6-2、表6-3和表6-4）。

表6-2 东北人口变化（以全国人口为100）

年份	全国人口/万人	辽宁/万人	吉林/万人	黑龙江/万人	东北三省	
					总人口/万人	占全国人口比重/%
1953	60 194	1 855	1 129	1 190	4 174	6.9
1964	72 307	2 695	1 567	2 012	6 274	8.7
1982	100 818	3 572	2 256	3 267	9 095	9.1
1990	113 371	3 946	2 466	3 521	9 933	8.8
2000	129 533	4 238	2 728	3 689	10 655	8.2

（续表）

年份	全国人口 / 万人	辽宁 / 万人	吉林 / 万人	黑龙江 / 万人	东北三省	
					总人口 / 万人	占全国人口比重 /%
2010	133 970	4 374	2 746	3 831	10 951	8.1
2013	136 072	4 390	2 751	3 835	10 976	8.1
2014	136 782	4 391	2 752	3 833	10 976	8.1
2015	137 462	4 382	2 753	3 812	10 947	8.0
2016	138 271	4 378	2 733	3 799	10 910	7.9

数据来源：国家统计局（2014、2015、2016、2017）；1953、1964、1982、1990、2000、2010 年来自历次全国人口普查。

表 6-3　全国和东北地区的财政收入与财政支出

单位：亿元

年份	全国		辽宁		吉林		黑龙江	
	收入	支出	收入	支出	收入	支出	收入	支出
2006	38 760.2	40 422.7	817.7	1 422.7	245.2	718.4	386.8	968.5
2011	103 874.4	109 247.8	2 643.2	3 905.9	850.1	2 201.7	997.6	2 794.1
2012	117 253.5	125 953.0	3 105.4	4 558.6	1 041.3	2 471.2	1 163.2	3 171.5
2013	129 209.6	140 212.0	3 343.8	5 197.4	1 157.0	2 744.8	1 277.4	3 369.2
2014	140 370.0	151 785.6	3 192.8	5 080.5	1 203.4	2 913.3	1 301.3	3 434.2
2015	152 269.2	175 877.8	2 127.4	4 481.6	1 229.4	3 217.1	1 165.9	4 020.7
2016	159 605.0	187 755.2	2 200.5	4 577.5	1 263.8	3 586.1	1 148.4	4 227.3

数据来源：辽宁、吉林和黑龙江三省相关年份的统计年鉴。

表6-4 2011—2017年全国和东北地区的经济增长速度变化

单位：%

	2011年	2012年	2013年	2014年	2015年	2016年	2017年	降幅
全国	9.5	7.9	7.8	7.3	6.9	6.7	6.9	27.4
辽宁	12.2	9.5	8.7	5.8	3.0	−2.5	4.2	65.6
吉林	13.8	12.0	8.3	6.5	6.5	6.9	5.3	61.6
黑龙江	12.7	12.3	10.0	5.6	5.1	6.1	6.4	49.6

数据来源：相关年份的国民经济和社会发展统计公报。

东北人口占全国的比重由最高时的9.06%下降到8%以下，2016年与2010年相比，全国增加4 300万人，东北则减少41万人，辽宁虽然增加了4万人，但比高峰的2014年减少了13万人，吉林比2010年减少13万人，但比上年减少20万人，黑龙江比2010年减少32万人，比最高峰时减少36万人。从财政状况看，辽宁省2014年的地方财政收入比上年减少151亿元，2015年继续减少1 065亿元，2016年仍比最高时的2013年减少1 143亿元。吉林的地方财政收入情况相对较好，年均增长2%—3%；黑龙江也是明显的下滑趋势，3年来地方财政收入逐年减少，财政收支缺口很大。如辽宁2015年和2016年2年的财政收入抵不住其中任何一年的支出，吉林2016年的财政支出相当于近3年的财政收入，黑龙江省近3年的财政收入还抵不住2016年一年的财政支出。从经济增长速度看，2017年东北三省走出了低谷，虽然走出了最困难的时期，但与2011年相比，辽宁降幅65.6%、吉林下降61.6%、黑龙江下降近50%，远远超过全国的下降幅度。而它们在20世纪90年代之前，曾经是何等的耀眼和辉煌！

（三）城市收缩

这是进入城市社会以后与东北现象相近的一种风险或可能性。在城市化过程中，人们对城市的胜利和乡村的衰败往往见怪不怪。而对城市衰落则鲜有研究，直到20世纪90年代，城市收缩一词引起了德国政府和城市规划部门的重视（徐博、庞德良，2014）。进入21世纪以后，相关研究逐渐增多。勒施（Lötscher，2005）认为，城市收缩仅仅是人口下降和由此导致的平均人口密度的下降，而不是城市版图法律意义上的减少，也不是城市空间物理扩张的缩小。城市收缩国际研究网对城市收缩限定了最低人口条件和时间限制，即人口数量至少为1万居民的人口密集地区人口持续流失且超过2年，而城市收缩的原因在于经历了以某种结构性危机为特征的经济转型。奥斯沃特和瑞恩尼茨（Oswalt and Rieniets，2006）认为，城市收缩是城市已经暂时或永久失去了大量居民，人口流失数量占总人口10%以上或年均人口流失率大于1%。霍兰德和普拉噶斯特（Hollander and Pallagst，2009）强调，城市收缩无法避免，它是一种规划属性，涉及城市密度、合适的基础设施规模和服务、社会公平、环境改善、生态修复以及土地使用等一系列问题。

底特律曾经是美国的第四大城市，但1950—2008年，人口下降了100多万人，占人口总量的58%，1/3的市民处于贫困状态，中等家庭的年收入大约相当于美国平均水平的一半，失业率、自杀率美国最高，衰落十分严重。但是这并非个案。1950年美国10大城市中，有8座城市的人口此后至少下降了1/6。1950年美国最大的16座城市中，布法罗、克利夫兰、底特律、新奥尔良、匹兹堡和圣路易斯6座城市的人口下降了一半以上。在欧洲，利物浦、格拉斯哥、鹿特丹、不来梅和维尔纽斯等城市的规模也远不如前。城市为什么会衰落？铁锈地带如何崛起？贫民窟有何好处？城市如何取得成功？格莱泽（2012）在《城市的胜利》(*Triumph of the City*)一书对此进行了深入分析。他特别强调，城市是人类最伟大的发明，寄托着人们对美好生活的向往。人类共同所产生的力量是城市存在的主要理由。永远不要忘记，真正的城市是由居民而不是由混凝土组成的。

总的来说，城市收缩是一个新的研究领域，进一步的关注可参看我国学者徐博、杨东峰、杨振山、张学良等（2016)、赵家辉、张贝贝和何鹤鸣等（2018）新近的研究工作。

（四）就业风险

城市就业总量扩展不能满足就业需求，是我国城市化进程中的就业压力和就业风险的主要表现。图6-4反映了城镇的登记失业率和失业人数情况。

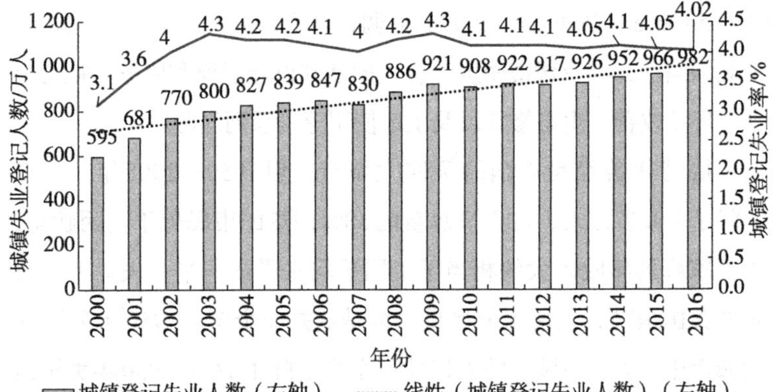

图6-4　2000—2016年中国城镇登记失业率及失业人数

数据来源：中国国家统计局，由EPS DATA整理而成。

从图6–4可以看出，2009年以来，城镇登记失业人数年均900余万。近几年城镇登记失业率有轻微下降，然而这些只是登记在册的失业人口，且登记的是非农业户口失业人员，还存在由于种种原因未进行登记的失业人口，以及大量进城务工的农业户口失业者（他们是城市化进程中的重点转化对象，也是最难以融入城市的一部分人）。而农民工则是城市中失业比率最高、失业频率最为频繁的群体（李强、唐壮，2002）。由于城乡劳动力市场分割，大量农民工只能在次级劳动力市场就业，工资很低且提高相对缓慢，就业环境难如人意。农民工的失业是当前城市化进程中亟须解决的问题，就业困难已成为阻碍人的城镇化的关键因素。

（五）城市居住问题

安居才能乐业，住房条件不仅会影响农村劳动力是否进入城市就业，也会影响他们对城镇就业地理位置的选择，还会影响他们的职业选择，从而进一步影响他们的城市化意愿及与城市生活的融合度。从新型城镇化的理念来看，市民化过程能否顺利进行，首要条件是如何解决他们的住房问题。从一些调查数据和研究结果看，近年来农民工的就业、收入、社会保障状况都有所改善，但是农民工住房状况的改善几乎没有进展（见表6-5）。

表6-5的数据显示，近1/3的外出农民工选择在单位宿舍居住，且比例有所上升。其次是独立租赁居住和与他人合租，2016年租房居住占比共达62.4%，是外出农民工最主要的一种居住方式，此外还有一部分农民工选择外乡从业回家居住。购买住房的农民工比例有所上升，但其中很少部分购买保障性住房，说明农

表 6-5　农民工居住情况

单位：%

<table>
<tr><td>年份</td><td>在单位宿舍居住</td><td>在工地工棚居住</td><td>在生产经营场所居住</td><td>与他人合租</td><td>独立租赁居住</td><td>外乡从业回家居住</td><td>在务工地自购住房</td><td>其他</td><td>合计</td></tr>
<tr><td>2014</td><td>28.3</td><td>11.7</td><td>5.5</td><td>18.4</td><td>18.5</td><td>13.3</td><td>1.0</td><td>3.3</td><td>100</td></tr>
<tr><td>2015</td><td>28.7</td><td>11.1</td><td>4.8</td><td>18.1</td><td>18.9</td><td>14</td><td>1.3</td><td>3.1</td><td>100</td></tr>
<tr><td>升降</td><td>↑</td><td>↓</td><td>↓</td><td>↓</td><td>↑</td><td>↑</td><td>↑</td><td>↓</td><td>—</td></tr>
<tr><td rowspan="2">年份</td><td colspan="3">租房居住</td><td colspan="3">自购住房</td><td rowspan="2">工作地提供住房</td><td rowspan="2">其他</td><td rowspan="2">合计</td></tr>
<tr><td>租赁私房</td><td colspan="2">租赁公租房</td><td>购买商品房</td><td colspan="2">购买保障性住房</td></tr>
<tr><td>2015</td><td>62.9</td><td colspan="2">1.9</td><td>15.7</td><td colspan="2">1.6</td><td>14.1</td><td>3.8</td><td>100</td></tr>
<tr><td>2016</td><td>61</td><td colspan="2">1.4</td><td>16.5</td><td colspan="2">1.3</td><td>13.4</td><td>6.4</td><td>100</td></tr>
<tr><td>升降</td><td>↓</td><td colspan="2">↓</td><td>↑</td><td colspan="2">↓</td><td>↓</td><td>↑</td><td>—</td></tr>
</table>

数据来源：《2015 年农民工监测调查报告》和《2016 年农民工监测调查报告》。

民工的住房保障还很欠缺，在务工地自购住房的仅占1%左右。得到雇主（或单位）提供免费宿舍或住房补贴的农民工减少。在单位住宿舍、在工地工棚居住、在生产经营场所居住和租赁公租房的农民工所占比重总体下降。

住房分化导致社会排斥，社会排斥加剧了住房分化。由于当代中国城乡之间的户籍制度造成二元分割，城市内部实施的各项房改政策都存在对流动人口的排斥，结果使得城市居民和流动人口在获取住房资源上存在明显差异。城市住房价值差异的拉大促使住房成为城市排斥外来者和扩大差距的一种有力工具，由此造成流动人口难以在空间上与市民融为一体。

（六）教育歧视

教育是增加人力资本，补充人力资源的有效途径。“民工荒”标志着我国劳动力市场已经由“无限供给”向“有限剩余”转变，劳动力结构性短缺会经常出现。农民工教育培训一方面可以缩小外来劳动力与城市劳动力之间人力资本水平的差距，另一方面有助于保持中国经济增长的潜力（蔡昉，2005）。此外，高等教育在农民工的就业和获取回报的过程中具有非常重要的作用。高等教育给劳动力带来的收益包括两个主要方面：一是技能水平直接带来的收益；二是由于法律和维权意识较高，可以充分地争取自己的权益，进而获得间接的额外收益（李实，2016）。然而我国农民工的整体文化程度却很低。

流动人口的子女教育近年来得到政府高度重视，政府出台了许多关爱流动人口子女和留守老人的政策，教育歧视问题有缓解，但这些问题很难通过政府发几个文件在短时期内得到根本解决（见图6-5）。目前的主要问题有四个方面：一是“留守儿童”

或“空巢儿童”，他们通常是迫于城市生活消费的高昂，被迫留在村庄，或由祖父母照料，或寄宿在其他亲戚家中；二是“流动儿童”，即让孩子跟在父母身边在城市里不停地辗转流动；三是“借读儿童”，即跟随父母进城，通过缴纳一定的借读费，进入公立或私立学校读书的儿童；四是事实上的“失学儿童”，既不在家乡读书，也不在城市读书的儿童（王开玉，2007）。

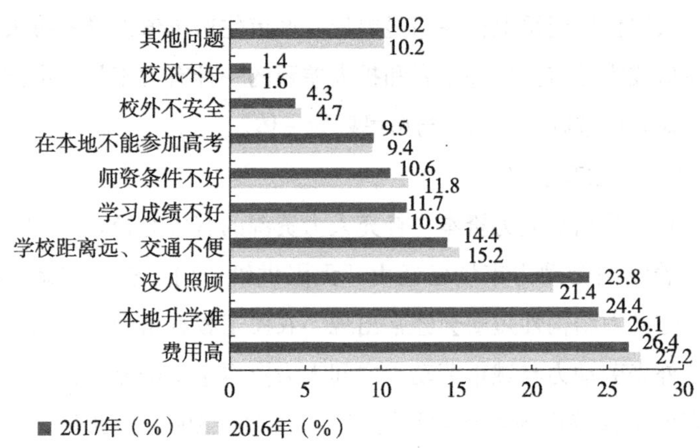

图6-5 义务教育阶段随迁儿童上学面临的主要问题

数据来源：《2017年农民工监测调查报告》。

（七）贫困和不平等

对贫困的理解，早期的研究仅限于经济收入和生活资料的拥有量上。奥本海默认为，“如果一个家庭的总收入不足以维持仅仅是物质生活所必需，那么，该家庭就处于贫困状态”（奥本海默、文新，1995）。随着社会经济的不断发展，人们逐渐认识到贫困不单纯是物质生活方面的问题，而且还包含文化生活乃至身心健康等。汤森将贫困者定义为："缺乏各种食物获得、社会活动参与机会和最起码生活、社交条件、资源的个人、家庭和群体。"（Townsend，1979；Toru，2019）也就是说，贫困已经不再局限于收入或满足基本生活需要的用品方面，而是扩展到对贫困者在社会关系中的作用和社会参与情况的认识。世界银行认为，贫困不仅意味着低收入、低消费，而且还意味着缺少受教育机会，营养不良，健康状况差和没有发言权等。

很长一段时间以来，贫困问题一直被看作是农村现象，人们关心的是农村贫困问题。但是，从20世纪80年代末期以来，城市贫困问题开始严重。与农村贫困不同，城市贫困不单单是经济问题，而且表现为社会问题和政治问题。农村贫困的主要原因是农村劳动生产率低下，经济不发达，工业建设落后；而城市贫困的原因相对复杂，在人口数量巨大，就业供求不平衡，家庭收支不平衡，政治因素、制度因素等共同作用下，城市贫困人口越来越多贫困问题越来越严重。城市贫困群体一般由收入较低或无收入来源者构成，主要包括六部分人：一是结构调整过程中出现的失业人员、下岗职工、离岗职工；二是较早退休的"体制内"人员；三是无生活来源、无劳动能力、无法定抚养人或法定抚养人无抚养能力，即传统意义上由政府予以救济的"三无"人员以及散居孤老残幼等；四是进城务工的贫困农民；五是因土地被征用，失去生活来源而陷入贫困的失地农民；六是由天灾造成的贫苦者，包括因不可抗的自然和社会灾难而失去劳动能力或收入来源的人。其中，失业人员、下岗职工、体弱多病或身有残疾者占据城市贫困人口的绝大部分。农村流动人口是更为脆弱的一组人群，其贫困发生率比城市居民高出2倍以上，更加容易陷入贫困状态。

根据联合国的标准，恩格尔系数在59%以上为贫困，1978年中国农村家庭的恩格尔系数为67%，城镇家庭59%，平均超过60%，属于典型的贫困国家。进入21世纪，温饱问题得到根本解决，恩格尔系数显著下降。2000年，中国城镇居民家庭恩格尔系数降到40%以下，农村居民家庭恩格尔系数降到50%以下，见图6-6。2017年，中国居民的恩格尔系数首次下降到30%以下，城镇居民28%，农村居民31%，表明全国居民的生活水平达到宽裕型。

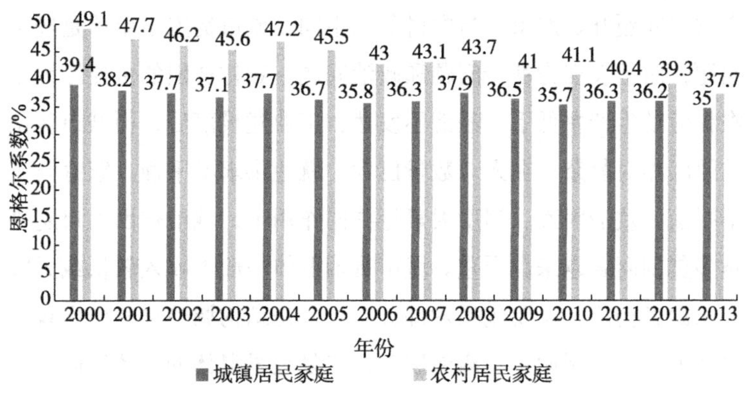

图6-6 2000—2013年中国居民家庭恩格尔系数

数据来源：中国财政部、中国国家税务总局，由EPS DATA整理而成。

与贫困相伴的还有不平等问题，从社会等级阶层的角度观察，贫困问题的本质就是一个不平等问题（Miller and Roby，1971）。当然，“贫困”与“不平等”有根本不同。例如，“收入普遍下降可能会使以某种标准衡量的不平等程度保持不变，但却会导致饥饿、营养不良以及人们贫困程度的急剧增加”（阿马蒂亚·森，2001）。

（八）城市化如何从根本上消除城乡差距

不平等、城乡差距是城市化的原因和基础。没有不平等和城乡差距，怎么会有城市化呢？城市寄托着人们对美好生活的向往，乡村为什么不是呢？把消除不平等和城乡差距的希望寄托在城市化的快速发展上存在“以子之矛攻子之盾”的逻辑悖论。1978年中国的基尼系数在0.3以内，属于收入最为平等的国家之一，但转变成收入差距最大的国家之一，仅用了20年的时间。当前中国的收入差距已经进入一个高位徘徊阶段。特别是21世纪以来，中国的基尼系数一直维持在0.46以上的高位，均值为0.48。这一水平是过去半个多世纪的历史高位（宋晓梧、王天夫等，2013）。如果按非官方机构的测算，中国的基尼系数已超过0.6（甘犁，2013）。

当前，中国无论是城乡内部还是城乡之间的收入差距，都上升至相对较高的水平。近年来，由于“三农”工作的进展和农村居民收入结构的多样性进一步增加，农村内部的收入差距略有上升，基尼系数维持在0.38左右；城市内部的收入差距却在不断扩大，修正后的基尼系数已经超过0.4。城乡之间的收入比多年来在3以上（个别年份除外）。2017年，中国城市化水平虽然比1978年提高了40多个百分点，但城乡收入之比为2.7，可支配收入中位数之比为2.8，高于1978年的2.6，更高于1982—1985年的2.0之内。在消费方面，2013年之前，城镇消费水平一直是农村的3倍多，此后有所下降。但无论是收入或消费，城镇是农村的2.5倍以上（见图6-7）。

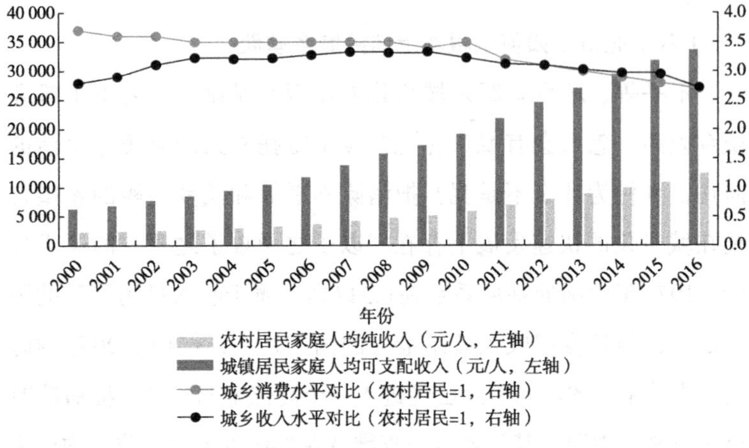

图6-7 2000—2016年中国城乡居民收入及消费水平对比

数据来源：中国国家统计局、中国国家粮食局，由EPS DATA整理

（九）农民工社会保障

社会保障具有防范和化解风险的功能，对农民工尤为重要。在我国现实语境中，农民工首先是一种乡镇的身份，即户籍制度下的农民，其次才表示一种职业，即城市中事实上的工人。这种双重身份，使他们处于一种“两栖人”和“边缘人”的状态，而他们究竟向何处转变，则取决于多种因素，其中最重要的一条是他们是否拥有社会保障（刘子操，2006）。农民工社会保障的缺失，使他们难以隔断与土地的联系。农民工虽然进入城市但却被排斥在社会保障制度之外，最基本的生活需求不能得到满足，那么城市对他们的吸引力将大打折扣。社会保障的缺失，使他们无力应付所遭受的风险。他们不仅像所有产业工人一样面临生老病死的风险，而且总体上所面临的风险高于其

他产业工人。农民工大都从事脏、累、险的工作，劳动条件差、劳动强度大、劳动时间长，因而致伤、致残、致死的事故率非常高，所以更需要工伤、医疗和生育方面的保障。然而，制度化排斥使得农民工处于被边缘化的境地，遭遇的风险只能依靠自身解决。

目前，我国社会保障存在的问题主要有三个方面，首先是社会保障资金投入不足。从国际经验上看，发达国家的社会保障支出一般占财政支出的30%—50%，而我国这一比例偏低，与多数国家相比，仍存在较大差距。其次是农民工总体参保水平较低。根据国家人口计生委的调查，城市流动人口参加工伤险、医疗保险（商业医疗保险除外）、养老保险、失业保险、生育保险和住房公积金（“五险一金”）的比例分别为30.0%、48.7%、22.7%、6.5%、3.2%和2.6%（李伯华、宋月萍等，2010）。农民工总体参保率很低，最高的医疗保险仍未达到50%。最后是社会保障待遇存在城乡、区域和群体间的差异，保障模式不能满足不同地区、不同人群的社会保障需要。

（十）突发性、群体性事件与城市犯罪

1.突发性、群体性事件

《中华人民共和国突发事件应对法》对突发事件界定为：突然发生，造成或者可能造成严重社会危害，需要采取应急处置措施予以应对的自然灾害、事故灾难、公共卫生事件和社会安全事件。其特点是突然发生，造成或者可能造成严重社会危害，需要采取应急措施予以应对，有突然发生、重大影响、严重危害、需要采取应急措施四重含义。

城市化的加速推进使得城市人口快速增加，这会给城市安全

带来挑战。特别是在举行一些大型活动时，如群众性文化体育活动、大型商贸活动、大型会议、大型庆典活动等，活动场地的固定和有限、参加人员庞杂、活动持续时间较长、财物以及人员的高度集中等因素，使得举行大型活动时容易出现拥挤、踩踏等安全事件。比如2004年北京市第二届“密云县迎春灯展”上发生踩踏事件等。随着城市发展越来越快，工业化建筑越来越多，人口密度越来愈大，举办的大型活动也越来越多，突发事件发生概率可能提高。

群体性事件也属于突发事件。群体性事件是指由人民内部矛盾引发、群众认为自身权益受到侵害，通过非法聚集、围堵等方式，向有关机关或单位表达意愿、提出要求等事件及其酝酿、形成过程中的串联、聚集等活动。21世纪以来，随着人民内部矛盾的逐渐增多，群体性事件出现了许多新变化，呈现出高发态势。1993—2003年，我国的群体性事件数量已由1万起增加到6万起，参与人数由73万人增加到307万人（汝信等，2004）。

群体性事件产生的诱因之一就是城市化不断推进的过程中日益增加的农村征地和城市拆迁导致失地农民和城市拆迁户的数量不断增加。在农村征地过程中，补偿标准低、补偿款项不到位或到位不及时等因素使农民利益受到损害。在城市，强行拆迁和粗暴对待拆迁户或安置补偿不合理等，已经成为群众反响强烈的焦点之一。随着城市化进程不断加快，难免出现不愿离开原居住地或因拆迁款项未能协商一致等种种原因而不愿拆迁的家庭住户，加上相关政府部门的强拆措施，群体性事件屡屡发生。还有一些群体性事件起因于被城市化的居民未能真正融入城市生活，被歧视、受不公、遭逼迫、遇不满而引起的愤恨，如工资拖欠、房地产纠纷、争夺经济资源、农民工负担过重、干部腐败、遭遇不公、权利缺失和利益得不到保障等。

2.城市犯罪

1978年，中国刑事立案率每10万人口55.9起。20世纪80年代以后，刑事犯罪立案率急剧上升。在对立案标准进行了大幅调整的情况下，刑事犯罪立案数仍然保持了节节攀高的势头，1999年突破200万起，2009年突破500万起，2015年已经突破700万起。在城市化背景下，城市犯罪不仅增长速度快，而且犯罪类型也发生很大变化。财产犯罪占犯罪的绝大多数；传统犯罪和暴力犯罪趋缓，新型犯罪增长迅速；青少年犯罪和进城农民犯罪快速增长；女性犯罪大量增加（吴鹏森、章友德，2013）。

调查表明，城市犯罪主体中流动人口比重总体呈上升趋势，农民工犯罪已成为一大城市问题。农民工犯罪的原因不能仅仅简单归结为个体或心理因素，还有结构性因素。如用工制度对农民工的不公导致其生存困难；农民工劳动权益经常受到侵犯却无法维权；农民工社会保障缺失导致生存性犯罪；教育权利缺失影响到农民工的发展权；城市管理体制对农民工的排斥导致归属感缺失。另外一种解释就是社会学家格尔（Gurr，1970）提出的“挫折－反抗机制”理论：当社会变迁导致社会的价值能力（Value Capacity）小于个人的价值预期（Value Expectation）时，人们就会产生相对剥夺感。相对剥夺感越大，人们反抗的可能性越大，破坏性就越强。也就是说，无论是群体性事件还是城市犯罪的增加都反映出风险易发、多发与快速城市化的关系。

第四节 构建危机防火墙

“谨慎能捕千秋蝉，小心驶得万年船。”（庄子语录）基于社会风险与风险社会理论以及马克思和恩格斯对城市化和第一个城市社会的深刻观察，本章分析了城市社会城市化的场景及其风险，由此得到结论性认识如下。

一、风险社会成为时代特征

风险的内在性、全球性、不可测性、不可控性、时空延展性、日常性和公共性等根本性质的转变，推动了工业社会进入风险社会。这是不以人的意志为转移的，无论城市化速度快慢、水平高低、质量如何以及如何推进，我们都处在全球风险社会之中。风险社会具有不同于传统工业社会的特征：风险社会的主要问题不再是财富分配问题而是风险的分配问题；风险社会中阶级界限模糊且阶级对立弱化；风险社会中人们的世界观、价值观慢慢由财富转向风险（袁方，2013）。知识与科学技术进步是现代社会进步的基础，但“科学越成功，就越反射出自身不确定性方面的局限”（乌尔里希·贝克，2005），这也是人为不确定性的源泉。工业和科技衍生的风险远远超过以往，不但难以认知、难以计算、难以预测，并且扩展到全球，而它是否发生也由“组织”和“人”的决策来决定。

二、在风险社会和全球风险社会的场景中抉择城市化道路

城市风险性、城市化风险性、城市社会风险性在风险社会和全球风险社会中无处不在。城市社会内部失衡和社会分裂，以

及城乡差距的持续扩大，使得城市发展面临整体性风险（乌尔里希·贝克，2004[a]、2004[b]）。贝克对我国城市化所形成的风险早有警觉，当代中国因剧烈社会变迁“正步入风险社会，甚至将可能进入高风险社会……”（薛晓源、刘国良，2005）。我们不要过分陶醉于“城市的胜利”和跨入城市社会的伟大成就，对于这样的胜利，黑天鹅、灰犀牛不时在开我们的玩笑。黑天鹅事件几乎能解释世界上的所有事情，甚至我们的生活都由黑天鹅主导（纳西姆·尼古拉斯·塔勒布，2008）。城市化是社会发展的必然趋势，是现代化的必由之路，“城市社会+风险社会+城市化”我们无法回避，机遇前所未有，问题无处不在。否认问题存在是一种讳疾忌医的行为，百害而无一利。否认危机、得过且过、恐慌失措、无所作为都是极其危险有害的，必须找到危机中潜藏的机遇，充分利用，远离危险、权衡利弊，做理所当然的事情（米歇尔·渥克，2017）。

中国仍是发展中国家，尽管不同于西方发达国家，但是贝克、塔勒布（2008）和渥克（2017）等有志之士的分析有助于我们从整体上把握社会风险形势。在快速城市化过程中，一方面社会风险不断产生和累积，另一方面人们对社会风险的感知能力、承受能力、抵抗能力随着物质条件的改善而增强，而在生活水平提高的过程中，对社会风险的承受度则随着生活品质的提高而下降（龚维斌、曲天词，2017）。未来应该直面风险社会，以人民为中心、以人民对美好生活的向往为根本遵循，推进城市化健康、包容、可持续。

三、构建城市化健康发展防火墙

风险社会中的快速城市化可能诱发经济风险、人口风险、生态风险、社会风险，导致递增风险和叠加成广义社会风险。快速城市化，正像在高速铁路、高速公路上行驶的火车、汽车，虽然方便快捷，但风险也高于正常行驶的火车、汽车。常识告诉我们，不能因噎废食、止步不前，而要直面风险。既要胆大心细，又要当机立断。路况好时踩油门，遇到紧急情况刹车减速。必须跳出速度思维。面对国际形势、周边环境的波谲云诡，面对改革发展任务的繁重复杂，面对长期积累下来的问题和矛盾，必须筑牢城市化健康发展的防火墙。

第七章　城市化风险与公共安全

中国特色社会主义进入新时代，解决我国社会的主要矛盾，必须不断增强安全感，全面提高城市安全保障水平，为人民营造安居乐业、安康幸福的生产生活环境。基于这种背景，本章聚焦于城市化风险与公共安全，研究进入城市社会以后的城市化风险识别和预警机制。对牢固树立安全发展理念，强化安全红线意识，补短板、补漏洞有重要现实意义。

第一节　城市化风险及其应对

如上一章所述，“风险”是人类社会普遍存在的一种现象，指损失、危险和灾难发生的可能性，即遭受危险或损失的概率。风险具有现实性，同时又和认知、预期、心理及文化有关。人类社会发展的任何阶段都存在风险，风险是社会作为系统所具有的一种客观实在。那么，什么因素造成了风险。本节对风险成因进行简单梳理，进而提出风险防控的相关建议。

一、风险成因梳理

（一）制度关联说

“制度”一词长期以来特指政治上的规模法度和统治者为

被统治者制定的行为规范。制度有正规和非正规之分。非正规性制度，包括从信誉到其他各种形式的社会资本（包括根深蒂固的支配社会行为的规范）再到机制和协调网络。而正规制度或正式制度，包括国家列入法典的规章条例和法律，以及制定、修改、解释、执行规章条例与法律的程序和机构。制度可以方便地协调人类行动。制度重要的观点启发我们，制度既可以使风险产生，我们也可以通过制度使风险得以规避。制度失灵导致人造风险。现代社会的主要特征是，人类决策与行为产生的"人造风险"超越自然风险成为风险社会的主要内容（乌尔里希·贝克，2005；安东尼·吉登斯，2001）。彭人哲（2010）认为，当前"土地城市化"的速度太快，造成冒进式城市化的原因有三个方面:一是对我国国情缺乏深刻认识；二是对城市化认识有误；三是相关制度和政策存在缺陷。何艳玲（2017）认为，风险不仅来自自然和生态的生成性风险，更重要的是来自体制的建构性风险。与生成性风险相比，建构性风险既带来比如灾难、不安全等危害，也带来了剥夺感、不信任等伤害，其本质是我们和城市之间的剥离，并在深层次上形成城市居住者的集体焦虑。但无论是体制还是制度，都没有及时反馈这些过程和这些议题，并对此做出有力回应。针对特大型城市的风险，李友梅（2015）认为，当城市不能在制度和政策领域进行系统性变革和有效的自我更新，风险就有可能引发剧烈的社会危机。特别是城市快速扩张以及公共安全与服务设施的建设与维护的不足导致特大型城市风险。比如，城市就业机会减少导致社会的贫困增加，城市基础设施老化、住房紧张等问题导致公共安全、社会冲突的增长。其深层原因是城市开发过程中的经济动因与“利润延伸”被长时间地放在了优先位置，而公共安全教育没有有效跟进。

（二）发展模式论与发展战略

发展模式或发展战略与一国的制度有很强的关联。李婕、胡滨（2012）认为，资本和权力的勾连以及“经济达尔文主义”是我国人口城市化的速度和规模远滞后于空间城市化的“质料因”和“动力因”。重“经济理性”轻“社会理性”，导致弱势群体产生“挫折感”和“相对剥夺感”，加剧社会风险和矛盾集聚。这种对城市化经济性的过度追求必将带来土地金融危机、社会极化、空间区隔和“原子化社会”，使生活在城市中的人缺乏尊严感和安全感，集聚社会风险。

陈斌开、林毅夫（2013）认为，旨在鼓励资本密集型部门优先发展的政府战略,造成城市部门就业需求的相对下降,进而延缓城市化进程,农村居民不能有效地向城市转移,城乡收入差距扩大。龚维斌、曲天词（2017）认为，社会风险的致灾因子更加多种多样，其载体是特定的对象——个人、群体、社会价值、社会结构和社会秩序。从引起风险的原因看，城市社会风险大致可以分为：生存性、发展性、价值性和秩序性四种类型。克里斯汀·卢尼等（2016）认为，由国家设计的大规模城市化也有一定风险，如社会混乱、集中型贫困（Concentrated Poverty）和投资失误等，主要表现为三个方面:（1）强行进行村民重新安置和土地征用的规划有可能引发农民愤怒;（2）即使未发生重大社会动荡，农民迁入城市后，仍然有集中贫困的风险;（3）需要进行更具实质性、针对性的公共财政改革以确保城市化获得资金。

（三）治理模式缺陷导致城镇化风险

汪玉凯（2013）认为，新型城镇化需要新的治理模式。我们虽然仍用计划经济的思维实施市场经济条件下的纵向行政管理，但这种治理模式不能适应新型城镇化需要。公共治理的逻辑存在一定缺陷，突出表现是：一是很多官员动不动就搞形象工程、政绩工程，动不动都要大手笔、大战略、大思路；二是城市发展缺乏连续性、长期性；三是公众对政府的这种公共治理模式缺乏有效的监督手段。从而产生了城市化过程的四大教训：对农民客观上造成了伤害，形成了市民、农民和农民工的“三元社会”结构，城乡差距的进一步扩大，以及由此形成的公共政策的公平性受到质疑。

除此之外，文化价值也对城市化风险的形成产生一定作用。文化价值是一种意识形态和认知世界的工具，有利于节约交易成本，文化价值取向弱化会集聚社会风险。玛丽·道格拉斯和科斯特·拉什认为，风险凸显只是一种文化现象，是人们心理认知的结果。不同的文化与价值群体对风险有着不同的认知，现代社会的风险并没有增加，只是被人们感知到的风险增加了而已。范如国（2017）认为，文化流失、道德缺失等文化价值取向弱化也会积聚社会风险。

二、提高治理能力，加强风险防控

世界正处于百年未有之大变局，人类所处的时代是风险社会时代。在快速城市化过程中，面对国际形势、周边环境的波谲云诡，面对改革发展任务的繁重复杂，面对长期积累下来的问题和矛盾，风险几乎是家常便饭。所以“打赢三大攻坚战”，首先应当防范风险。习总书记曾多次告诫，要有“先手”“高招”，既要警惕“黑天鹅”，也要防范“灰犀牛”，“有准备之战”和“战略主动战”都要打。基于相关研究，风险应对需关注以下方面。

1.以完善中国特色社会主义制度、推进治理体系和治理能力现代化为契机，提高城市治理能力和水平。党的十八大以来，党中央高度重视完善中国特色社会主义制度和提高治理效能问题。党的十八届三中全会将“完善和发展中国特色社会主义制度，推进国家治理体系和治理能力现代化”作为全面深化改革的总目标。党的十九大把推进国家治理体系和治理能力现代化与新时代中国特色社会主义发展的两个阶段战略安排相挂钩。党的十九届四中全会提出坚持和完善中国特色社会主义制度、推进国家治理体系和治理能力现代化“三步走”的总体目标：在各方面制度更加成熟更加定型上取得明显成效；各方面制度更加完善，基本实现国家治理体系和治理能力现代化；全面实现国家治理体系和治理能力现代化，使中国特色社会主义制度更加巩固、优越性充分展现。这是我们提高城市治理能力和水平的根本遵循。坚持人民城市为人民的指导思想，避免建构性制度风险。无论是新城区建设还是老城区改造，都要聚焦人民群众需求，合理安排生产、生活、生态空间，走内涵式、集约型、绿色化的高质量发展路子，努力创造宜居、宜业、宜游的良好环境。

基于制度和风险的关联，风险应对要注意运用制度手段和制度工具。完善政府经济调节、市场监管、社会管理、公共服务、生态环境保护等职能，实行政府权责清单制度，厘清政府和市场、政府和社会关系。通过一系列的制度与政策安排、机制设计，从源头上尽可能地消除各种复杂风险生成的诱因，将风险限制在可控的范围之内。在风险的事后管理上，建立严格的考核与评估制度。

2.转变城市和城市化的发展方式。把城市化所引致的金融风险、社会极化、空间区隔和社会原子化等社会风险当成影响社会全局的系统性风险对待。城市化发展应从规模的追求转向到对质的追求，构筑一种“城市如家”和“充满选择机会”的城市化。“百年住宅千年城”，在应对国内外复杂严峻的各种挑战面前，在强调必须转变发展方式的重要转折中，城市化发展不妨慢一点，让城乡一体化发展更加精致一点、中国的建筑设计和建筑细部做得更好一点（饶及人，2013）。

3.把防风险摆在突出位置。加强风险教育，培养共有信念和共同价值体系，充分认识风险防范的极端重要性。当前，我们处于全面建成小康社会的决胜阶段，处于中国共产党成立100周年和“两个一百年”奋斗目标的交汇点。2015年10月29日，习近平总书记在党的十八届五中全会第二次全体会议上指出，“今后5年，可能是我国发展面临的各方面风险不断积累甚至集中显露的时期”，“如果发生重大风险又扛不住，国家安全就可能面临重大威胁，全面建成小康社会进程就可能被迫中断”，我们“必须把防风险摆在突出位置”（汪晓东、董丝雨，2021）。风险也是一种文化现象和认识问题。教育和共有信念对应对风险防范非常重要。因此，在指导思想上要牢固树立安全发展理念，牢固树立以人民为中心的发展思想。对人口多、密度高的大城市和特大城市，应构建以政府管控为主，多部门、多元力量有效协调的组织体制与机制，形成处置复杂风险的系统和强大合力。把源头管理和事后处置结合起来，知微见著，防患未然。

4.把安全贯穿于城市规划与建设的全过程。继续完善安全法规和标准，加强基础设施安全管理，包括城市交通、供水、供气、供热和污水、污泥、垃圾处理、地下管网等基础设施建设、运营过程中的安全监督管理。及时进行城市安全设施的更换和升级改造并强化与之相关的配套设施建设，加快重点产业安全改造升级，特别要加快推进城镇人口密集区不符合安全和卫生防护距离要求的危险化学品生产、储存企业就地改造达标。

第二节　城市公共安全

公共安全是人类基本需求之一。我国正处于风险社会下深化改革、经济转型和社会转轨的关键时期，各种社会矛盾不断凸显，城市公共安全事件频发，社会稳定压力很大。另一方面，公众对于公共安全的需求不断增加，需求类型、结构日趋复杂多样，这给政府单一供给机制提出了很大挑战，同时引发了对城市公共安全问题的相关研究。按照“概念内涵－分析框架－定量测度”的逻辑主线，本节对城市公共安全的研究成果梳理如下。

一、城市公共安全的内涵

“安”与“危”、“全”与“缺”是相互对应的概念。“安全”是指“没有危险；不受威胁；不出事故”。何谓城市公共安全？城市公共安全有哪些特征？罗云等（1993）等基于城市安全的重要性，马德峰等（2005）从灾害学、心理学、社会学和犯罪学四个维度对城市公共安全的内涵进行了界定，但并未达成广泛共识。新近的研究认为：城市公共安全是指由政府及社会提供的预防各种重大事故和灾害发生、保护人民生命财产安全、减少社会危害和经济损失、维持社会稳定的社会保障体系。这个定义实际上强调公共安全是一种社会保障体系，这种体系不是由个人供给而是由政府和社会供给，目的是预防事故和灾害发生对人民生命财产安全和社会稳定所造成的不利影响。

二、城市公共安全存在的问题与挑战

（一）城市安全问题突出

随着市场经济发展与科技水平的提高，我国社会不确定因素逐渐增加，城市公共安全问题愈发突出。极端天气、气候异常、城市内涝不断袭扰各地，生命财产安全屡受威胁，灾害损失屡创新高。其他诸如城市盲目扩张带来的安全隐患、公共卫生安全隐患、生态恶化、灾害应对机制落后、城市设计规划存在缺陷以及贫富分化等问题使居民的生命安全和社会尊严等不时受到威胁已成为城市发展愈益突出的问题（司慧积，2015）。造成这些安全问题既有城市化本身带来的人口高度集中、城市急剧膨胀等原因，也有城市管理不规范的问题，更折射出公平与正义的缺失和贫富差距、城乡差距的加大等问题。由城市犯罪和群体性事件等社会治安问题构成的系统性风险，造成了对社会治安秩序的破坏和对社会公众利益的损害（徐志林，2011）。

（二）“重事后处置、轻风险预防”的城市安全管理模式积重难返

城市化进程过快带来的安全风险、政府机构与群众忧患意识

缺乏，安全教育不够等问题比较普遍（朱广黔，2013）。一些城市甚至大型城市相继发生重特大生产安全事故，如2010年上海“11·15”特别重大火灾事故，造成58人死亡，70人受伤；2014年12月31日，上海外滩陈毅广场踩踏事件造成36人死亡、47人受伤；2015年8月12日，天津市滨海新区瑞海公司危险品仓库发生火灾爆炸事故，造成165人遇难、8人失踪，798人受伤，304幢建筑物、12 428辆商品汽车、7 533个集装箱受损；2016年江西丰城发电厂“11·24”冷却塔坍塌事故，造成73人死亡、2人受伤；2017年北京大兴“11·18”火灾造成19死8伤……这些事故敲响了城市安全的警钟。应该说，重应急处置、轻风险治理、安全意识淡漠、治理主体单一以及治理技术落后和能力低的问题长期解决不好，与这些事故的发生有很大关系。传统应急体制中的弊端，如“数据壁垒、条块分割、信息不畅、应急迟缓，主体单一、缺乏合力”等日益凸显（孙粤文，2017；周芳检、何振，2017）。

（三）大数据在城市公共安全管理中的作用亟待提升

维护城市公共安全需要充分利用、甚至主动捕获信息社会产生的海量数据，通过整合共享、实时分析和深度挖掘，消除数据鸿沟，积极应对日益复杂的城市公共安全和国家反恐维稳形势。但目前公共安全治理还面临着智慧基础设施不足、数据整合不充分、数据安全隐患突出等瓶颈。频发的重特大事故为城市公共安全管理再次敲响了“警钟”，城市公共安全管理未能实现制度均衡成为城市公共安全问题多发的重要原因（丁波涛，2015）。大数据时代的到来与城市化进程的加快，对我国城市公共安全应急管理提出了新挑战、新机遇。加强智慧城市建设，必须重视大数据在安全管理中的运用。

三、城市公共安全评估

李向科（2013）研究了城市公共安全的经济效益，认为城市公共安全与城市经济发展具有内在反馈关系，提出用协调度衡量城市公共安全与经济发展的关系。司鹄等（2014）基于公共安全的领域和影响维度构建了城市公共安全风险评估模型，利用重庆市2005—2011年数据，采用数理统计和灰色理论方法建立了城市公共安全风险评估指标体系，运用因子分析与灰色理论方法，提取出人口特征、基础设施等十项一级指标，通过敏感性计算，得出重庆市公共安全有突出影响的因素：滑坡、洪涝、排水、燃气、城市人口密度、交通事故、人均绿地面积等。李永清（2016）认为，筑牢城市公共安全风险评估的“地基”，要“开放透明”，将一元主导的行政化评估转型升级为多元化评估；完善评估体系，提高风险评估的科学性；建立健全评估结果应用机制，避免评估报告“束之高阁”。

四、应对城市公共安全挑战的对策建议

公共安全是国家安全的重要组成部分。确保国家安全、公共安全，加强应急体系建设是新时代中国特色社会主义基本方略之一（闪淳昌，2018）。当前，统筹安全与发展在城市显得更为紧迫。借鉴国外城市应急管理法律体系、组织机构、运行机制等方面成功经验，对于完善我国城市公共安全事件应急管理机制、切实提高城市应急管理能力和安全治理水平具有重要意义。

（一）建立应急管理体系

一是借鉴发达国家的成功经验。美国、日本、德国三个发达国家的公共安全危机和应急管理体系有4个共同特点：法律制度健全；全国性公共危机应急管理体系由中央政府组建和掌控；地方政府的管制能力较好；注重事前预防。由此得到如下启示：一是强化法制，围绕应急管理工作提供明确的制度规范；二是完善创新机制，打造各层级、地方和部门的统一兼容；三是关口前移，建立科学、高效的公共安全预警系统；四是多元参与，建立共建、共享、共治的社会公共安全管理体系（靳澜涛，2015）。

（二）全方位审视城市公共安全风险

管控城市公共安全事件及其可能带来的潜在风险，需要从风险视角进行全方位审视。城市社会治安问题的防控措施既包括城市管理的法治化，也包括系统性风险的有效化解（徐志林，2011）。基于城市公共安全系统治理涉及诸多利益主体的考虑，必须实施政府–社会协同参与的城市公共安全风险治理体系（曹惠民，2015）：强化政府风险意识，完善风险监管和预控机制；建立“约束”社会主体行为的制度体系；实现社会公众自组织能力与公共安全风险防范、自救能力的有机统一；升级城市公共安全基础设施，将风险预控嵌入城市规划与建设之中。

（三）齐抓共管、统筹协调

朱广黔（2013）认为，公共安全的协同治理和城市公共安全规划体系建设非常重要。我国公共安全治理中存在的单一主体、横向协作困难、资源分割等现实问题，夏一雪等（2016）认为，应以融合、协同、可持续作为基本原则，从资源层、组织层和运行层等三个层面构建公共安全智慧治理模式，提升智慧城市公共安全治理效率。熊竞（2015）针对城市公共安全管理制度上出现的预防管理少、统筹管理难、精准管理弱、社会共治缺等问题，提出提升城市公共安全治理体系和治理能力现代化的建议。类似的研究还有司慧积（2015）、马小飞（2018）等，他们强调城市公共安全应急管理应树立大安全、以人为本、统筹协调和未雨绸缪四大理念，构建科学研判、立体救援、联动机制、科技兴安和媒体应对的策略体系。徐世甫等（2016）研究了城市网络舆情治理问题，他认为，网络舆情放大了城市公共安全危机的风险，损害了城市政府的公信力和维稳力，网络上负面舆情更易跟风传播和人为推动制造出泡沫化网络舆情。必须通过消除舆情发生的可能触点、燃点，发挥政府、中介组织和市民的合力，化危为机，加强城市民生建设，让市民有获得感。

（四）严守安全红线，坚持预防为主

关于如何从源头上防控城市安全风险，坚持“关口前移、预防为主”已形成共识，这也是城市管理者必须面临的紧迫课题。学界对此提出了五大建议：完善风险治理相关概念体系、明确风险和隐患的等级标准、建立风险治理大数据体系、健全长效的风险隐患排查机制和培育多元化的风险治理主体。此外，还要在利用治安综合治理体系的基础上，构建多元合作的供给机制；坚持群防群治原则，加强社区治安防范；完善应急管理体系，提升社区应急管理能力；加强公共安全教育，提高居民公共安全素质等。

（五）实现互联网、大数据、云计算、区块链、人工智能等新技术和城市治理的紧密融合，大力推进智慧城市建设

大数据革命为现代城市公共安全治理带来了新思维、新技术。将风险治理作为城市公共安全治理的逻辑起点，遵循正向思维全流程治理模式，重视科技话语，重塑治理机制，实现公共安全的多元协同和科学治理；大数据技术则为城市公共安全治理提供强大的数据信息基础支撑、工具能力支撑和技术平台支撑（孙粤文，2017）。曹策俊等（2017）基于传统城市公共安全风险治理和灾害成因理论，提出了数据驱动的集中决策、分散决策和混合决策三种类型的风险治理框架和智慧型风险治理模式。要从大数据视角重新审视既有的风险治理理论基础，增强治理主体决策的科学性；也要借助大数据理念和技术创新风险治理决策框架，建立智慧型风险治理模式，提高多元主体协同治理风险的效率。周芳检、何振（2017）强调需确立城市公共安全应急新思路，积极打造新一代“数据政府”和“数据规范”，搭建开放式“数据平台”，推动城市应急管理精准化、应急体系标准化、风险治理智能化和城市应急联动高效化。

第八章　土地城市化、土地财政与土地陷阱

城市化反映了社会生产和生活方式从农村型向城市型转变的历史过程，也反映了劳动力从农村农业逐渐转向城市工商业的过程。与这一转变相伴的必然是土地需求的不断增加。原因主要有三个方面：一是城市化体量的增加或是质量的提高，必然伴有土地需求增加；二是城市化水平提高、城市人口增加以及城市经济规模扩大，都会提出土地需求；三是农民进城、农民身份变换同样要求城市边界和规模相应扩大，以满足生活和生产需要。城市化的最终目的就是要提高居民生活质量，因此，关注土地需求、土地供给为城市化研究所必须。

第一节　土地城市化

一、土地城市化的内涵与特征

2007年，中国科学院学部发布了一份报告——《关于遏制

"冒进式"城市化和空间失控的建议》[①]。报告指出，一些地方打着"加快城镇化进程"的旗号，盲目拉大城市框架，滥占耕地、乱设开发区，不断扩大城市面积，导致土地城市化速度快于人口城市化、城市化率虚高，产生大量失地农民和城市边缘人群。此后土地城市化及其所带来的一系列问题引起广泛关注。许多学者对两个城市化的协调程度、空间格局及影响因素等进行了研究（陈春，2008；陶然、曹广忠，2008；陈凤桂等，2010；杨丽霞等，2013；尹宏玲、徐腾，2013）。他们认为，我国人口城市化的增长速度滞后于城市建设用地增长速度，两者不相匹配。土地城市化是"由于城市化的推进，土地利用属性由农业用地转变为城市建设用地以及土地产权属性由农村集体土地转为国有土地的过程"（吕萍、周滔、张正峰等，2008）。土地城市化还表现为土地形态和空间形态的变化，如土地利用形态向非农化转变，土地和房产实现快速升值，不同利益群体分享土地级差地租收益；城镇地域空间向农村推进，非城镇建设用地转化为城镇建设用地（潘爱民、刘友金，2014）。总之，土地城市化（或城镇化）与城市化密不可分，他们大都强调这样几个方面：土地利用属性的城市化、土地产权属性的国有化、土地利用形态的非农化和建设用地的城镇偏向化等，这些是城市化过程中产生的现象或问题，或者说是与城市化相联系的土地问题。这实际上也概括了土地城市化的几个主要特征。

一是与土地产权改变相伴，即由农村集体所有变为国家所有；二是土地征收是唯一合法途径；三是政府获得巨额收益，进

① 参见"冒进式城镇化进程已得到部分遏制"，中国科学院官网，http://www.cas.cn/ys/ysjy/200809/t20080901_1689139.shtml。

而提供了中国城市建设最主要的资金来源和城市化引擎（张飞、孔伟，2014）。李昕等（2012）认为，土地城市化与土地非农化有本质区别，它不仅限于农用地或者耕地的减少以及城镇空间的增长，还包括建设用地内部结构的调整，即农村属性的独立建设用地等向城镇属性的独立建设用地转变。

总体而言，土地城市化是城市化的一个重要组成部分，其内涵不仅包括城市化建成区的扩展，还包括人力资本的投入，土地面积的产值等多方面要素。据统计，2001—2016年，全国建设用地年均增加近1 915平方千米，其中城镇建设用地年均增加超过1 000平方千米。2000—2011年，城镇建成区面积增长76.4%，远高于城镇人口50.5%的增长速度；农村人口减少1.33亿人，但农村居民点却增加了3 045万亩用地。

二、衡量与测算

如何来量化土地城市化？测算涉及两种类型：一是用建成区面积增加率来表示土地城市化（曲福田等，2005；李子联，2013）。二是城市建成区面积或城镇建设用地面积占区域（土地）总面积的比重（姜爱林，2002；陈金梁等，2007；谭术魁等，2013）。测算方法可表示如下：

$$URB_1=(COULand-FLand)/(Land-ULand) \quad (8\text{-}1)$$

$$URB_2=URLand/COULand \quad (8\text{-}2)$$

$$URB_3=URLand/(URLand+FLand) \quad (8\text{-}3)$$

上述公式中，URB_i表示土地城市化率，*Land*表示土地总面积，*ULand*表示土地利用面积，*URLand*和*COULand*分别表示城市建设用地和城乡建设用地面积，*Fland*表示农村居民点用地面积。

三、土地财政

（一）土地财政的形成

1994年，分税制改革实施，将当时还很小的土地转让收入划给地方，土地收入逐步成为地方政府的收入来源。从图8-1可以看出，1994年前中央财政收支基本平衡，1994年以后，财权上收给中央财政带来逐年增长的收入，中央财政收入增加速度远高于财政支出。原因在于事权下放给地方政府带来更多自主权，土地为地方政府财政收入的增加做出了极其重要的贡献，因为土地是一种重要生产资料和物质财富（郑思齐等，2014）。

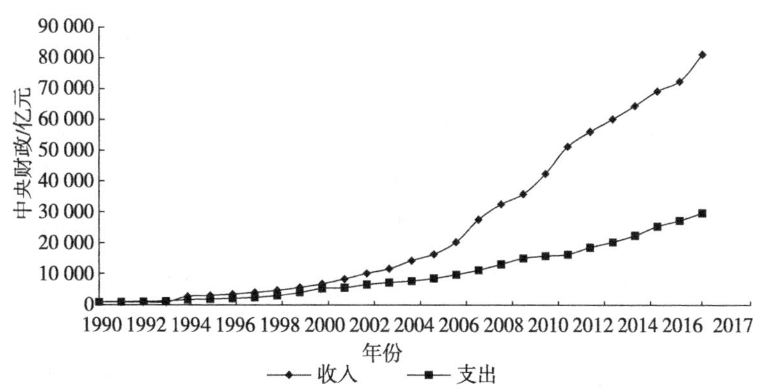

图8-1　1990—2017年中央财政收支情况

数据来源：相关年份的《中国统计年鉴》《中国财政年鉴》和《中国城市年鉴》。

1994年分税制改革后，地方政府财政由1993年略有盈余转为明显的赤字，地方政府财政收支缺口明显扩大。截至2017年，地方财政缺口已达到财政收入的近80%。解决如此大的收支缺口成为土地财政形成的重要推手（见图8-2）。

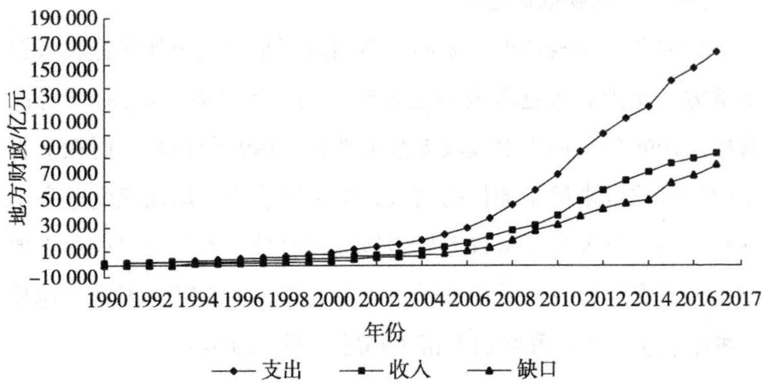

图8-2 1990—2017年地方政府财政收支政缺口与财情况

数据来源：相关年份的《中国统计年鉴》《中国财政年鉴》和《中国城市年鉴》。

很长一段时间以来，从农民那里征来的廉价土地主要是作为地方政府的竞争手段，以吸引投资、发展经济和改善基础设施等，还不是财政收入的主要来源。而在分税制改革以后，尤其是1998年住房商品化以后，土地增值的空间逐步显现，土地出让所带来的大额资金在地方财政收入中的比重越来越高，逐步形成土地财政。从图8-3中可以清晰地看出，在2001—2011年土地出让金保持着逐年稳步增长的态势，2012和2015年出现了两次小幅下滑，2013—2014年，当中国蓬勃发展的房地产市场开始下滑时，转让国有土地使用权的收入虽然仅增长了3.1%，但仍接近4万亿元，相当于当年地方政府财政缺口的75.8%。

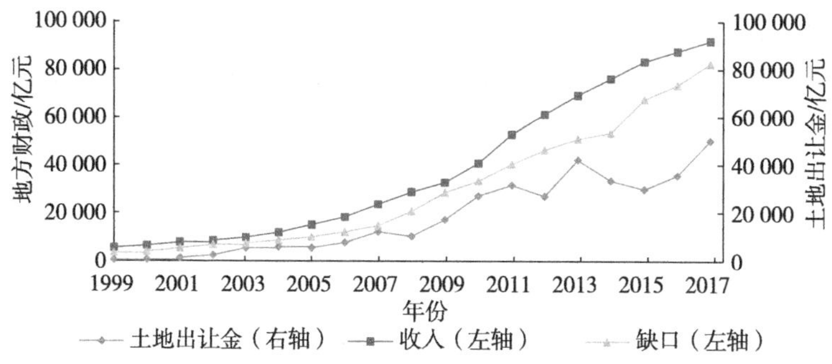

图8-3 2001—2017年地方政府财政收支与土地出让金

数据来源：相关年份的《中国统计年鉴》《中国财政年鉴》《中国城市年鉴》《中国国土资源统计年鉴》。

总体来看，地方财政收入只占中央财政收入的50%，却承担了近85%的财政支出，财政缺口在2017年已经占到地方财政收入的89.6%，地方政府以土地作为政策工具，进行基础设施建设、招商引资、促进经济增长已然成为常态（张五常，2009；高辉娜等，2014）。许多学者认为，“卖地生财”成了地方政府解决财政亏空的一个重要途径（吴群、李永乐，2010；贾康、刘微，2012）。土地出让可以给地方政府带来高额的一次性收入，短期内出让商住用地来获取一次性高额出让金，长期里出让工业用地开展工业活动，进而获取稳定的税收收入。

（二）土地财政的运行及其影响

“征地－卖地－收税收费－抵押贷款－再征地”是典型的“土地财政”运作模式（刘守英、蒋省三，2005）。其特征是以土地储备中心和政府性公司等作为融资主体，以土地作为抵押从银行获得贷款，并利用各种手段对银行信贷进行干预，地方政府通过银行信贷的杠杆作用，从土地出让中获得更多的可支配资金。

对中国土地财政评价有三种观点。一种观点认为土地财政是中国特色工业化、城市化发展道路的核心和基础。它通过出让城市土地使用权，对基础设施融资，开辟了一条以土地为信用基础，以原始资本积累支持城市化的独特道路。土地财政的本质不是收入而是融资（杨其静等，2014）。之所以走这条道路，起因于计划经济时代建立的城市土地国有化和农村土地集体化制度，这为政府垄断土地一级市场创造了条件。土地财政的作用在于，通过拍卖土地获得财富，并将其转化为启动中国城市化的巨大资本。同时，通过对工业用地的成本补贴和工业企业的税收补贴，土地财政提升了工业制造品的竞争力，使中国成为世界工厂（华生、汲铮，2015）。

二是悲观和反对质疑的观点，认为土地财政虽然具有比较优势，财政成本低、效率高。但是在同等税负水平下，给人们带来的痛感和反感往往很大。因此，通过大规模增加直接税来替代土地财政收入，蕴含着极大的社会和政治风险（唐鹏等，2014；贾俊雪等，2016）。地方政府通过土地财政积极地聚集财力（宫汝凯，2012），而财政压力进一步形成土地财政依赖（张双长、李稻葵，2010）。

第三种观点认为，应理性对待土地财政，充分发挥其积极作用。通过对城市基础设施建设的偏向性配置，土地财政扩张激发产业结构刚性，抑制城市向多样化发展（邵朝对等，2016；周彬、周彩，2018）。土地财政运作的关键是要控制住征地拆迁成本的急剧上升销蚀土地财政的竞争力。土地财政不是要否定而是要升级，应该逐步从工业和工业用地的补贴转向对劳动者特别是农民工的保障房补贴。

第二节　城市化与土地财政的演变

一、城市化与土地财政

城市化水平与城市用地规模通常表现为正相关关系（曾伟，2013）。在2007—2008年，由于受到2008年国际金融危机的影响，土地出让出现下降趋势，土地出让宗数、出让面积抑或出让费用均呈下降趋势，显示出土地市场需求不足。在2009年，随着经济刺激政策的实施，土地市场随之复苏，土地交易活跃，表现在出让面积和出让金的显著增加。2011年，我国城市化率首次突破50%的门槛，进入“城市社会”的城市化阶段。在这一过程中，城市人口急剧增长引致城市用地规模急剧扩张，土地资源的稀缺性成了城市化发展的瓶颈。2009—2014年，城市化年均增速高达1.3%，城镇人口增加1亿多，年均增加2 000多万，土地出让金总体呈现出逐年攀升的态势，年均增加额高达5 000亿元。2015年至今，城市化水平仍然保持快速增长势头，2017年城镇人口首次超过8亿人，城市化率达到了58.52%，土地交易在国家的高压管控下，土地出让金仍然稳定在3.5万亿元的规模。总体来看，我国将步入城市化中后期阶段，城市化也将转入高质量发展。当城市化进入较高质量的成熟阶段时，城市人口基本保持在一定水平，城市土地利用结构也基本趋向稳定（见图8-4、图8-5和图8-6）。

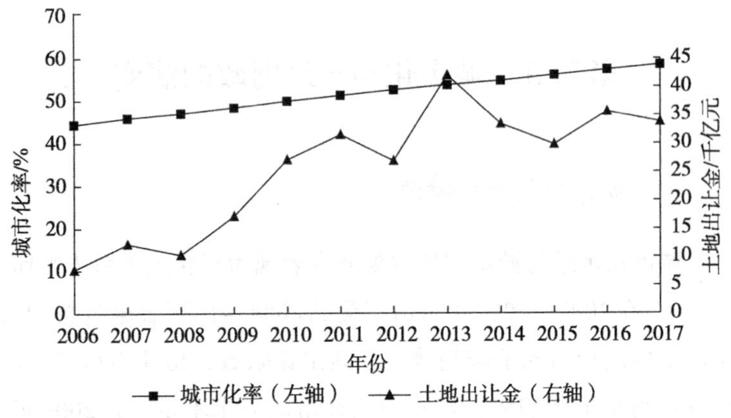

图8-4 2007—2017年中国城市化水平与土地出让金

数据来源：相关年份的《中国国土资源统计年鉴》；中国土地市场网，http://www.landchina.com/。

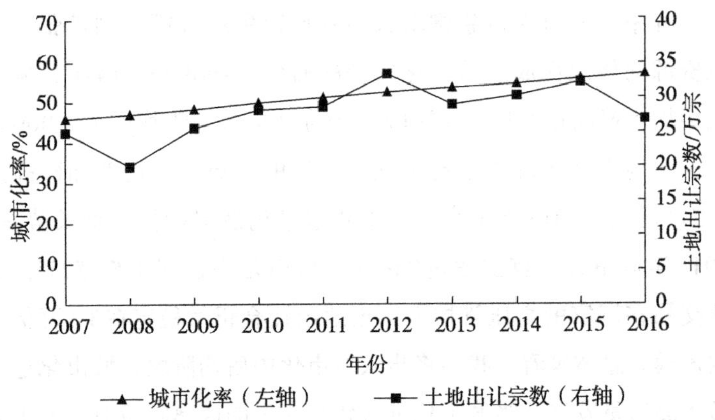

图8-5 2007—2016年中国城市化水平与土地出让宗数

数据来源：相关年份的《中国国土资源统计年鉴》；中国土地市场网。

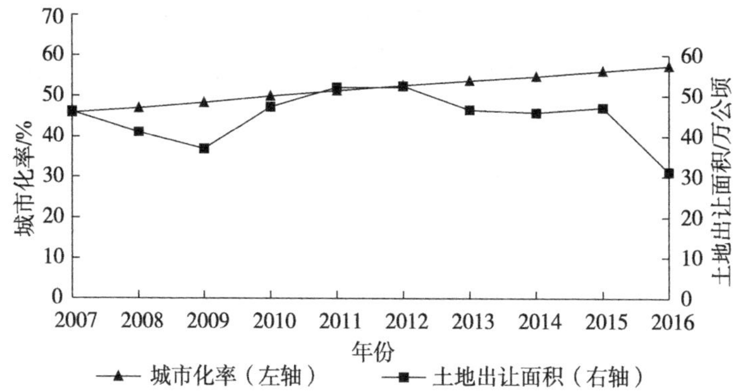

图8-6 2007—2016年中国城市化水平与土地出让面积

数据来源：相关年份的《中国国土资源统计年鉴》；中国土地市场网。

由图可以看出，土地出让金呈现出“有所下降－猛烈上升－再下降－再上升”的螺旋式上升之势；2008年金融危机之后，全国土地出让面积、宗数和出让金都出现了大幅度的下降，出让金比上年减少近2 000亿元，而2009、2010两年，土地出让面积呈现出快速增长态势，年出让面积增加了35%，出让宗数增加了20%，土地出让金增加近70%，2010年出让金总额相当于此前两年的总和，是2007年的2.3倍，2011年超过3.2万亿元。2009—2011年的出让金总额总计7.7万亿元，远远超过“4万亿”的经济刺激计划。2012年有所下降，但仍高于2010年的水平，2013和2015年表现出强劲的复苏态势，屡创历史新高。

土地财政的波动必然会带来经济增长的波动（刘红梅等，2014；吕炜、刘晨晖，2012；邹秀清、田娜，2015），因为它已内生于经济增长。土地出让金比经济增长波动更加频繁，并且在大多数年份土地出让金与经济增长的波动方向一致（见表8-1）。1999年，受亚洲金融危机影响，经济增长率有所下降，但受住房制度改革影响，土地出让金并没有随经济增长而下降，反而大幅上升。2004和2011年，受从严土地政策的影响，土地出让金出现骤降。除特殊年份之外，二者的波动趋势非常一致。这一方面表明了二者的波动相互影响，印证了土地财政已内生于经济增长的论断；另一方面，除受经济波动的影响之外，土地财政还受到政府土地、住房政策调整的影响，并与经济波动紧密交织、彼此强化。

表8-1 2001—2016年中国地方政府收入、支出与经济增长情况

年份	地方财政收入/亿元	占总财政收入比重/%	地方财政支出/亿元	占总财政支出比重/%	土地出让金/亿元	土地出让金增长率/%	经济增长率/%
2001	7 803.30	47.60	13 134.56	69.50	1 295.89	116.67	8.34
2002	8 515.00	45.04	15 281.45	69.29	2 416.79	84.62	9.13
2003	9 849.98	45.36	17 229.85	69.90	5 421.31	125.00	10.04
2004	11 893.37	45.05	20 592.81	72.29	6 412.18	9.26	10.11
2005	15 100.76	47.71	25 154.31	74.14	5 883.82	−6.78	11.40
2006	18 303.58	47.22	30 431.33	75.28	8 077.64	40.00	12.72
2007	23 572.62	45.90	38 339.29	77.00	12 216.72	58.44	14.23
2008	28 649.79	46.71	49 248.49	78.68	10 259.80	−15.57	9.65
2009	32 602.59	47.58	61 044.14	80.01	17 179.53	66.99	9.40
2010	40 613.04	48.90	73 884.43	82.20	27 464.48	57.56	10.64
2011	52 547.11	50.60	92 733.68	84.90	32 126.08	16.24	9.54
2012	61 078.29	50.10	107 188.3	85.11	28 042.28	−14.60	7.86
2013	69 011.16	52.10	119 740.3	85.33	39 072.99	56.13	7.76
2014	75 876.58	53.40	129 215.5	85.10	40 385.86	−20.48	7.30
2015	83 002.04	54.50	150 335.6	85.31	30 783.80	−10.78	6.90
2016	87 239.35	54.70	160 351.4	85.42	37 457.50	19.46	6.70

数据来源：相关年份的《中国统计年鉴》和《中国国土资源统计年鉴》。

二、土地财政依赖

随着土地城市化的发展，土地出让收入呈现螺旋式上升，土地出让金占地方财政收入和总财政收入的百分比也呈现螺旋式上升的趋势（见图8-7）。土地出让金占总财政收入的百分比由2001年的7.9%迅速上升到2003年的24.9%，2010年最高达33%，2009年以来的水平显著高于2008年及其以前，占比除2015年外均在23%以上。而2008年之前最高的是24.9%，2009年以来连续两年高达30%以上。2009年以来，土地出让金占地方财政收入的比例最低的是37%，最高的60%以上，除2015年稍低外，其他年份均在40%以上，而2001—2008年，最高的只是55%。这说明，地方政府对土地财政的依赖度越来越高，财政收入对土地财政的依赖明显增强。

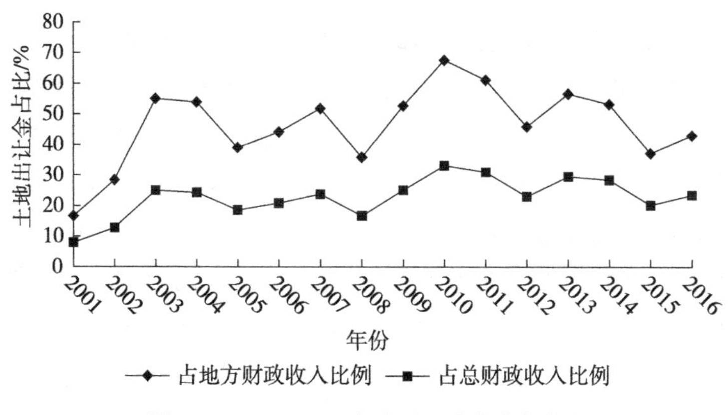

图8-7　2001—2016年中国土地出让金占比

数据来源：相关年份的《中国统计年鉴》和《中国国土资源统计年鉴》。

三、城市化与土地财政的关系：简短的总结

（一）土地财政、土地财政依赖和城市化联系密切

以地生财、以财支持市政建设和地方基础设施建设成了推进城市化的重要模式（郑思齐等，2014）。2006年后，土地一级市场开发由政府主导进行“招拍挂”。土地开发收益权属于或主要属于地方政府，由此造成地方政府成为违法违规用地主体，“招拍挂”已演变成地方政府获得收入的重要工具，征收农民土地，然后拍卖给工商企业或开发商，工商企业用于市政建设或房地产开发，地方政府直接获得土地增值收益，取得财政收入已成为主要的生财之道。这些收入承担了支持城市化乃至政府的其他用钱需要，由此带来两方面的问题：政府与被征地农民之间的矛盾和冲突与日俱增，政府的土地财政依赖不断增强。

（二）城市化催生土地财政，土地财政助推城市化

在城市化前期，产业引入和培育尚处于初期阶段，税收无法满足财政支出和基础建设需要。为推动经济发展，改变城市地貌，城镇基础设施建设支出和各项公共支出不断增大，造成一定收支缺口。由此诱发地方政府开辟新的收入来源的强烈冲动。而地方财政实力可以转化为增加城市化的投入。土地财政和城市化的关系有某种风险性，也存在正反馈机制（如图8-8所示）。城市化需求效应显著，并通过城市经济发展提高居民收入和资产价格，引发土地升值，增加财政收入。同时，由于土地出让金提高，地方政府有足够的财政收入进行基础设施建设，招商引资，推动经济增长。

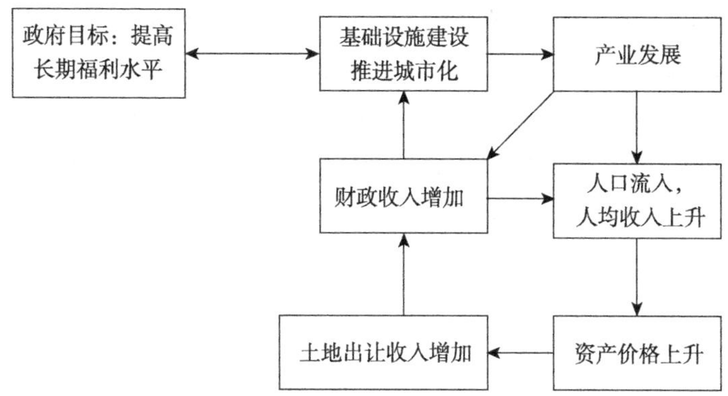

图8-8　土地财政与城市化的正反馈机制示意图

（三）城市化和土地财政的关联可能加重债务危机、诱发金融风险

土地拍卖价格和房地产市场的状况成了财政和宏观经济的晴雨表，同时也影响银行贷款和金融体系的安全与稳定。然而土地资源的有限性，使其难以永久作为地方政府的收入来源。一些城市"摊大饼"式扩张，导致建成区人口密度偏低。过度依赖土地出让收入和土地抵押融资推进城镇建设，加剧了土地粗放利用和耕地资源的浪费，对国家粮食安全、生态安全是极大威胁，也加大了地方债务和财政金融风险。

第三节　构建应对城市化土地财政依赖的体制机制

土地财政是一把"双刃剑"，它既为城市化提供了动力，也为城市化积累了风险。随着城市化阶段的演进，用土地财政来解决的问题也应当及时改变（赵燕菁，2014）。最优的城市化模式，就是根据不同的发展阶段，不同的空间区位，组合使用不同的模式。在城市化加速发展背景下，很多问题已不可持续，需要进一步改革，建立既要缓解乃至消除土地财政可能引发城市化社会风险、又能合理解决土地资源供应瓶颈的应对机制。

一、坚持和完善中国特色社会主义行政体制，构建职责明确、依法行政的政府治理体系

转变政府目标和职能，平衡短期和长期利益，减少对城市化和经济增长的干预和主导，消除各级政府单纯追求“快”而获激励的机制，是建立和完善中国特色社会主义行政体制的难点问题。构建职责明确、依法行政的政府治理体系，关键在于引导增长模式转型，从对物的投资转向对人的投资，推动土地城市化向人口城市化转变。发展模式转型的关键在于利益格局和机制调整，在于政府自身从“增长型”向“服务型”的转变和改革。党的十八大以来，我国大力推动“放管服”改革，简政放权、放管结合、优化服务，已取得明显成效，但还有进一步改革完善空间。

二、深入调整土地利益分配格局，逐步斩断地方政府“以地生财”的利益链条

转变政府职能的难点在于复杂的利益关系调整。2013年党的十八届三中全会通过的《中共中央关于全面深化改革若干重大问题的决定》明确提出，要“缩小征地范围，规范征地程序，完善对被征地农民合理、规范、多元保障机制”。2014年12月，中办和国办联合印发了《关于农村土地征收、集体经营性建设用地入市、宅基地制度改革试点工作的意见》。当前，要把提高被征地

农民、被拆迁房屋所有者在土地增值收益中的分配比例作为调整土地利益分配格局的切入点，制定政府责任负面清单，确保耕地红线。把党和政府出台的一系列文件进一步落到实处。

三、不断完善征地制度

现阶段可参照国土资源部《划拨用地目录》和《国有土地上房屋征收与补偿条例》为基准确定公共事业用地的范围。待条件成熟后，可对公共利益用地的范围做出具体规定，借鉴国外的经验，结合试点地区的实践。为兼顾维护农民利益和降低社会经济发展成本，防止土地投机，征收补偿应以土地区片地价为基础。不过，可以将计算的时间界定为土地被征收若干年的某一时点。为限制政府的权力，应当尽快出台监督政府行政行为的相关法规，完善国家法制建设，制定《行政程序法》，限制政府自由裁量权，提高政府决策过程的透明度。保障司法的独立性和公正性，强化司法救助体系。

四、积极推进农村集体建设用地入市，打破土地一级市场垄断，适时开征大城市多套房房产税

结合城市化加快发展的大背景，应严格控制新增宅基地审批，鼓励和支持宅基地流转，显化宅基地市场价值；以积极推进农村集体建设用地入市，扩大土地供应规模，低地价、增加农民收入为重点，加强市场秩序监管，公开土地入市的具体要求及流程等，保证入市各方参与者的知情权，逐步建立城乡统一的建设用地市场；借鉴农村集体资产股权固化的经验，结合开展农村宅基地确权颁证，探索将宅基地固化到户，实行生不增、死不减，入不增、出不减，从根本上解决宅基地只增难减的矛盾；开征大城市多套房房产税，以平抑房价、遏制投机，确保房住不炒。

第九章　城市化与金融风险

系统性金融风险是防范和化解重大风险的核心关切。以人民为中心、以保护人民利益为宗旨、让广大人民群众的资产保值增值并体验其中的获得感，必须重视系统性金融风险（曾康霖，2018）。本部分试图从金融风险和经济系统协调、平衡和可持续的视角，分析城市化的健康发展问题。如前所述，城市化、土地财政、房地产开发和债务风险的关联可能催生金融风险。本部分的安排是，首先分析金融风险及其相关问题；再次探讨城市化通过投资－消费关系的扭曲对经济系统的不平衡、不稳定推波助澜，进而诱发风险和危机，加剧经济波动；最后提出防范城市化可能引发金融风险的对策建议。

第一节　金融风险与金融危机

一、金融风险

金融风险可能形成危机（Goldsmith，1982）。它包括与金融有关的风险，如金融市场风险、金融产品风险、金融机构风险等。大体上可以把金融风险分为市场风险、信用风险、流动性风险、作业风险、行业风险、法律法规或政策风险、人事风险、自然灾害或其他突发事件、股票投资风险和政治风险等。

金融风险的基本特征是：一是不确定，即影响金融风险的因素难以事前完全把握，金融危机可能由金融风险演化而成，也可能金融风险不会酿成金融危机，这取决于很多因素（Goldsmith，1982）。二是相关，即金融机构所经营的商品——货币的特殊性决定了金融机构同经济和社会是紧密相关的。三是高杠杆性，即金融企业负债率偏高，财务杠杆大，另外金融工具创新，衍生金融工具等也伴随高金融风险。四是传染性，即金融机构承担着中介机构的职能，割裂了原始借贷的对应关系，处于这一中介网络的任何一方出现风险，都有可能对其他方面产生影响，甚至发生行业的、区域的金融风险，导致金融危机。

二、金融危机

戈德史密斯（Goldsmith，1982）认为，金融危机可以这样表述：全部或大部分金融指标，如短期利率、资产（证券、房地产、土地）价格、企业破产数和金融机构的倒闭数急剧、短暂和超周期的恶化。其基本表现是，基于预期资产价格下降而大量抛出不动产或长期金融资产，换成货币，而金融繁荣或景气的特征则是基于预期资产价格上涨而大量抛出货币，购置不动产或长期金融资产。在金融景气和金融危机之间有一个“困难时期”，这期间，资产价格上涨预期已见衰退，但尚未逆转。困难时期或短或长，它可能造成危机，也可能不会。这取决于许多因素：包括前期放款的不稳定性，人们预期心理的迅速逆转、某些金融事故（如某一特大倒闭事件或揭露某些欺诈丑闻）所造成的信心问题，以及金融界对于发生困难时最终贷款人会出面解救的保障等（约翰·伊特韦尔等，1996）。金融危机是经济波动的主要原因。所有的衰退乃至萧条都和重要的金融危机有关（Mishkin，2011）。曼昆认为，广义的金融系统就是经济中一个协助投资者和储蓄者资金流动的机构，核心目的在于指导储蓄者的资源进入为筹款投资项目的借款者手里，另外的目的是在市场参与者之间分配风险。金融危机是对金融系统作为经济中介能力的一个巨大干扰（Major Disruption），即金融系统阻碍了想储蓄的人和想借款投资的人之间的融通。给定金融系统的核心作用，金融危机对宏观经济的广泛影响是毫不奇怪的。通观历史，许多深度衰退都伴随着金融系统的问题（Mankiw，2015）。金融系统的危机开始于资产价格下降之时，这通常伴随投机泡沫引起一些高杠杆的金融机构破产，破产又引起整个系统的信心下滑，进一步造成储户提现和银行减少借贷，进而形成信贷紧缩和总需求下降的恶性循环。

历史上发生过多次金融危机，每次都不完全相同，但有一些共同的特征。大部分金融危机有六个核心要素：资产价格消长、金融机构破产、信心下滑、信贷紧缩、衰退和恶性循环（如下图9-1所示）。

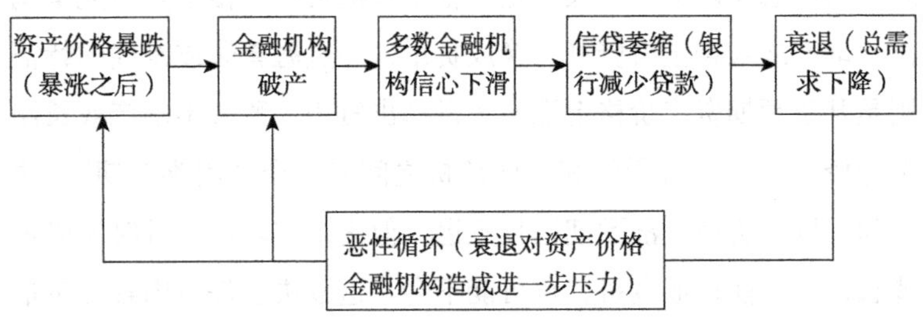

图9-1 金融危机的六个要素

资料来源：格里高利·曼昆（Mankiw, 2015）。

在危机之前，通常有一个乐观时期，资产价格大幅上升，引发投机泡沫。再稍后是乐观情绪转为悲观情绪，价格下跌，并引起金融机构连锁反应，如贷款方欺诈或违约、存款方提现，银行动用高杠杆和金融系统的信心下滑，从而紧缩信贷，总需求下降，均衡产出下降，失业增加，经济衰退。经济下行降低了企业的盈利能力和许多资产的价值，股票市场下降，一些企业破产和贷款违约，于是重复以前的步骤，陷入恶性循环。

第二节　系统性金融风险及其传导机制

大部分研究聚焦于金融危机从发生到传导扩散再到形成机制。然而，第二次世界大战结束后的很长一段时期，西方国家经历了20多年的经济景气，对金融风险的研究相对沉寂，甚至后来美国网络泡沫破灭造成严重影响也未掀起研究高潮。这种状况差不多持续到美国次贷危机全面爆发。2007年席卷全球的国际金融动荡，促使世界各国关注金融系统的稳定性及其对实体经济影响。2009年，国际货币基金组织（IMF）要求各国重点关注系统性金融风险，G20伦敦峰会也将系统性金融风险纳入讨论议题。2010年7月，美国颁布了多德弗兰克法案，成立金融稳定监督委员会（FSOC），专门负责监测并处理可能威胁国家金融稳定的系统性风险，随后欧盟也成立了欧洲系统性风险委员会（ESRB）、国际清算银行（BIS）和G20金融稳定委员会（FSB），予以积极响应。

后危机时期，中央多次强调要高度重视财政金融领域存在的风险隐患，坚决守住不发生系统性和区域性金融风险的底线。要把控制和化解地方政府债务风险作为经济工作的重要任务。2017年7月，中国人民银行发布《中国金融稳定报告（2017）》[①]，进一步强调把防控金融风险放到更加重要的位置，加强系统性风险监测与评估，下决心处置一批风险点，确保不发生系统性金融风险。2017年党的十九大报告指出，要坚决打好三大攻坚战，其中风险防控是第一位的。2017年12月，中央经济工作会议强调打好防范化解重大风险攻坚战，重点是防控金融风险，要服务于供给侧结构性改革这条主线，促进形成金融和实体经济、金融和房地产、金融体系内部的良性循环，做好重点领域风险防范和处置，坚决打击违法违规金融活动，加强薄弱环节监管制度建设[②]。

一、系统性金融风险

系统性金融风险就是整个金融系统都不可避免、发生于金融机构体系和金融市场体系中的风险，集中表现是资产（包括各种产品）价格的剧烈波动和下降。在金融机构表现为资不抵债、流动性短缺、支付危机，甚至金融机构破产，金融市场不能正常运行或瘫痪（曾康霖，2018），类似于"明斯基时刻"[③]。

---

① "中国人民银行发布《中国金融稳定报告（2017）》"，中国政府网，http://www.gov.cn/xinwen/2017-07/06/content_5208092.htm。

② "中央经济工作会议举行　习近平李克强作重要讲话"，新华网，http://www.xinhuanet.com/fortune/2017-12/20/c_1122142392.htm。

③ "明斯基时刻"指资产价值崩溃的时刻，它的提出者是经济学家保罗·麦考利，由于基于明斯基的"金融不稳定性"或"金融脆弱性"理论而被称为"明斯基时刻"。

系统性风险有两大明显特征：传播性广和破坏性大。系统性风险首先会引起直接相关机构的破产或者倒闭，进而波及一个地区、国家乃至全球，带来深层次经济破坏。系统性风险可能由任何行业引起，经过传导会引发实体经济、虚拟经济间的协同反应，最终波及整个经济环境，从而引发经济危机（张亦春，2013）。美国次贷危机发生后，系统性风险引起国际社会广泛关注（奥利维尔·布兰查德等，2013；弗雷德里克·米什金，2013；Mankiw，2015）。曼昆认为，金融系统允许个体通过多样性的金融资产降低他们面对的风险。然而多大程度的多样化能够降低风险是有限度的。一些宏观经济事件同时影响许多企业的经营活动（Many Businesses），这种风险就是系统性风险。衰退倾向于降低大部分产品的需求，进而降低大部分企业的盈利能力（Profitability of Most Businesses）。国际清算银行认为，系统性风险（Systemic Risk）可以理解为整个金融系统由于自身的不稳定与脆弱性而出现失效或者崩溃的可能。

该术语最早的提出者马科维茨（Markowitz，1952）认为，金融市场中无法通过分散投资消除的风险即金融风险。托宾认为，某些金融中介局限于从事实际上既不给自己也不给客户带来风险的活动。但多数金融中介也承担风险。突然的大规模传染性提款的“挤兑”，常常可能发生，它们同时破坏谨慎的和不谨慎的机构，也同时打击银行的存款人和债权人（约翰·伊特韦尔等，1996）。

二、传导机制问题

系统性金融风险的重要特征就是其波及范围广、危害性大及传播速度快，因此，研究系统性金融风险的传播路径非常关键和重要。

（一）金融国际化与系统性金融风险

金融国际化将全球金融市场、金融机构紧密地联系在一起。假如一国发生系统性金融危机，便会借助交易双方的资产负债表、各类产品投融资服务以及表外业务的密切关联在机构间传播。20世纪90年代，泰铢崩盘便是金融交易国际化引发大范围系统性金融风险的典型案例。

由于世界各国金融市场相互融合，金融国际化和国际化的金融市场日渐形成，这同时也推动了金融监管的国际合作。在此背景下，系统性金融风险一旦发生便会同时发生在全球金融市场，并迅速地由一个国家传导至另外一个或多个国家，由于金融监管制度及其离岸金融市场的差异，风险一旦爆发，会迅速波及当地并拓展到全球。国际货币基金组织原首席经济学家布兰查德（Blanchard，2010）分析了美国由房价下跌到次贷危机向全球传播扩散的过程：美国房价下跌→贷款违约增加→银行和抵押贷款投资者损失惨重→预期悲观→杠杆率增加、增持复杂资产和减少市场流动性→金融危机→全球性宏观经济危机。

（二）金融脆弱性与系统性金融风险

经济繁荣时，信贷膨胀、过度投资导致了通货膨胀，在经济出现波动或者经济下行时，各类风险相继暴露，繁荣期的信贷过度、投资盲目、消费过度等原因成了系统性金融风险爆发的导火索。在对金融脆弱性的研究中，一些经济学家选取横跨数百年的样本数据定义经济周期。克里门特·朱格拉确定了平均每一个周期为9—10年，阿尔文·汉森计算出美国1795—1937年共有17

个平均长度为8.35年的“主要经济周期”，康德拉季耶夫提出了50—70年的长周期理论，西蒙·史密斯·库兹涅茨提出了与房屋建筑业相关的15—25年的周期，平均长度为20年左右。约瑟夫·熊彼特的综合周期理论认为每个长周期包含6个中周期，每个中周期则包含3个短周期。从历史经验看，每隔几十年甚至十年左右的时间便会发生一次系统性金融风险。

（三）债务和通货紧缩诱发系统性金融风险

债务－通缩理论由欧文·费雪（Fisher，1932）在《繁荣与萧条》（*Booms and Depressions: Some First Principles*）一书中提出，并在文章《大萧条的债务通缩理论》（The Debt-Deflation Theory of Great Depressions）中做了进一步完善。在繁荣阶段后期与萧条阶段前期，债务与通货紧缩是诱发系统性金融危机的主要原因。在繁荣期，市场前景良好，投资机会增长，消费占可支配收入的比重明显上升，流动性充足，企业部门和居民部门的充裕流动性使得资产价格持续处于高位，资本市场和房地产市场高度繁荣。无论投资者还是消费者都对市场充满信心，对于投资的预期盈利和预期收入保持乐观。市场活跃，投资者的融资需求和消费者的透支需求不断扩大，很多实体企业通过直接融资和间接融资以借贷方式扩大生产规模、加大经营扩容力度，甚至由于资本市场和房地市场活跃而放弃实业经营。金融机构也由于市场的繁荣而放松风险管控，实行风险更大的经营交易模式，由此造成实体经济和金融机构的借贷杠杆明显升高。当经济受到外部冲击或借贷企业出现资金流困难时，借款企业通过低价出售资产进行还贷，由此产生三方面后果：（1）还款企业低价销售引发市场价格下降、企业利润减少；（2）商业银行等金融机构"惜贷"，导致资金投放减少和实体经济资金链条紧张或断裂；（3）在上述因素的双重作用下，市场预期悲观，价格下降，形成实体经济和虚拟经济之间的恶性循环，引发系统性金融风险。

（四）信息不对称和金融危机

信息不对称给金融体系带来两类基本问题：逆向选择和道德风险（Mishkin，2011）。前者是指低质量的潜在借款者正是积极寻找贷款的人，这样贷款者不得不在一群高风险借款者中进行选择。后者是指从贷款者的角度看，借款者具有更充分的信息，他们更了解自己是否从事高风险（不道德）的活动。因此，金融危机可定义为：当金融体系运转失灵，信息不对称增加导致资金无法由贷款方（储蓄方）向借款方（支出方）流动时，就产生了金融危机。在发达国家，金融危机一般要经历两个或三个阶段。如图9-2所示：

第一阶段，金融危机开始。金融自由化或对金融创新的管理不当、资产价格泡沫及泡沫破裂，或者大型金融机构倒闭引起不确定性普遍上升。

第二阶段：银行危机。资产负债表恶化、经营环境趋紧，导致某些金融机构破产，即它们的净资产为负。由于无法偿付存款人和其他贷款人的资金，部分银行会退出经营。在更严重的情况下还会出现银行危机，多家银行同时倒闭。

第三阶段：债务紧缩。如果经济下滑导致价格水平急剧下跌，经济恢复的过程会受到影响。一旦价格水平意外下跌，企业的净资产便会进一步缩水，债务负担加重，导致债务紧缩。

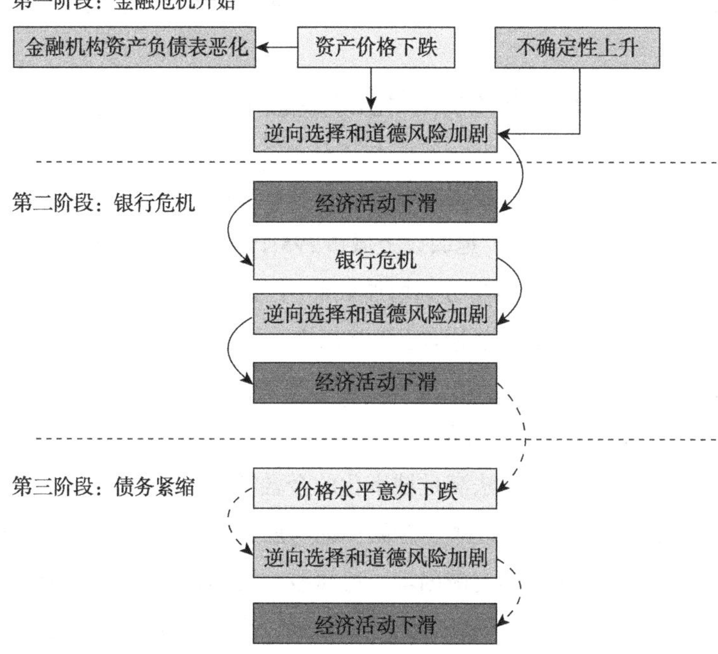

图9-2　发达经济体系中金融危机的演变阶段及后果

资料来源：弗雷德里克·米什金（Mishkin, 2011）。

根据历史经验，系统性金融危机的发生具有以下特征：（1）危机前，间接融资体系信贷过度膨胀，对投资前景过于乐观；（2）危机中，金融机构和实体经济大量出现资金链断裂，市场信心跌入谷底，中央银行执行最后贷款人功能对金融机构进行救助，经济逐渐恢复；（3）危机后，随着金融机构兼并收购和重组的完成，流动性逐步恢复，金融机构和实体经济逐渐恢复正常经营状态，市场信心得以恢复，投资消费总量逐渐恢复到危机前的状态，经济增长，并经历一段发展后再次进入危机前期。

第三节 快速城市化的金融风险及其应对

改革开放以来，我国城市化进程显著加快。2017年年末全国城市达661个，其中，地级以上城市298个，县级市363个，建制镇21 116个，比1978年分别增加468个、197个、271个和18 940个。城镇人口由1.72亿增加到8亿以上，城市化率由不足世界平均水平的一半增加到高于世界平均水平3个百分点以上，城市化成就巨大。但是，城市化的发展方式较为粗放，城市化质量不高。传统融资机制无法满足城市化的金融需求，必须通过投融资机制创新、金融机构改革、金融产品与服务创新以及以土地为核心的农村金融创新等突破困境（曹凤岐，2013；向松祚，2013）。然而，在金融领域的创新可能是双刃剑，既可能有助于金融体系稳定，也可能诱发金融风险（顾宁等，2015）。

一、城市化如何影响金融稳定？

关于系统性金融风险的诸多研究表明，我国金融体系的系统性风险主要有三个来源：宏观经济周期性或结构性变化对金融体系产生的系统性冲击；金融体系内部逐步演化和长期累积的风险；经济金融体系之外的外部风险溢出或风险冲击等。一些研究也注意到，中国快速城市化及其相关的投融资模式、债务累积、土地财政和经济波动的长期关联特征可能孕育结构失衡、利益冲突乃至催生系统性金融风险等（中国经济增长前沿课题组，2011；郑思齐等，2014；邵朝对等，2016；梅冬州等，2018）。

系统性金融风险与宏观经济基本面有着紧密的内在关联。针对可能出现的系统性金融风险，2009年以来，相关部门出台了多个条例以规范我国金融行业，防范和化解金融风险。2018年4月12日，国家金融与发展实验室、中国社会科学院金融研究所及金融法律与金融监管研究基地联合发布了《中国金融监管报告（2018）》（以下简称《报告》）。《报告》指出，系统性金融风险与宏观经济基本面呈现“顺周期性”，即当经济形势向上时，系统性金融风险被严重低估而基本没有踪影，但是，当经济形势逆转而下之时，系统性金融风险迅速暴露、严重恶化并可能进一步引发经济问题。

整体看来，政府的投资地位在短期内仍然难以根本改观，地方税收和中央转移支付、地方政府的土地财政、地方融资平台仍是城市化最重要的资金来源。政府资金主导下的城市化建设面临多重金融困境，具体表现为以下几个方面：

一是金融供给总量与城市化建设资金需求之间存在缺口。中国发展研究基金会估算，当前我国农民工市民化的平均成本在10万元左右。2013—2020年，我国城市化率预计从53.73%提高到60%，届时将转移农村人口1.28亿人，花费的资金成本约为12.8万亿元。仅靠财政资金和融资平台贷款很难支撑城市化发展的基本需要，金融供需缺口较大。

二是金融产品和服务体系与城市化多元性资金需求之间存在结构错配。新型城镇化是一个系统工程，涵盖了从基础设施到人文建设的多个领域。然而我国目前以信贷（主要为地方政府融资平台贷款）为主导的金融产品与服务体系很难满足多样化的金融需求。

三是金融机构的逐利本质与城市化的社会属性之间存在一定程度的价值取向背离。虽然新型城镇化本身的社会价值高，但是其公共属性与商业资本的投资取向却大相背离，金融机构参与城市化建设的动力不足。商业银行以项目是否具有较高的经济价值为投资标准，而非社会价值。由此造成金融支持城市化发展的效率受到影响。

四是金融生态环境与城市化建设之间存在发展失衡。金融生态环境是指各类金融活动主体之间以及金融活动主体与其外部生存环境之间相互影响、相互制约及由此形成的动态平衡系统。先行进入城市社会国家的经验表明，健康的金融生态环境有助于金融主体资金配置功能的优化，促进金融在城市化建设过程中发挥更大效能。然而，目前我国的金融生态环境还处于亚健康状态，对城市化的支持力度有限；现行财税体制对地方政府发行债券融资的制约，限制了地方财力，城市化建设不得不过多依赖各类融资平台，但是融资平台法人治理结构尚不完善，内部缺少风险控制机制，外部法规约束也不明晰，因此形成隐含的债务风险和地方财政的安全隐患。

二、快速城市化对投资－消费关系不协调起推波助澜作用

投资与消费的关系是国民经济中的重大比例关系，也是长期困扰中国经济健康发展的一个重要问题，与宏观经济基本面密切相关。本章前几节的研究表明，宏观经济基本面与金融风险也是有关系的。投资－消费关系的失衡是造成宏观经济不稳定的一个重要因素。而城市化会从多方面影响投资－消费关系，从而对金融风险发挥作用。

投资率高、消费率低是中国经济发展不平衡的重要表现，中国经济的可持续发展依赖于这一比例关系的协调。在过去很长一段时期，城市人口增加和城市化水平提升所带来的投资效应更明显，这种效应倾向于抬高投资率而压低消费率（李通屏、成金

华，2005）。健康稳定的城市化伴随着稳定协调的投资消费关系，快速但起伏波动的城市化难以取得高度协调的投资消费关系。城市化与投资－消费关系变动的事实与钱纳里“标准模型”是一致的，在当今世界并非特例。而通过加快城市化推动消费率提高仅仅是一种特例，只出现在特定阶段。我国经济运行中存在的高投资率、低消费率问题实质上是一系列深层次原因造成的（李通屏等，2013、2014）。工业化、城市化、市场化和国际化快速发展以及人口转变的快速推进与高投资、低消费有密切关系。中国投资与消费关系的再平衡是一个长期动态过程，这一过程的主要动力是市场机制，根本驱动力是人口红利的日益衰减（李通屏、李建民，2006），而快速城市化对实现投资与消费关系的再平衡作用有限。

三、快速城市化引发资产价格波动、资产结构房地产化

现代经济发展的一个重要趋势就是商品和服务交易占比越来越小，而经济中大宗交易与资产市场密切相关，资产价格的波动对宏观经济平稳运行影响极大。房产占城市居民家庭资产的比例偏高，且不断攀升，2010年突破了70%，在《全球财富报告（2018）》（*Global Wealth Report 2018*）中已接近80%。而诸如理财、保险、存款等保障性的流动资产仅占家庭资产2成左右，影响家庭抗风险能力。土地城市化带动了区域经济迅猛发展，也滋生了政府对土地财政不断增加的依赖性，为经济社会带来潜在金融风险。资产价格波动的财富效应远大于美国，中国国内主体持有的国内金融资产和银行贷款占比快速攀升（财政部财政科学研究所课题组，2013），直接融资比例则处与下降态势，这也导致了宏观杠杆大幅上升（谭政勋、王聪，2015；易纲，2020）。

人口增长越快，城市越大，人口流动越频繁，房价越高，这在大规模城市化过程中很难改变。如最早城市化、最先进入城市社会的英国，在19世纪中后期也曾经历大城市住宅的稀缺和昂贵，马克思和恩格斯感同身受，专门研究了这一时期的住宅问题。中国20年来的城市化和房价变动与经典作家观察的事实高度相似。快速城市化、大规模人口流动推高中国房价已经得到诸多研究的证实（谢福泉、黄俊晖，2013；郭娜、吴敬，2015；孟庆斌等，2017）。近年来，大城市房价一路高涨引起广泛关注，各级政府不断出台或升级住宅调控措施，但整体效果一般（李通屏等，2017[a]）。大中城市房价收入比居高不下，2002—2013年35个大中城市房价－持久收入比的合理上限为7.6，但其中28个城市已超过上限，北京高达14.9，天津9.6，上海14.1，广州10.0，深圳9.6（范超、王雪琪，2016）。2017年9月，易居房地产研究院发布的《全国百城房价收入比研究》报告显示，2017年上半年，全国100个大中城市中，深圳房价收入比为34.9，位于榜首，上海、三亚、北京、厦门等4城紧随其后，均超过22，天津12.8，广州为10.2，51个城市在7.5以上。无论是170多年前第一个城市型国家英国或是当下中国稳定房价之努力，莫不告诉我们这样一个规律，在大规模人口迁移和快速城市化背景下，稳定房价非常困难！

2011年以来，全国各省、自治区、直辖市城镇人口稳步增加，同比增速基本在2%—6%，其中西部地区（云南省、贵州省、西藏自治区）增速较快，中部和东部地区整体呈现平稳态势。2011—2018年，各省、自治区、直辖市的住宅、商品房销售价格增长速度，除北京市、吉林省、海南省2012年的房价和湖南省2014年的房价出现小幅下跌以外，房价的整体趋势与城镇人口同向变化，而且高于城镇人口的增长速度（见图9-3）。中国进入城市社会后，城市人口增速虽然有所下降，但对资产价格尤其是商品房价格的影响依然比较敏感，城市化的推进仍然对房价有着不可小觑的促进作用。如东北的四大城市沈阳、大连、长春和哈尔滨，2013—2018年尽管人口有所下降，但住宅、商品房价格却平均上涨45%。人口从农村流入城市，从小城镇流入大、中型城市意味着生存成本和发展成本增加，当城市人口将大部分家庭财产转化为资产投资，则需要面临新一轮信贷风险。这些问题对于所有家庭和个人都充斥着不确定性。

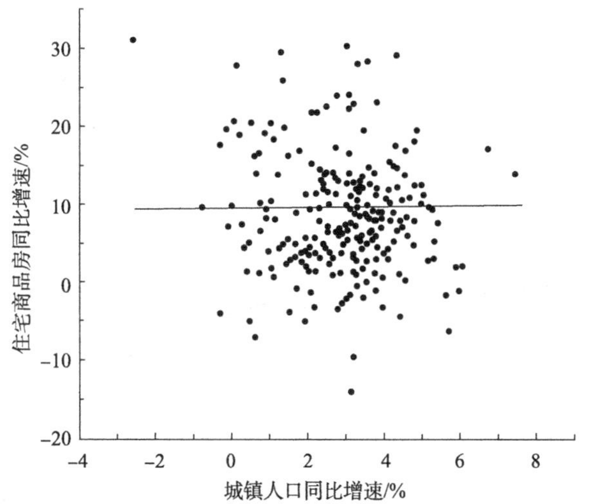

图9-3　2011—2018年全国各省、自治区、直辖市城镇人口、住宅商品房销售价格同比增速散点图

数据来源：国家统计局。

中国的名义GDP与广义货币供应量近年来稳步增长，名义

GDP增速与M2增速基本保持同向变化趋势，而且这种趋势正在逐渐趋于稳定。在一个借贷受限制的市场中，两个指标通常呈现负相关关系，如果该比率一直畸高，央行通过金融深化促进实际产出增加的余地也会相应减小。根据图9-4可以清晰地看出，利率的下降带来房价的逐年升高。名义GDP和广义货币供应量同样呈现出总量稳步增加，增速波动较大的现象。而随着2011年中国城市化水平突破50%，GDP与M2的变化率也逐渐趋同。房价的波动趋势和M2波动趋势高度相似。结合图9-3、图9-4，可以初步判断，中国快速的城市化确实成了助推房价的一个因素，但是房价的上涨空间以及对未来的预期判断是否会制约人口快速城市化还需要进一步研究。可以肯定，随着家庭固定资产增加，保障性流动资产相对减少，抗风险能力进一步弱化，快速城市化可能成为引发金融风险乃至系统性社会风险的一个因素。

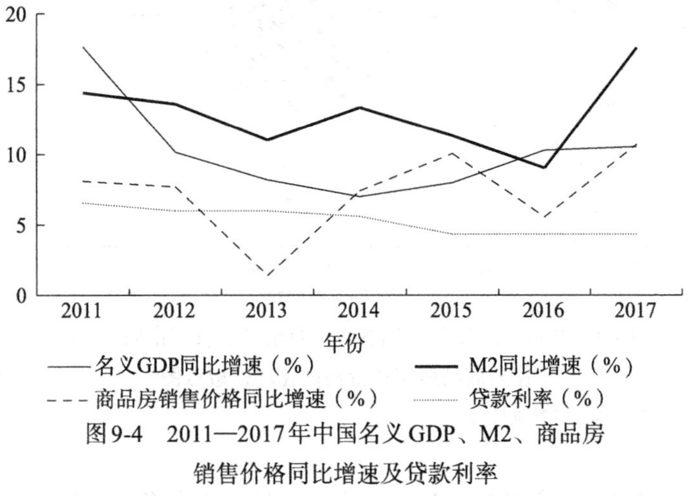

图9-4　2011—2017年中国名义GDP、M2、商品房销售价格同比增速及贷款利率

数据来源：国家统计局。

四、防范快速城市化引发金融风险的对策建议

（一）把城市化所引致的金融风险当作全局性系统性风险对待

城市化不仅仅是把人集中到城市，也不仅仅是城市空间扩张，城市化包含了人们生产生活方式的转变，比如人口结构、职业结构、产业结构等的变化。城市管理者应当转变城市经营管理理念，对城市的管理不能只重视其经济性、物质性，应把城市化进程中所引致的金融风险、土地融资风险、房地产泡沫风险等社会风险当成影响社会全局的系统性风险对待，而不能仅以问题导向方式进行管治。

（二）加强顶层设计，稳住宏观杠杆率，释放经济长期增长空间

现阶段应稳妥有序地推动改革和开放，处理好金融对内对外开放、人民币汇率形成机制改革和资本项目可兑换之间的关系；管理好金融机构风险，完善已经建立的存款保险制度和金融消费者保护机制，稳步打破刚性兑付，明确风险承担主体，改变部分金融资产风险名义和实际承担者错位的情况；尽量长时间保持稳健的货币政策、维护好长期发展战略期（易纲，2020）。中国的宏观杠杆率还有可能上升，我国目前宏观调控的任务是使杠杆率尽量保持稳定，从而在稳增长和防风险之间实现平衡，并为经济保持长期持续增长留出空间。

（三）正视房地产市场风险，建立长效应对机制

对此，要坚持“房住不炒”，坚持稳字当头，稳中求进，着力稳地价、稳预期、稳房价，加强对房地产市场融资状况的全面监测，按照“因城施策”原则，强化对房地产金融的逆周期宏观

审慎管理，监测居民债务收入比和房地产贷款的集中度。在稳定需求的同时，还要优化土地供给，实现房地产市场平稳可持续发展。进一步理顺财税关系，完善地方税体系、建立起规范透明、依法合规的地方政府债务融资机制，减少对土地财政的依赖。

第四篇

结论与建议

第十章　中国城市社会的城市化道路

2011年，中国城镇人口首次超过农村，进入城镇人口占多数的初级“城市社会”，这是开启城市化新时代的重要标志。本书以中国进入“城市社会”为背景、以风险为视角、以城市化道路为研究对象，沿着“问题－理论－现实发展－持续挑战与风险社会－应对方案”的思路，对城市化道路进行与时俱进的阐释。第一篇首先进行了相关理论的梳理挖掘，提出中国城市社会城市化模型的基本思想，然后回顾了城市化进程，做出中国已进入城市社会的基本判断；第二篇基于国内外经验，对城市社会城市化的发展逻辑、动力机制进行了实证研究，得出培育发展新动能，缩小城乡差距促进城市化健康发展的基本结论；第三篇分析了城市社会城市化在风险社会、社会风险和快速城市化背景下面临的风险挑战，提出谨防城市化风险、构建危机防火墙的对策建议；本篇是结论部分，总结研究发现，凝练中国城市社会城市化道路的基本要点，明确对策建议。

第一节 城市社会的城市化：我们发现了什么

一、国际经验总结

（一）世界城市化发展的历史表明，进入“城市社会”后的发展机遇和不确定性上升同时并存

1851年，英国第一个进入城市人口超过50%的城市社会。1950年，发达地区整体进入城市社会时代。2007年，世界城市人口比例超过50%，2017年欠发达地区达到50.1%（United Nations，2018）。从先行国家进入城市社会以后几十年、上百年的世界历史看，有的国家持续繁荣、国泰民安，进入了高收入阶段；有的国家跌宕起伏、惊心动魄、社会分裂；有的国家繁荣与停滞交织、重新陷入增长低迷、后劲不足的中等收入阶段，没有跨入高收入国家行列。

1920年美国进入城市社会，经历了繁荣的20世纪20年代和萧条的20世纪30年代，第二次世界大战后实现了持续发展，保持了长期繁荣。人口总量由1920年的1.06亿人增加到1970年的2亿人，城市化率由51%上升到70%用了40年，而进一步上升到75%花费的时间超过1/4世纪。城市化率50%—75%这段时期，美国历经了70年，人口增加1.4倍，经济实力无可匹敌，综合国力稳居世界第一。

德国在20世纪初进入城市社会，经济实力增强、国家权力膨胀、但染指世界大战、出现国家分裂，教训深刻。苏联时期城市化和城市建设的成就很大，进入城市社会以后，伴随经济实力上升，城市化速度依然很快，但苏联解体成为该时期最大的黑天鹅事件。

日本在第二次世界大战后进入城市社会，20世纪50年代到70年代经历高速增长，创造了日本奇迹，20世纪80年代中期经济总量跃居世界第二，从进入城市社会到城市化率达到75%的历史总体与高速增长连在一起。

拉美的巴西、墨西哥等人口大国进入城市社会以后，虽然一度风生水起，但过早去工业化造成产业空心化、城乡差距扩大、不平等加剧，导致拉美掉队，未能跨入高收入国家行列（塞巴斯蒂安·爱德华兹，2019）。

从历史上看，从开封到纽约辉煌如过眼烟云。1 000年前，世界上人口最多的城市在中国，宋城开封成为世界的首善之城，北宋虽然是成就中华民族伟大繁荣的朝代之一，但内忧外患始终存在，战乱频发、人民流离、皇帝被掳、都城南迁几乎同期发生。

（二）城市化水平从50%—75%，要经过25—70年

20世纪前半期进入城市社会阶段的发达国家，历时60—70年，用时最少的是韩国和日本，为25年，其他发展中国家如巴西和墨西哥所花费的时间高出日本、韩国20%左右，即用时30年。

（三）进入城市社会是一个国家跨入中等收入阶段的重要标志

中高收入是“城市社会”城市化形成的共同特征。观察全球城市社会城市化的历史演进，先行进入城市社会的初始人均GDP是2 400国际元（1990年国际元），随着时间推移有所提高。2007年世界在人均GDP达到9 450美元（2010年美元）时，城市化率达到50%。发达国家在城市社会初期，劳动力产业结构表现为工业和制造业在30%以上持续10年及其以上，2/3的劳动力在工业和服务业，农业提供的就业机会一般在35%以下（安格斯·麦迪森，2009）。当一个国家或地区人均GDP达到4 000国际元，就业结构具有上述特征时，跨入城市社会将是大概率事件。2017年，世界城市化水平为54.8%，比中国低3个百分点，但人均GDP比中国高2 000美元。城市化水平在50%—75%的国家或地区有74个，人均国民收入均值为9 650美元，比我国高13%。低收入阶段是低城市化，城市社会的城市化是中高收入阶段的城市化。

（四）快速城市化对降低不平等作用有限

20世纪以来的世界经济史表明，不平等呈现出“上升-下降-上升”的非线性发展态势。城市化自动降低不平等的观点不受支持。本书第三章使用2017年的截面数据分析发现，世界城市化水平和以基尼系数为表征的不平等有微弱的反向关系（见图3-6），但在控制了经济发展所导致的人均收入以后，城市化对不平等有推升作用（见表3-13）。

二、中国经验

（一）中国进入城市社会以来，城市化仍处于快速发展阶段，但已稳中趋降

进入城市社会以后，中国的城市化速度较前有所减缓。2011—2017年，中国城市化率年均提高1.21%，2017年城市化水平达到58.52%，城镇人口增加到8.13亿，年均增加2 044.7万人，速度比2000—2010年的年均1.37%下降0.16个百分点，城镇人口年均增加量比此前10年的2 107.2万人减少62.5万人。京津沪原地踏步甚至下降，增速曾经长期领跑全国的东部沿海省份，2011年以来已慢于全国平均水平，人口大省、特别是中西部人口大省成了中国城市化快速发展的重要支撑（见图10-1）。

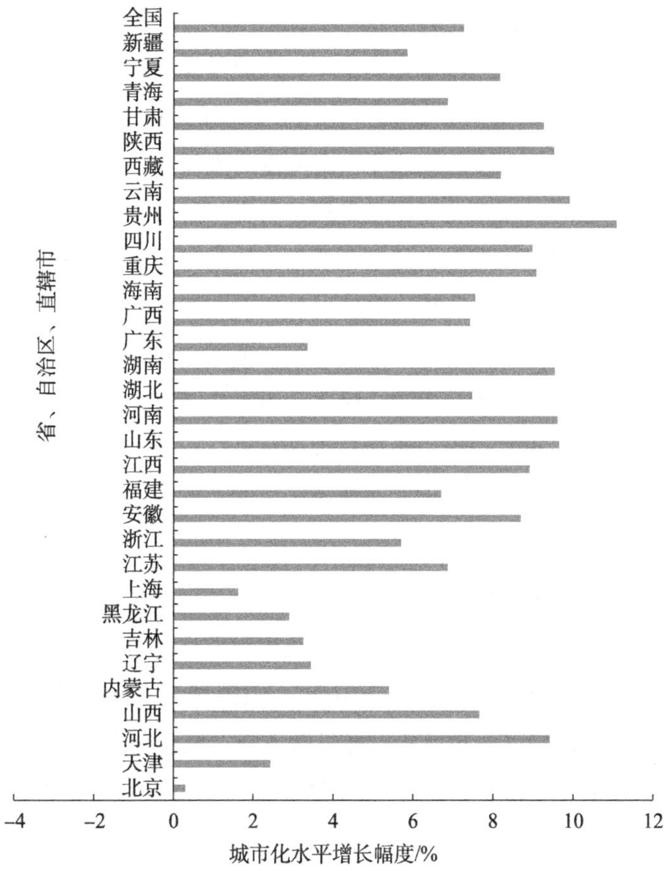

图10-1　2011—2017年全国及各省、自治区、直辖市城市化水平增长幅度

数据来源：相关年份的《中国统计年鉴》。

（二）城市化发展的物质基础更加坚实，经济发展水平和城市化水平、城市化质量互促共进

进入城市社会以后，中国经济年均增长7%以上，经济总量

由48万亿元到超过90万亿元，稳居世界第二，人均收入跃入中高收入国家行列，为城市化高水平、高质量发展提供了坚实的物质基础。一些西部省区在城市化水平提高的同时，质量上升明显，东部省市仍然呈现高水平–高质量的发展态势，中西部省区正在奋力追赶，城市化高质量发展态势良好。但整体格局仍然呈质量落后于数量的态势，城市化质量发展的不平衡、不充分依然突出（本书第四章）。经济因素对城市化速度和水平有正作用，但在城市社会阶段出现边际效应递减。城市化水平低也是城市化高质量发展的重要制约因素。城市化水平和质量大致吻合，高质量地区基本上也是城市化率比较高的地区，如京、津、沪三大直辖市，江苏、浙江、广东和福建等省呈现出高水平–高质量的匹配模式。

（三）可测度的城乡差距有所缩小

以人均可支配收入、人均消费支出和恩格尔系数衡量的城乡差距呈现下降趋势。2000—2010年，中国城乡之间的收入比基本在3以上，2011—2018年已经显著下降，城乡收入比由2011年的3.2下降到2018年的2.7，城乡消费支出比由2011年的3.2下降到2.2，恩格尔系数农村由40.4%下降到30.1%，下降超10个百分点，城镇的恩格尔系数下降8个百分点，城乡差距由4个百分点缩小到3个百分点以内。

（四）进入城市社会以后，城市化发展的新动能有所呈现

城乡收入差距和城市化仍然同向变动，但相关程度、影响程度显著下降。在城乡收入差距缩小的情况下，城市化仍然在持续。这说明城市社会的城市化已出现动能转变迹象，城市化由原来建立在城乡差距扩大的基础上发展到城市化和城乡协调出现兼容趋势，城市化不以城乡差距的显著扩大为代价。人均收入增长对城市化有正向作用，但影响程度不及城市社会形成之前。流动人口率提高对城市化的正作用不大或没有显著正作用，这说明城市社会的城市化并不必然伴随大量流动人口。人口自然增长率提高在城市社会是城市化发展比较明显的推动因素。

发挥市场对资源分配的决定作用更加重要。伴随工业化的完成和城市社会的出现，工业化对城市化的扩张作用日渐式微。国有投资比重对推动城市化、国有企业如何对城市化速度关系不大，但回归结果也不支持阻碍城市化的结论。对外贸易对城市化的影响均没有通过显著性检验，固定资产投资、政府干预对城市化速度提升不显著甚至为负。引入计划单列市指标，发现计划单列市的存在，对所在省区的城市化水平有一些正向作用，但总体影响不大。

（五）市民化抓手不好抓

农民真的愿意到城市落户吗？问卷调查的结果表明，被调查者的市民化意愿为54.98%，与其他学者较早开展的调查相比，处于中等偏上水平。仅低于一些学者获得的最高值，如黄锟（2011）的68.3%，李练军（2015）的65%，宁光杰、刘丽丽（2018）2016年调查的61%和刘传江（2010）2008年调查的58%，与王桂新等（2010）2006年对上海的调查数据相当，即男55%、女55.8%，高于国务院发展研究中心（侯云春等，2011）2009年的28.2%、国家卫生和计划生育委员会流动人口司（2013）的51.8%。宁光杰、刘丽丽（2018）的调查表明，长期居住意愿和转户意愿是不一样的，目前的情况是：转户意愿＜长期居住意愿

＜工作意愿；大城市市民化意愿＜中等城市和小城市。也就是说，高工作意愿和低居住意愿、低转户意愿并存的矛盾将长期存在，这是以市民化为抓手推进城市化必须考虑的一个问题。

（六）快速城市化过程中，控制大城市房价很难

快速城市化过程中，控制大城市房价很难。这也是马克思和恩格斯研究资本主义城市社会城市化的一个重要发现。马克思在《资本论》第一卷原始积累篇中，专章分析了对农村居民的剥夺，如极端形式是拆除茅屋的战斗。恩格斯在《论住宅问题》专门分析了伴随大量人口流动大城市住宅的稀缺昂贵以及解决的复杂性、长期性，称之为“慢性病”的急发作，进而得出资本主义城市社会蕴含巨大风险危机（见第六章图6-1）。这也是本书以极大热情再学习马克思和恩格斯的城市化理论的重要原因。率先进入城市社会的英国尽管创造了无与伦比的生产力，但马克思和恩格斯仍不无担忧。本书在社会风险与风险社会、土地财政、金融风险三章中进一步提供了部分支撑材料，分析了城市社会和城市化的风险性。

（七）快速城市化和土地财政极易催生金融风险

这是前述结论的必然延伸。我们对快速城市化和土地财政、金融风险的关系进行了一定的实证分析。与世界大多数国家相比，改革开放以来，我们处理快速城市化、土地财政和金融稳定的关系总体上比较成功。但土地财政是双刃剑，“以财养地、以地生财”的城市建设和城市化模式充满风险和不确定，担忧和不满意很难消除。在全球风险社会，我们只能说，不要过分陶醉于这样的胜利，对城市化的风险要时刻警惕！面对快速城市化，亟须建立打破土地财政依赖、防范资产结构劣化和房地产化的体制机制，建立城市化健康发展防火墙。

（八）在风险社会和全球风险社会场景中抉择城市社会的城市化道路

“城市社会+风险社会+城市化”是我们难以回避的时代特征。城市的风险性、城市化的风险性、城市社会的风险性造成递增风险效应，由此形成中国城市社会城市化的基本场景——在风险社会和全球风险社会的背景下抉择道路。城市社会风险除拉美现象以外，还有东北现象、城市收缩、城市安全、城乡差距、贫困和不平等等10个方面，既要防范城市化的土地财政依赖和房地产化风险，也要防范城市化的投资–消费扭曲效应对金融稳定和经济稳定的冲击。在推进城市化的过程中，风险易发高发期、农村土地问题与土地纠纷、偏离经济学和城市化规律、大力推进农业转移人口在城镇落户与市民化意愿下降的矛盾，以及人口增长缓慢和老龄化不断加深等深层挑战是难以避免的。

（九）马克思城市化理论更加契合城市社会和中高收入阶段

城市社会的城市化是中高收入阶段的城市化。旨在解释低收入国家城市化规律的经济理论主要关注人均收入低、工商业比重低、城市化水平低而人口增长率高、农业比重高的低收入国家和地区。目前世界人均GNP已超过1万美元，城市化率已超过55%，解释低收入国家摆脱贫困的城市化理论总体上不再适用跨入中等收入阶段的城市社会。

第二节　教训

拉美陷阱：拉美是世界上城市化水平最高的地区之一，1961

年达到初步城市社会标准。1974年城市化率超过60%，1989年超过70%，2016年突破80%。大都市区人口之多，多年居世界前列。但许多大城市和大都市区往往声名狼藉，成了肮脏、贫穷、疾病、犯罪、高价、混乱的代名词。人均收入并没有随城市化水平的提高显著上升，而是陷入停滞甚至倒退，贫民区的居民甚至占城市人口总数的一半以上。这种过度城市化现象被称为"拉美陷阱"。收入分配不公，贫富分化严重，从而引发各种社会矛盾激化，特别是在城市内部，由于人口密集，更容易出现事端（田雪原，2006；田雪原等，2013）。如巴西在城市化率达到80%左右时，基尼系数高达60.7%，收入最低的10%仅占收入的0.7%，而收入最高的10%占收入的48%；墨西哥三项指标分别为53.1%、1.3%和41.7%，智利是56.7%、1.3%和45.6%（世界银行，2003）①。与"拉美陷阱"比较相近的说法还有"拉美化""拉美现象"或"掉队的拉美"（塞巴斯蒂安·爱德华兹，2019）。拉美为中国提供了警示，城市社会的城市化不能像拉美那样。

东北现象：东北是我国工业重镇和制造业基地，工业化、城市化水平从中华人民共和国成立到20世纪90年代这40多年的时间里，一直处于全国领先地位。如辽宁省，是京津沪除外最早进入城市社会的省级行政区域，1990年进入城市社会，当时经济总量居全国前列，但后来陷入人口减少、城市收缩、转型缓慢的困局。中国整体进入城市社会以来的几年间，东北人口外流严重。2011—2018年，辽宁减少24万人，吉林减少45万人、黑龙江减

---

① 三项数据都是1998年的。智利的城市化率在1978年达到80%，墨西哥的城市化率在1987年达到70%，2018年达到80%。

少61万人，东北三省共减少130万人。许多中等城市出现了收缩，甚至大城市也出现人口下降。四个省会城市和副省级城市沈阳、大连、长春和哈尔滨户籍人口减少22万人，而同期全国35个省会城市和副省级城市增加1 674万人（根据相应年份的《中国统计年鉴》整理）。

第三节　城市社会城市化：中国道路

一、中国城市社会城市化道路的背景

城市化道路研究是一项十分复杂的系统工程，涉及人口、经济、社会、制度等很多方面。中国城市社会的城市化道路是在对中国实际和世界多元城市化道路进行分析与借鉴，特别是对目前中国城市化进程中存在的问题和风险进行全面思考与平衡，多方面考虑未来世界发展趋势及其对中国的影响，牢牢把握城市化发展的基本规律和转型发展的根本路径中提出来的。其中重点考虑了五个关键方面：一是中国从2011年进入城市社会城市化阶段以来，已实施了“十二五”和“十三五”两个五年规划。“十二五”提出积极稳妥推进城镇化——优化城镇化布局和形态，加强城镇化管理，不断提升城镇化的质量和水平。“十三五”提出推进新型城镇化——坚持以人的城镇化为核心、以城市群为主体形态、以城市综合承载能力为支撑、以体制机制创新为保障，加快新型城镇化步伐，提高社会主义新农村建设水平，努力缩小城乡发展差距，推进城乡发展一体化。中共中央、国务院印发的《国家新型城镇化规划（2014—2020年）》提出的主要目标任务，如

城镇化水平、基本公共服务、基础设施、资源环境等新型城镇化主要指标得到较好落实，有些已提前完成。二是中国特色社会主义进入新时代和社会主要矛盾的变化。中国特色社会主义进入新时代，我国社会主要矛盾已经转化为人民日益增长的美好生活需要和不平衡不充分的发展之间的矛盾，我国经济已由高速增长阶段转向高质量发展阶段。同时我国仍处于并将长期处于社会主义初级阶段的基本国情没有变，我国是世界最大发展中国家的国际地位没有变。三是中国人口－经济环境发生深刻变化。劳动年龄人口和就业规模下降，人口总量正在逼近峰值，2030年前后预计进入持续负增长，2050年比2018年减少3 000万人（United Nations，2018）；人口老龄化成为基本国情，老龄化、高龄化深度发展；经济总量稳居世界第二，人均GDP达到1万美元。四是打赢“三大攻坚战”，即防范化解重大风险、精准脱贫和污染防治。这“三大攻坚战”中，我国已全面建成小康社会，历史性地解决了绝对贫困问题。污染防治也取得阶段性成果，“废水”“废气”“固体废弃物”减排成绩很好。目前的主要难点就是系统性风险。如新型冠状病毒性肺炎疫情不期而至，对经济社会造成的冲击前所未有。它就发生在科技发达、社会安定、物质财富丰富的条件下。系统性风险不因我们社会经济的巨大成就而自动退缩，防范和化解系统性风险是摆在发展道路上的长期任务。五是世界处于百年未有之大变局，国内外形势复杂严峻，中国经济长期向好的趋势没有变，但挑战前所未有。

二、中国城市社会城市化道路的基本要点

综合上述五方面的考虑和研究目标，中国城市社会城市化

道路的基本要点是：以人的城镇化为中心、以全面建成小康社会为背景，以不断实现美好生活向往为最大效用，以“两步走”战略为依托；遵循中高收入阶段城市化的发展规律、发展趋势，跨越中等收入陷阱；借鉴先行国家和地区的经验教训，把握城市社会、风险社会、发展中大国三大基点，努力缩小城乡发展差距，推进城市治理体系和治理能力现代化，注重社会建设和城乡融合，推进城市化转型发展、行稳致远。

一是把握城市化的效用目标。人民对美好生活向往就是我们的奋斗目标，它不同于物质文化需要。美好生活需要更加强调好不好、满意不满意和幸福不幸福这样的问题。它包含物质文化需要基础上的“层次提升”和“范围扩展”，包含基本生活满足后的生活质量、安全、卫生和健康等层次，也包括物质与文化产品和制度与政策产品等。在全面建成小康社会的基础上，开启全面建设社会主义现代化国家新征程，实现第二个百年奋斗目标，要分两步走：从2021年到2035年，基本实现社会主义现代化；从2035年到本世纪中叶，把我国建成富强民主文明和谐美丽的社会主义现代化强国。城市化的效用目标，不是单纯的经济理性，而是含义更加广泛的“美好生活需要”“美好生活向往”，这一道路不是依托于摆脱贫困和发展经济，而是依托于全面小康基础上的社会主义现代化基本实现和中华民族伟大复兴的中国梦、强国梦。

二是牢牢把握城市化发展规律，跨越中等收入陷阱。行百里者半九十。中国城市化虽然进入了城市社会阶段，虽然赶上了世界平均水平，但还没有最终完成。到21世纪中叶，中国进入城市社会的历史仍然不到40年，中国的城市社会还很年轻。城市化是现代化的必由之路，建成富强民主文明和谐美丽的社会主义现代化强国，必须确保城市化行稳致远。另一方面，我们经过了40年的高速发展，城市化成绩很好，但确实积累了不少问题，前路漫漫，荆棘遍地，必须小心谨慎，谨防极端！

三、对策建议

进入城市社会以来，党中央高度重视城市化建设，相继召开了第一次中央城镇化工作会议和中央城市工作会议，出台了《国家新型城镇化规划（2014—2020年）》，明确提出实施以人的城镇化为核心、以提高城镇化质量为导向的新型城镇化战略。国家有关部委进一步出台相关配套政策，制定年度工作要点，推进城市化的制度体系、政策体系更加完备，操作性大大增强。结合本书的研究对象、目标、重点开展的工作以及结论和发现，围绕中国城市社会城市化道路的基本要点，行将收尾之际，本书对相关对策建议再行凝练和强调如下：

（一）指导思想

1. 以马克思主义和习近平新时代中国特色社会主义思想为指导。马克思和恩格斯亲历和见证了英国城市化水平从不足50%到70%左右的发展过程。他们从剥夺农村居民、劳动力商品、工业化、相对过剩人口、无产阶级贫困化和资本积累的历史趋势与城市化的紧密联系、环环相扣中，揭示了城市化和城市社会的发展规律、突出矛盾和风险危机，总体上更适合当代社会（萨米尔·阿明、陆豪青，2018）。研究发现，马克思和恩格斯的城市化理论从城市社会中来，是基于人民立场对中高收入阶段城市化发展规律和发展经验的深刻总结，更加契合城市社会和中高收入阶段。其基本结论与其说是预言和先见之明，不如说是对城市社会的亲身感悟，在中国城市社会城市化发展阶段作为指导思想和理论基础当之无愧！这是历史逻辑、理论逻辑和现实逻辑的必然。习近平新时代中国特色社会主义思想是马克思主义中国化的最新理论成果，其中对城乡关系、新型城镇化和乡村振兴战略的重要论述是推进城市化健康发展的行动指南。当前世界处于百年未有之大变局，防范和化解由此产生的各种风险隐患、抓住发展机遇，必须坚持马克思主义的指导地位，同时吸收当代西方理论的有益成果，牢牢把握基本规律和转型发展的基本路径，推进城市化顺势而为、水到渠成。

2.以人民幸福不幸福、满意不满意为出发点，解决城市化为了谁、服务谁、到哪里去的问题，把城市化的目标转向不断实现人民对美好生活的向往。这既是发展的目标、原则，也是发展的约束条件。也就是说，人民不幸福、不满意、不方便就是问题，长期累积就是风险。有利于人民幸福的就是我们的奋斗目标和发展方向。要把城市化的经济效益、社会效益、生态效益协调好，走出速度陷阱、打破惯性思维、跳出增长主义，坚持“创新、协调、绿色、开放、共享”的新发展理念，把城市社会城市化的目标确确实实转向美好生活向往。

3.坚持改革开放精神，推进城市化创新发展。改革开放精神是改革开放取得的重要思想理论成果。改革开放激活了城市化持续发展的强大动能，实现了从农业人口占多数向非农业人口占多数、由乡村社会向城市社会的历史性转变，消除了绝对贫困，极大提升了人民的生活品质。基于中国特色社会主义进入新时代、中国经济转向高质量发展的历史新方位，坚持解放思想、实事求是、与时俱进的改革开放精神，推进城市化创新发展是必要的。

4. 把认识城市社会、适应城市社会作为经济发展的大逻辑，建设绿色、协调、高品质现代城市社会。中国进入城市社会，不仅是社会主义初级阶段达成的重要目标，也是人类历史的必然趋势。认识城市社会、适应城市社会，是当前和未来中国城市化发展的新时代、大逻辑。建设绿色、协调、高品质现代城市社会，必须把生态文明融入城市化发展的全过程，推动人口、经济、社会和空间和谐共生。城市化基础好、水平和质量双高的地区，要瞄准城市化质量不稳定攻坚克难，进一步挖掘城市化高质量发展潜力；城市化基础差、水平和质量双低的地区，要汲取先行地区的经验教训，注重后发优势，在促进经济高质量发展的过程中，努力促进城市化质量和速度更加平衡、更加充分的发展；城市化基础一般，在全国处于中游的地区，要质量先行，把以人民为中心的发展思想贯穿于城市化发展的全过程，顺应民心、尊重民意、关注民情、致力民生，让人民共享发展成果，激励和引导人民更加自觉地投身于让生活更美好的城市化过程之中。

（二）发展阶段、发展规律和城乡关系

1. 推进城市化转型发展——转向中高收入阶段和高质量发展阶段。中等收入或中高收入是全球城市社会城市化的一个共同特征，与低收入阶段低水平城市化有显著区别，实现城市化转型发展就是把低收入阶段的城市化转向中高收入阶段和高质量发展阶段，低收入阶段城市化的目标是摆脱贫困，向中等收入迈进，城市社会城市化的一个目标是实现中等收入跨越，进入高收入阶段。推进城市化转型发展，要把握三个要点：一是立足城市社会和中高收入阶段的历史新方位，瞄准人民对美好生活的向往，推动城市化转向高质量发展。二是彻底告别旧型城市化、启动城市化新模式。旧型城市化与原始积累、旧型工业化和低水平城市化相适应，其动力机制是巨大的城乡差距，通过对农村、农民和农业的剥夺，甚至是暴力剥夺来实现，根本导向是积累和生产，直接后果是无家可归的、顺从和廉价的无产阶级人手的出现。城市化新模式，核心是以人为本，关键是提升质量，与工业化、信息化、农业现代化同步推进。三是不断提升城市化的获得感、幸福感、安全感，从“增长导向型”转向“民生导向型”。

2.充分发挥城市群和现代都市圈引领作用，推动大中小城市协调发展，夯实城市化高质量发展的物质基础。城市化和经济发展的一般关系表明，城市化关键在“市”，“市”是本质和内核，城是外表和载体。有城无市的城市化是缺乏物质基础、不可持续的城市化。“市”的本质在市场和交易，而经济发展是市场和交易的基础。城市化水平不高、质量低劣，核心在于支撑城市化发展的经济基础薄弱、发展质量不高，经济发展助推城市化既是城市化的一般规律，也是解决问题、抵御风险的基本手段。在城市社会时代，城市化水平、质量和经济发展密切相连、协同互动。按照城市化助推城市群、都市圈，城市群、都市圈引领城市化的发展规律，城市群和现代都市圈的引领作用应得到充分发挥，推动大中小城市协调发展。一是有序实施城市群发展规划，把加快京津冀协同发展、长江三角洲一体化发展、粤港澳大湾区建设的战略部署落到实处。二是培育发展现代化都市圈，探索建立中心城市牵头的都市圈发展协调推进机制，加快推进都市圈交通基础设施一体化规划建设，支持建设一体化发展和承接产业转移示范区，推动构建都市圈互利共赢的税收分享机制和征管协调机制。三是推动大中小城市协调发展，超大特大城市要立足城市功能定位、防止无序蔓延，大城市要提高精细化管理水平，增强要素集聚、高端服务和科技创新能力，发挥规模效应和辐射带动作用，中小城市发展要分类施策：都市圈内和潜力型中小城市要提高产业支撑能力、公共服务品质，促进人口就地就近城市化；收缩型中小城市要瘦身强体，转变惯性增量规划思维，严控增量、盘活存量，引导人口和公共资源向城区集中。

3.把握城市化和农民进城这一基本趋势，汲取先行地区的经验教训，加快推进城乡融合发展和乡村振兴。中国已经进入中高收入国家行列，但仍然处于社会主义初级阶段。我国处于社会主义初级阶段主要表现在乡村，发展的不平衡不充分在乡村最为突出，快速城市化存在风险隐患，很大程度上都与农民、农村、农业利益受到不同程度的损失以及城乡差距不断扩大有很大关系，大力推进城市化实际上是基于改变农村落后面貌的长期性、艰巨性、复杂性以及乡村从属于城市、整体上不如城市这样的现实。所以必须将乡村振兴置于城市化和农民进城这一基本背景下，努力缩小城乡差距，建立新型城乡关系，促进城乡一体化发展，大力弥补快速城市化对农村的亏欠，补农业发展基础薄弱、农村基础设施、公共服务落后的短板。汲取一些发展中国家城市化率虽然很高、但农村还很落后、城乡分化严重的教训，城市越发展、城市化水平越高，越要重视农村。推进城市化的各种措施都要从发展中国家的实际出发，不能盲目冒进、食洋不化。必须牢记我国仍然是一个发展中国家，中国现在和将来一段时期的城市化道路仍然是发展中国家的城市化，而不是发达国家的城市化。

发达国家有上百年或者近百年的经验，拉美等一些发展中国家也有50多年的经验，我们可以通过持续学习，增加预见性和采取防范措施，少走弯路、降低风险隐患。我国率先进入城市社会的地区，也有20多年的实践（李通屏等，2017[a]、2017[b]）。基于国内外城市社会的经验教训，不难发现，城市化不会自动缩小城乡差距、不会自动消除不平等、更不会自动消除农村的贫困落后。城市社会的城市化不能建立在城乡差距不断扩大的基础之上，不能走牺牲农村、农民和农业的老路，不能只要城市、不要农村。当前，应立足新发展阶段、贯彻新发展理念，牢牢把握城市化和乡村振兴规律，建立健全城乡融合发展体制机制和政策体系，缩小城乡差距，加快形成新型城乡关系，推进城乡融合发展和乡村振兴。

（三）风险把控

1.建立风险防范防火墙。"城市社会+风险社会+城市化"是我们无法回避的时代特征。进入城市社会并不意味着相关问题的减少和风险的下降，与之前相比，风险形势更加复杂严峻。风险社会中的快速城市化可能诱发经济风险、人口风险、生态风险、社会风险，导致递增风险效应和广义社会风险。建立风险防火墙，要关注三个环节：一是过滤，过滤掉貌似科学、合理、高效、高大上的极端做法，使推进城市化的具体操作建立在客观规律和民情民意的基础上，不能为城市化而城市化；二是降低城市化预期，预期过高，往往剑走偏锋，欲速不达，寄希望城市化无所不能的观点是错误、危险的，寄希望城市化无成本、无代价也是十分有害的；三是隔离和屏蔽，我们多次谈到城市风险性、城市化的风险性、风险社会和全球风险社会的风险性——城市化是现代化的必由之路，是经济社会发展的结构现象和自然历史过程，而隔离和屏蔽的意思是，让城市化有一个相对独立、安静的空间，隔断和屏蔽外界因素对城市化的扰动。现实生活中往往把某一目标和城市化捆绑在一起，应对某种危机或实现某一目标成为城市化人为加速的理由，这些做法应该谨慎！在城市社会、风险社会更应谨慎！

2.以坚持和完善中国特色社会主义制度、推进国家治理体系和治理能力现代化为契机，推进城市和城市化治理体系和治理能力现代化。在城市社会时代，城市和城市化治理是国家治理体系和治理能力现代化的重要组成部分。推进城市和城市化治理体系和治理能力现代化是建设高品质城市社会的必要环节。提高城市和城市化治理水平要从四个方面入手：一是对标党的十九届四中全会决定，实现政府治理现代化，逐步斩断地方政府“以地生财”的利益链条，充分发挥市场对资源配置的决定作用，推动城市化逐步摆脱土地财政依赖；二是加强房地产市场的风险管控，坚持“房住不炒”的定位，优化居民资产结构，建立城市化金融风险的监控机制和长效应对机制；三是利用互联网、大数据、区块链、云计算和人工智能技术，大力促进智慧城市建设，提高都市治理能力和治理水平；四是加强乡村治理，建设美丽乡村，改善乡村环境，挖掘乡村生态涵养、养生养老新功能，提升乡村宜居、宜业、宜游水平。

3.促进城市化包容发展。促进城市化包容发展有四个必须关注的领域：一是促进城乡融合，防止两极分化和拉美陷阱；二是促进工业制造业高质量发展，防止过早去工业化风险；三是促进服务业高质量发展，目前中国服务业产值比例、就业比例偏低，与城市化水平在50%—70%国家存在较大差距；四是通过创新创业，激发企业家潜能，为越来越多的劳动力持续提供非农就业机会。我国当下超过1/4的就业机会由农业提供，未来农业劳动力还会进一步下降，要做好非农就业进一步增加的准备，进一步挖掘非农就业机会，这既是提高农业劳动生产率、缩小城乡差距的需要，也是城市社会面临的长期挑战。

4.牢固树立安全发展理念，推进城市安全发展。随着城市人口、功能和规模的不断扩大，新材料、新能源、新工艺广泛应用，新产业、新业态、新领域大量涌现，城市运行系统日益复杂，安全风险不断增大，统筹安全与发展愈显紧迫。近年来，一些城市甚至大型城市相继发生重特大安全事故，给人民生命财产安全造成重大损失。基于城市安全基础薄弱，安全管理水平与现代化城市发展要求不适应、不协调突出的问题，必须牢固树立城市安全发展理念，补漏洞、补短板，推进安全发展。一是对标《中共中央 国务院关于推进安全生产领域改革发展的意见》和中共中央办公厅、国务院办公厅《关于推进城市安全发展的意见》，科学制定规划，完善安全法规和标准，加强基础设施安全管理，加快重点产业安全改造，加强城市源头治理，防患未然；二是利用国内外特别是国内重特大安全事故和重大危机事件的应对契机，在全社会加强安全生产教育，加强安全生产隐患排查治理，强化安全意识，树牢安全发展理念；三是通过组织领导、协同联动和示范引领，加强统筹推动，不断提升城市安全发展水平；四是健全城市安全防范机制，强化安全风险管控，深化隐患排查治理，提升应急管理和救援能力；五是提升城市监管效能，落实安全生产责任制，完善安全监管体制，增强监管执法能力，严格规范监管执法；六是强化安全保障，健全社会化服务体系，强化安全科技创新和应用，提升全面安全素质和技能。

主要参考文献

《简明不列颠百科全书》中美联合编审委员会:《简明不列颠百科全书》第2卷，中国大百科全书出版社1985年版。

《马克思恩格斯全集》第1卷，人民出版社1956年版。

《马克思恩格斯全集》第1卷，人民出版社1995年版。

《马克思恩格斯全集》第2卷，人民出版社1957年版。

《马克思恩格斯全集》第3卷，人民出版社1960年版。

《马克思恩格斯全集》第18卷，人民出版社1964年版。

《马克思恩格斯全集》第23卷，人民出版社1972年版。

《马克思恩格斯全集》第46卷（上），人民出版社1979年版。

《马克思恩格斯选集》第1卷，人民出版社1972年版。

《马克思恩格斯选集》第2卷，人民出版社1972年版。

《马克思恩格斯选集》第3卷，人民出版社1972年版。

《毛泽东选集》第4卷，人民出版社1991年版。

《中国大百科全书》总编委会:《中国大百科全书（第二版）》，中国大百科全书出版社2009年版。

《朱镕基讲话实录》编辑组编:《朱镕基讲话实录》第4卷，人民出版社2011年版。

《资本论》第3卷，人民出版社1975年版。

《资本论（法文版）》第1卷，中国社会科学出版社1983年版。

鲍宗豪:“快速城市化进程中的社会风险”,《探索与争鸣》，2012年第10期。

财政部财政科学研究所课题组（苏明、赵福昌、李成威、封北麟）:“中国物价形势分析与宏观财政政策”，《经济研究参考》，2013年第19期。
蔡昉：“劳动力市场变化趋势与农民工培训的迫切性”，《中国职业技术教育》，2005年第32期。
蔡继明、王栋、程世勇：“政府主导型与农民自主型城市化模式比较”，《经济学动态》，2012年第5期。
蔡继明、周炳林：“论城市化与耕地保护”，《社会科学》，2005年第6期。
曹策俊、李从东、王玉等：“大数据时代城市公共安全风险治理模式研究”，《城市发展研究》，2017年第11期。
曹飞：“旅游地产与新型城镇化的融合促进机制研究”，《当代经济管理》，2015年第10期。
曹凤岐：“新型城镇化与金融创新”，《金融论坛》，2013年第7期。
曹惠民：“风险社会视角下城市公共安全治理策略研究”，《学习与实践》，2015年第3期。
陈斌开、林毅夫：“发展战略、城市化与中国城乡收入差距”，《中国社会科学》，2013年第4期。
陈春：“健康城镇化发展研究”，《国土与自然资源研究》，2008年第4期。
陈德宁、沈玉芳：“广东城市化的动力特征与发展方向探讨”，《经济地理》，2004年第1期。
陈凤桂、张虹鸥、吴旗韬等：“我国人口城镇化与土地城镇化协调发展研究”，《人文地理》，2010年第5期。
陈鸿彬：“提高城市化质量的思路与对策”，《经济经纬》，2001年第6期。
陈金梁、洪惠坤、陈辉等：“城市建设用地扩展研究——以重庆市渝北区为例”，《西南师范大学学报(自然科学版)》，2007年第2期。
陈进华：“中国城市风险化:空间与治理”，《中国社会科学》，2017年第8期。
陈明星、陆大道、张华：“中国城市化水平的综合测度及其动力因子分析”，《地理学报》，2009年第4期。
陈锡文：“序”，曲福田等著《中国工业化、城镇化进程中的农村土地问题研究》，经济科学出版社2010年版。
陈湘源：“‘拉美陷阱’的基本特征”，《经济研究参考》，2011年第70期。

陈甬军、景普秋、陈爱民:《中国城市化道路新论》,商务印书馆2009年版。
陈昭玖、胡雯:"人力资本、地缘特征与农民工市民化意愿——基于结构方程模型的实证分析",《农业技术经济》,2016年第1期。
陈芝芸:"墨西哥现代化进程中的地区发展问题",《拉丁美洲研究》,2000年第5期。
陈忠:"城市社会:文明多样性与命运共同体",《中国社会科学》,2017年第1期。
程开明、李金昌:"城市偏向、城市化与城乡收入差距的作用机制及动态分析",《数量经济技术经济研究》,2007年第7期。
程凯:"'拉美化'谁的错",《中华工商时报》,2004年7月13日。
崔功豪:"迎接城市时代",《城市规划》,2000年第1期。
崔功豪、王本炎、查彦育编著:《城市地理学》,江苏教育出版社1992年版。
崔许锋:"民族地区的人口城镇化与土地城镇化:非均衡性与空间异质性",《中国人口·资源与环境》,2014年第8期。
邓彩霞:"城市社会风险防范与新型城市化",《前沿》,2013年第24期。
邓曲恒、古斯塔夫森:"中国的永久移民",《经济研究》,2007年第4期。
邓小平:《邓小平文选》第2卷,人民出版社1994年版。
邓小平:《邓小平文选》第3卷,人民出版社1993年版。
丁波涛:"大数据条件下的城市公共安全应对机制",《上海城市管理》,2015年第5期。
丁东红:"卢曼和他的'社会系统理论'",《世界哲学》,2005年第5期。
丁烈云等:《中国转型期的社会风险及公共危机管理研究》,经济科学出版社2012年版。
董继民:"农业现代化与美国城市化",《山东师范大学学报(人文社会科学版)》,1998年第1期。
杜洪梅:"城市化进程中城郊农民融入城市社会问题研究",《社会科学》,2004年第7期。
樊红敏:"城镇化进程中的社会风险",《人民论坛》,2011年第14期。

范超、王雪琪：“我国35个大中城市房价－持久收入比研究”，《统计研究》，2016年第8期。

范进、赵定涛：“土地城镇化与人口城镇化协调性测定及其影响因素”，《经济学家》，2012年第5期。

范如国：“‘全球风险社会’治理：复杂性范式与中国参与”，《中国社会科学》，2017年第2期。

方创琳：“改革开放40年来中国城镇化与城市群取得的重要进展与展望”，《经济地理》，2018年第9期。

方创琳：“中国城市群形成发育的新格局及新趋向”，《地理科学》，2011年第9期。

房维中、范存仁：“大城市在我国社会经济发展中的地位和作用”，《经济研究参考》，1994年第2期。

费孝通：《论小城镇及其他》，天津人民出版社1986年版。

冯必扬：“社会风险：视角、内涵与成因”，《天津社会科学》，2004年第2期。

冯必扬：“社会风险与风险社会关系探析”，《江苏行政学院学报》，2008年第5期。

冯奎：“巴西：过度城市化带来多方面问题”，《经济参考报》，2013年12月10日。

冯颜利、廖小明：“要善于把握全球金融危机与经济危机给中国发展带来的机遇”，《中国矿业大学学报(社会科学版)》，2014年第1期。

甘犁：“来自中国家庭金融调查的收入差距研究”，《经济资料译丛》，2013年第4期。

高国力、李天健、孙文迁：“我国城市群的基本特征、主要问题及对策思路（上）”，《中国发展观察》，2018年第1期。

高辉娜、郭琪、贺灿飞：“工业用地增长与工业经济增长的关系”，《城市问题》，2014年第7期。

高鉴国：“加拿大城市化的历史进程与特点”，《文史哲》，2000年第6期。

高景波：“正确区分金融危机与经济危机”，《金融经济》，2010年第6期。

高珮义：《城市化发展学原理》，中国财政经济出版社2009年版。

高珮义:《中外城市化比较研究》，南开大学出版社1991年版。

宫汝凯:“分税制改革与中国城镇房价水平：基于省级面板的经验证据”,《金融研究》，2012年第8期。

龚维斌、曲天词:“中国城市化进程中的社会风险及其特点”,《特区实践与理论》，2017年第2期。

辜胜阻:“统筹解决农民工问题需要改进低价工业化和半城镇化模式”,《中国人口科学》，2007年第5期。

辜胜阻、李正友:“中国自下而上城镇化的制度分析”,《中国社会科学》，1998年第2期。

顾宁、关山晓:“新型城镇化进程中的金融创新与金融风险”,《求是学刊》，2015年第1期。

郭娜、吴敬:“老龄化、城镇化与我国房地产价格研究：基于面板平滑转换模型的分析”,《当代经济科学》，2015年第2期。

郭叶波、魏后凯、袁晓勐:“中国进入城市型社会面临的十大挑战”,《中州学刊》，2013年第1期。

郭占恒:“城市化发展进入新常态的基本特征和主要问题——新常态下城市转型发展路径研究之一”,《浙江经济》，2016年第8期。

国家城调总队福建省城调队课题组:“建立中国城市化质量评价体系及应用研究”,《统计研究》，2005年第7期。

国家发展和改革委员会产业发展研究所美国、巴西城镇化考察团:“美国、巴西城市化和小城镇发展的经验及启示”,《中国农村经济》，2004年第1期。

国家统计局编:《中国统计年鉴（2006）》，中国统计出版社2006年版。

国家统计局编:《中国统计年鉴（2011）》，中国统计出版社2011年版。

国家统计局编:《中国统计年鉴（2012）》，中国统计出版社2012年版。

国家统计局编:《中国统计年鉴（2013）》，中国统计出版社2013年版。

国家统计局编:《中国统计年鉴（2014）》，中国统计出版社2014年版。

国家统计局编:《中国统计年鉴（2015）》，中国统计出版社2015年版。

国家统计局编:《中国统计年鉴（2016）》，中国统计出版社2016年版。

国家统计局编:《中国统计年鉴（2017）》，中国统计出版社2017年版。

国家统计局编:《中国统计年鉴(2018)》,中国统计出版社2018年版。

国家统计局城市社会经济调查总队、中国统计学城市委员会编:《中国城市发展报告(2001)》,中国统计出版社2002年版。

国家统计局国民经济综合统计司编:《新中国五十年统计资料汇编》,中国统计出版社1999年版。

国家卫生和计划生育委员会流动人口司:《中国流动人口发展报告(2013)》,中国人口出版社2013年版。

国家卫生和计划生育委员会流动人口司:《中国流动人口发展报告(2017)》,中国人口出版社2017年版。

国务院发展研究中心"经济形势分析"课题组(刘世锦、卢中原、余斌、李建伟、张立群、方晋、贡森、秦中春):"经济增长下行压力加大宏观经济政策应适时微调",《经济学动态》,2010[a]年第5期。

国务院发展研究中心"经济转型期的风险防范与应对"课题组:"打好防范化解重大风险攻坚战:思路与对策",《管理世界》,2018年第1期。

国务院发展研究中心"经济转型期的风险防范与应对"课题组:"中国产业转型升级三大风险",《中国经济报告》,2018年第2期。

国务院发展研究中心和世界银行联合课题组:"中国:推进高效、包容、可持续的城镇化",《管理世界》,2014年第4期。

国务院发展研究中心课题组(侯云春、韩俊、蒋省三、何宇鹏、金三林):"农民工市民化进程的总体态势与战略取向",《改革》,2011年第5期。

国务院发展研究中心课题组(刘世锦、陈昌盛、许召元、崔小勇):"农民工市民化对扩大内需和经济增长的影响",《经济研究》,2010[b]年第6期。

国务院发展研究中心土地课题组:"土地制度、城市化与财政金融风险:来自东部一个发达地区的个案",《改革》,2005年第10期。

韩峰、洪联英、文映:"生产性服务业集聚推进城市化了吗?",《数量经济技术经济研究》,2014年第12期。

韩旭、封进、艾静怡:"城市规模与劳动力市场匹配效率:基于生命历程数据的研究",《劳动经济研究》,2018年第6期。

韩增林、刘天宝:"中国地级以上城市城市化质量特征及空间差异",

《地理研究》，2009年第6期。
何鹤鸣、张京祥、耿磊：“调整型‘穿孔’：开发区转型中的局部收缩——基于常州高新区黄河路两侧地区的实证”，《城市规划》，2018年第5期。
何艳玲：“中国城市发展新逻辑：应从更自主走向更健康，最后达到更美好”，《环境经济》，2017年第12期。
贺力平：“跨越‘城市化陷阱’”，《中国国情国力》，1998年第11期。
贺雪峰、桂华、夏柱智：《地权的逻辑Ⅲ：为什么说中国土地制度是全世界最先进的》，中国政法大学出版社2018年版。
洪大用、张斐男：“快速城市化与城市社会风险的应对”，《学习与探索》，2013年第2期。
洪银兴：“城市功能意义的城市化及其产业支持”，《经济学家》，2003年第2期。
胡滨：“我国城市化进路中的社会风险探究”，《城市规划》，2012年第5期。
胡和兵、刘红玉、郝敬锋等：“流域景观结构的城市化影响与生态风险评价”，《生态学报》，2011年第12期。
胡军辉：“相对剥夺感对农民工市民化意愿的影响”，《农业经济问题》，2015年第11期。
胡萍、徐友光、张妙琴：“广东城镇化水平综合测度及影响因子分析”，《湖南师范大学自然科学学报》，2015年第5期。
华生：《城市化转型与土地陷阱》，东方出版社2013年版。
华生、汲铮：“中等收入陷阱还是中等收入阶段”，《经济学动态》，2015年第7期。
黄锟：“城乡二元制度对农民工市民化影响的实证分析”，《中国人口·资源与环境》，2011年第3期。
黄顺江：“城市社会背景下我国人本城镇化探索”，《城市发展研究》，2014年第11期。
黄泰岩、石腾超：“规避城市化厄运的关键与途径”，《当代经济研究》，2013年第10期。

黄文娣、江新泉："广东高科技企业成长期融资影响因子分析"，《企业改革与管理》，2016年第8期。
黄燕芬、张超："城市行政层级视角的人口流动影响机理研究"，《中国人口科学》，2018年第1期。
黄震方、陆林、苏勤、章锦河、孙九霞等："新型城镇化背景下的乡村旅游发展——理论反思与困境突破"，《地理研究》，2015年第8期。
黄征学："我国城镇化进程中的土地制度变迁"，《宏观经济管理》，2018年第11期。
纪晓岚："英国城市化历史过程分析与启示"，《华东理工大学学报(社会科学版)》，2004年第2期。
贾俊雪、张超、秦聪等："纵向财政失衡、政治晋升与土地财政"，《中国软科学》，2016年第9期。
贾康、刘微："'土地财政'：分析及出路：在深化财税改革中构建合理、规范、可持续的地方'土地生财'机制"，《财政研究》，2012年第1期。
简新华、黄锟："中国城镇化水平和速度的实证分析与前景预测"，《经济研究》，2010[a]年第3期。
简新华、罗钜钧、黄锟："中国城镇化的质量问题和健康发展"，《当代财经》，2013年第9期。
简新华、曾卫："中国城市化道路之争的辨正——评贺雪峰、文贯中、张曙光的相关论著"，《学术月刊》，2016年第11期。
简新华等：《中国城镇化与特色城镇化道路》，山东人民出版社2010[b]年版。
姜爱林："城镇化水平的五种测算方法分析"，《中央财经大学学报》，2002年第8期。
江曼琦、席强敏："中国主要城市化地区测度——基于人口聚集视角"，《中国社会科学》，2015年第8期。
江泽民：《论社会主义市场经济》，中央文献出版社2006年版。
金磊："城市综合减灾规划问题初探"，《城市规划》，1991年第6期。
金太军、张振波："论社会冲突与政治体制改革的非线性关系"，《政治学研究》，2014年第3期。

金延杰："中国城市经济活力评价"，《地理科学》，2007年第1期。
靳澜涛："国外特大型城市公共安全事件应急管理比较：以纽约、伦敦、东京为例"，《沈阳干部学刊》，2015年第4期。
景宏军："城市化进程中地方财政风险形成与防控"，《地方财政研究》，2015年第10期。
居新可："系统性金融风险研究综述"，《价值工程》，2012年第29期。
康海慧："金融支持城市化发展与风险防范：以苏州地区为例"，《现代金融》，2013年第2期。
柯善咨、赵曜："产业结构、城市规模与中国城市生产率"，《经济研究》，2014年第4期。
孔凡文、许世卫："论城镇化速度与质量协调发展"，《城市问题》，2005年第5期。
李伯华、宋月萍等："中国流动人口生存发展状况报告——基于重点地区流动人口监测试点调查"，《人口研究》，2010年第1期。
李超、倪鹏飞、万海远："中国住房需求持续高涨之谜：基于人口结构视角"，《经济研究》，2015年第5期。
李程骅："服务业推动城市转型的'中国路径'"，《经济学动态》，2012年第4期。
李芳、高春茂："持续性规划——加拿大的班伯顿新城"，《城市规划》，1994年第6期。
李国芳、郑玲玉、童奕懿等："长江三角洲地区城市化对洪灾风险的影响评价"，《长江流域资源与环境》，2013年第3期。
李纪鹏、温彦平："武汉市土地城镇化与人口城镇化协调性研究"，《华中师范大学学报(自然科学版)》，2018年第1期。
李婕、胡滨："中国当代人口城市化、空间城市化与社会风险"，《人文地理》，2012年第5期。
李京文："现代服务业的发展要与城市化互动共进"，《理论与现代化》，2005年第4期。
李克强："论我国经济的三元结构"，《中国社会科学》，1991年第3期。
李练军："中小城镇新生代农民工市民化意愿影响因素研究：基于江西省

1056位农民工的调查”,《调研世界》,2015年第3期。
李林杰、申波:“日本城市化发展的经验借鉴与启示”,《日本问题研究》,2007年第3期。
李猛:“人口城市化的财政代价及其形成机理——1960年以来的大国经验”,《中国工业经济》,2016年第10期。
李明秋、郎学彬:“城市化质量的内涵及其评价指标体系的构建”,《中国软科学》,2010年第12期。
李琪:“中国城市化质量区域差距比较研究”,《财经理论研究》,2017年第5期。
李其荣:《对立与统一:城市发展历史逻辑新论》,东南大学出版社2000年版。
李强、陈宇琳、刘精明:“中国城镇化‘推进模式’研究”,《中国社会科学》,2012年第7期。
李强、唐壮:“城市农民工与城市中的非正规就业”,《社会学研究》,2002年第6期。
李强等:《城市化进程中的重大社会问题及其对策研究》,经济科学出版社2009年版。
李实:《新型城镇化进程中流动人口经济现状研究》,中国工人出版社2016年版。
李实、罗楚亮:“中国城乡居民收入差距的重新估计”,《北京大学学报(哲学社会科学版)》,2007年第2期。
李通屏:“未来的城市化道路——基于中国城市社会的思考”,《城市观察》,2015年第6期。
李通屏:“中国城镇化四十年:关键事实与未来选择”,《人口研究》,2018年第6期。
李通屏、成金华:“城市化驱动投资与消费效应研究”,《中国人口科学》,2005年第5期。
李通屏、程胜、倪琳、钱佳:“中国城镇化的消费效应研究”,《中国人口科学》,2013年第3期。
李通屏、李建民:“中国人口转变与消费制度变迁”,《人口与经济》,

2006年第1期。
李通屏、彭博、邵红梅："人口老龄化推高了中国房价吗？"，《中国地质大学学报（社会科学版）》，2017[a]年第5期。
李通屏、魏下海、彭博："城市社会的城市化——东北和广东省的经验"，《城市观察》，2017[b]年第4期。
李通屏等编著：《人口经济学（第二版）》，清华大学出版社2014年版。
李向科："城市公共安全与城市经济发展的关系研究"，《湖南科技大学学报(自然科学版)》，2013年第1期。
李小云等主编：《2003—2004中国农村情况报告》，中国社会科学出版社2004年版。
李昕、文婧、林坚："土地城镇化及相关问题研究综述"，《地理科学进展》，2012年第8期。
李扬、张晓晶："'新常态'：经济发展的逻辑与前景"，《经济研究》，2015年第5期。
李莺："我国快速城市化下的农业风险与对策"，《改革与战略》，2012年第1期。
李永清："城市公共安全风险评估的难点剖析与对策优选"，《上海城市管理》，2016年第6期。
李友梅："城市发展周期与特大型城市风险的系统治理"，《探索与争鸣》，2015年第3期。
李子联："人口城镇化滞后于土地城镇化之谜"，《中国人口·资源与环境》，2013年第11期。
梁琦："世界级先进制造业集群的基本特征和战略选择"，《国家治理》，2018年第25期。
廖丹清："我国城市化道路的选择因素"，《经济学家》，2001年第2期。
林毅夫、蔡昉、李周：《中国的奇迹,发展战略与经济改革》，上海人民出版社1994年版。
林毅夫、陈斌开："发展战略、产业结构与收入分配"，《经济学(季刊)》，2013年第4期。
林勇、叶青、龙飞："我国土地城镇化对经济效率的影响"，《城市问题》，2014年第5期。

刘传江："当代中国农民发展及其面临的问题(二)农民工生存状态的边缘化与市民化"，《人口与计划生育》，2004年第11期。

刘传江："新生代农民工的特点、挑战与市民化"，《人口研究》，2010年第2期。

刘传江："中国农民工市民化研究"，《理论月刊》，2006年第10期。

刘传江、程建林："第二代农民工市民化：现状分析与进程测度"，《人口研究》，2008年第5期。

刘传江、程建林："双重'户籍墙'对农民工市民化的影响"，《经济学家》，2009年第10期。

刘传江、徐建玲："第二代农民工及其市民化研究"，《中国人口·资源与环境》，2007年第1期。

刘洪康、吴忠观主编：《人口手册》，西南财经大学出版社1988年版。

刘红梅、段季伟、王克强："经济发达地区农村宅基地使用权继承研究"，《中国土地科学》，2014年第2期。

刘家强：《中国人口城市化：道路、模式与战略选择》，西南财经大学出版社1997年版。

刘娟、郑钦玉、郭锐利等："重庆市人口城镇化与土地城镇化协调发展评价"，《西南师范大学学报(自然科学版)》，2012年第11期。

刘瑞明、石磊："中国城市化迟滞的所有制基础：理论与经验证据"，《经济研究》，2015年第4期。

刘少杰："城市化进程中的认同分化与风险集聚"，《探索与争鸣》，2011年第2期。

刘少奇：《刘少奇选集》上卷，人民出版社1981年版。

刘盛和、陈田、蔡建明："中国半城市化现象及其研究重点"，《地理学报》，2004年第S1期。

刘守英："警惕土地经营城市化的财政和金融风险"，《农村工作通讯》，2005年第9期。

刘守英、蒋省三："土地融资与财政和金融风险——来自东部一个发达地区的个案"，《中国土地科学》，2005年第5期。

刘小枫:《现代性社会理论绪论》, 上海三联书店1998年版。
刘子操:《城市化进程中的社会保障问题》, 人民出版社2006年版。
陆大道、陈明星:“关于‘国家新型城镇化规划(2014—2020)’编制大背景的几点认识”,《地理学报》, 2015年第2期。
陆大道、宋林飞、任平:“中国城镇化发展模式:如何走向科学发展之路”,《苏州大学学报(哲学社会科学版)》, 2007年第2期。
陆铭:“城市、区域和国家发展——空间政治经济学的现在与未来”,《经济学(季刊)》, 2017年第4期。
陆铭:“中国的大都市圈应向何处去?”,《中国经济报告》, 2016年第11期。
陆铭:《大国大城——当代中国的统一,发展与平衡》, 上海人民出版社2016年版。
陆铭、陈钊:“城市化、城市倾向的经济政策与城乡收入差距”,《经济研究》, 2004年第6期。
陆铭、向宽虎、陈钊:“中国的城市化和城市体系调整:基于文献的评论”,《世界经济》, 2011年第6期。
罗云等:《安全经济学导论》, 经济科学出版社1993年版。
罗知:“工业品贸易、技术进步与就业”,《世界经济文汇》, 2012年第1期.
吕萍、周滔、张正峰等:“土地城市化及其度量指标体系的构建与应用”,《中国土地科学》, 2008年第8期。
吕炜、刘晨晖:“财政支出、土地财政与房地产投机泡沫:基于省际面板数据的测算与实证”,《财贸经济》, 2012年第12期。
吕永龙、王尘辰、曹祥会:“城市化的生态风险及其管理”,《生态学报》, 2018年第2期。
马德峰等:《安全城市》, 中国计划出版社2005年版。
马凯:“树立和落实科学发展观 推进经济增长方式的根本性转变”,《中外企业文化》, 2004年第5期。
马小飞:“风险社会视域下城市公共安全风险防范与应急管理策略研究”,《中国应急救援》, 2018年第1期。

马艳："金融危机与经济危机相互关系的理论分析：基于马克思主义经济学的视角"，《华南师范大学学报(社会科学版)》，2009年第5期。

马拥军："'市民社会'，'公民社会'，还是'城市社会'？——生活哲学视野中的'城市社会'理论"，《东岳论丛》，2010年第11期。

梅冬州、崔小勇、吴娱："房价变动、土地财政与中国经济波动"，《经济研究》，2018年第1期。

孟庆斌、黄清华、张能鲲、张永冀："城镇化、区域发展不均衡与房地产价格"，《经济理论与经济管理》，2017年第9期。

穆怀中、吴鹏："城镇化、产业结构优化与城乡收入差距"，《经济学家》，2016年第5期。

倪鹏飞："新型城镇化的基本模式、具体路径与推进对策"，《江海学刊》，2013年第1期。

聂富强等：《中国国家经济安全预警系统研究》，中国统计出版社2005年版。

宁光杰、李瑞："城乡一体化进程中农民工流动范围与市民化差异"，《中国人口科学》，2016年第4期。

宁光杰、刘丽丽："市民化意愿对农业转移人口消费行为的影响研究"，《中国人口科学》，2018年第6期。

宁越敏："中国城市化特点、问题及治理"，《南京社会科学》，2012年第10期。

牛文元："社会物理学与中国社会稳定预警系统"，《中国科学院院刊》，2001年第1期。

牛文元："新型城市化建设：中国城市社会发展的战略选择"，《中国科学院院刊》，2012年第6期。

欧向军、甄峰、秦永东等："区域城市化水平综合测度及其理想动力分析：以江苏省为例"，《地理研究》，2008年第5期。

潘爱民、刘友金："湘江流域人口城镇化与土地城镇化失调程度及特征研究"，《经济地理》，2014年第5期。

潘家华等主编：《中国城市发展报告No.5:迈向城市时代的绿色繁荣》，社会科学文献出版社2012年版。

潘士远、朱丹丹、徐恺："中国城市过大抑或过小？——基于劳动力配置效率的视角"，《经济研究》，2018年第9期。

彭红碧、杨峰："新型城镇化道路的科学内涵"，《理论探索》，2010年第4期。

彭人哲："中国城市化进程和潜在风险分析"，《开发研究》，2010年第5期。

仇保兴："新型城镇化：从概念到行动"，《行政管理改革》，2012[a]年第11期。

仇保兴：《笃行借鉴与变革》，中国建筑工业出版社2012[b]年版。

曲福田、陈江龙、陈雯："农地非农化经济驱动机制的理论分析与实证研究"，《自然资源学报》，2005年第2期。

曲福田等：《中国工业化、城镇化进程中的农村土地问题研究》，经济科学出版社2010年版。

曲凌雁："更新、再生与复兴——英国1960年代以来城市政策方向变迁"，《国际城市规划》，2011年第1期。

任晓莉、刘文昊："城市化发展的反思与转型——以加拿大，墨西哥和古巴为分析例证"，《中州学刊》，2017年第3期。

任远："城市病和高密度城市的精细化管理"，《社会科学》，2018年第5期。

汝信、付崇兰主编：《中国城乡一体化发展报告（2011）》，社会科学文献出版社2011年版。

汝信等主编：《2005年：中国社会形势分析与预测》，社会科学文献出版社2004年版。

闪淳昌："总体国家安全观引领下的应急体系建设"，《人民日报》，2018年3月22日。

单卓然、黄亚平："'新型城镇化'概念内涵、目标内容、规划策略及认知误区解析"，《城市规划学刊》，2013年第2期。

尚玥佟："巴西贫困与反贫困政策研究"，《拉丁美洲研究》，2001年第3期。

邵朝对、苏丹妮、邓宏图："房价、土地财政与城市集聚特征：中国式城市发展之路"，《管理世界》，2016年第2期。

申晓英："城市化与社会变迁——以19世纪至一战前的德国为例"，《德国研究》，2004年第2期。

沈清基："论基于生态文明的新型城镇化"，《城市规划学刊》，2013年第1期。

盛郎："世界人口城市化进程"，《人口与经济》，1986年第6期。

史晋川、朱康对："温州模式的研究：回顾与展望"，《浙江社会科学》，2002年第3期。

世界银行：《1996年世界发展报告：从计划到市场》，蔡秋生等译，中国财政经济出版社1996年版。

世界银行：《2003年世界发展报告：变革世界中的可持续发展》，本报告翻译组译，中国财政经济出版社2003年版。

世界银行：《2009年世界发展报告：重塑世界经济地理》，胡光宇等译，清华大学出版社2009年版。

司鹄、贾文梅："城市公共安全风险评估指标敏感性分析"，《中国安全生产科学技术》，2014年第11期。

司慧积："城镇化进程中城市公共安全问题探析"，《河南科技大学学报（社会科学版）》，2015年第1期。

宋冬林："新型城镇化背景下东北地区单一结构城市转型发展的思路与对策"，《当代经济研究》，2016年第2期。

宋栋：《中国区域经济转型发展的实证研究：以珠江三角洲为例》，经济科学出版社2000年版。

宋晓梧、王天夫等主编：《不平等挑战中国》，社会科学文献出版社2013年版。

苏红键、魏后凯："改革开放40年中国城镇化历程、启示与展望"，《改革》，2018年第11期。

孙成军："中共三代领导集体对城乡统筹发展的探索及经验启示"，《毛泽东思想研究》，2006年第3期。

孙洪波："'拉美化'的警示"，《科学决策》，2005年第12期。

孙久文、周玉龙："城乡差距,劳动力迁移与城镇化：基于县域面板数据的经验研究"，《经济评论》，2015年第2期。

孙心亮、方创琳："干旱区城市化过程中的生态风险评价模型及应用——以河西地区城市化过程为例"，《干旱区地理》，2006年第5期。

孙粤文："大数据：现代城市公共安全治理的新策略"，《城市发展研究》，2017年第2期。

台冰、李怀祖："综合城市化水平测度研究"，《学术界》，2006年第5期。

谭崇台主编：《发达国家发展初期与当今发展中国家经济发展比较研究》，武汉大学出版社2008年版。

谭明智："严控与激励并存：土地增减挂钩的政策脉络及地方实施"，《中国社会科学》，2014年第7期。

谭术魁、李雅楠："基于PANELl DATA模型的中国土地市场发育区域差异及其对房价的影响"，《中国土地科学》，2013年第2期。

谭政勋、王聪："房价波动、货币政策立场识别及其反应研究"，《经济研究》，2015年第1期。

唐华："如何认识经济危机和金融危机"，《学术论坛》，2016年第5期。

唐鹏、石晓平、曲福田："地方政府竞争与土地财政策略选择"，《资源科学》，2014年第4期。

唐为、王媛："行政区划调整与人口城市化：来自撤县设区的经验证据"，《经济研究》，2015年第9期。

陶然、曹广忠："'空间城镇化'、'人口城镇化'的不匹配与政策组合应对"，《改革》，2008年第10期。

天津社会科学院历史研究所、天津市城市科学研究会编：《城市史研究》第2辑，天津教育出版社1990年版。

田雪原："警惕人口城市化中的'拉美陷阱'"，《宏观经济研究》，2006年第2期。

田雪原、王胜今主编：《人口老龄化与"中等收入陷阱"》，社会科学文献出版社2013年版。

万广华、朱翠萍："中国城市化面临的问题与思考：文献综述"，《世界经济文汇》，2010年第6期。

汪民安："空间生产的政治经济学"，《国外理论动态》，2006年第1期。

汪晓东、董丝雨："下好先手棋 打好主动仗——习近平总书记关于防范化解重大风险重要论述综述”,《人民日报》, 2021年4月15日。
汪玉凯:“新型城镇化需要新的治理模式——关于中国城镇化的教训与风险”,《中国党政干部论坛》, 2013年第7期。
王成超:“加拿大城市可持续性发展战略及对我国的启示”,《中国人口·资源与环境》, 2004年第5期。
王春光:“农村流动人口的‘半城市化’问题研究”,《社会学研究》, 2006年第5期。
王春艳:“美国城市化的历史、特征及启示”,《城市问题》, 2007年第6期。
王桂新:“我国城市化发展的几点思考”,《人口研究》, 2012年第2期。
王桂新、陈冠春、魏星:“城市农民工市民化意愿影响因素考察:以上海市为例”,《人口与发展》, 2010年第2期。
王桂新、胡健:“城市农民工社会保障与市民化意愿”,《人口学刊》, 2015年第6期。
王桂新、沈建法、刘建波:“中国城市农民工市民化研究——以上海为例”,《人口与发展》, 2008年第1期。
王国刚:“城镇化:中国经济发展方式转变的重心所在”,《经济研究》, 2010年第12期。
王健:“论我国城市化过程中的社会风险”,《理论月刊》,2014年第10期。
王军:《采访本上的城市(增订版)》, 生活·读书·新知三联书店2016年版。
王开玉主编:《不一样的童年:中国农民工子女调查报告》, 合肥工业大学出版社2007年版。
王美娥、陈卫平、彭驰:“城市生态风险评价研究进展”,《应用生态学报》, 2014年第3期。
王前福、王艳:“世界城市化研究”,《西北人口》, 2002年第2期。
王顺祥:《中国征地制度变迁:驱动因素与制度供给》, 中国大地出版社2011年版。
王巍:《国家风险:开放时代的不测风云》, 辽宁人民出版社1988年版。
王伟光主编:《建设社会主义新农村的理论与实践》, 中共中央党校出版社2006年版。
王文仙："20世纪墨西哥城市化与社会稳定探析"，《史学集刊》，2014年第4期。
王小鲁："中国城市化路径与城市规模的经济学分析"，《经济研究》，2010年第10期。
王旭、罗思东：《美国新城市化时期的地方政府》，厦门大学出版社2010年版。
王洋、王少剑、秦静："中国城市土地城市化水平与进程的空间评价"，《地理研究》，2014年第12期。
王垚、年猛："政府'偏爱'与城市发展：以中国为例"，《财贸经济》，2015年第5期。
王垚、王春华等："自然条件、行政等级与中国城市发展"，《管理世界》，2015年第1期。
王怡睿、黄煌、石培基："中国城镇化质量时空演变研究"，《经济地理》，2017年第1期。
魏后凯："关于城市型社会的若干理论思考"，《城市发展研究》，2013年第5期。
魏后凯："中国城市行政等级与规模增长"，《城市与环境研究》，2014年第1期。
魏后凯、王业强、苏红键、郭叶波："中国城镇化质量综合评价报告"，《经济研究参考》，2013年第31期。
温铁军、朱守银："政府资本原始积累与土地'农转非'"，《管理世界》，1996年第5期。
文贯中："重归内生型城市化道路：关于中国特色与普遍规律的辨析"，《人民论坛·学术前沿》，2014年第2期。
文贯中："抵达刘易斯拐点的中国道路——关于城市化瓶颈的若干思考"，《开放导报》，2017年第1期。
文贯中、柴毅："政府主导型城市化的土地利用效率：来自中国的实证结果"，《学术月刊》，2015年第1期。
吴传清、万庆："长江经济带城镇化发展的时空格局与驱动机制研究——

基于九大城市群2004—2013年数据的实证分析”，《武汉大学学报(哲学社会科学版)》，2015年第5期。

吴江、王斌、申丽娟：“中国新型城镇化进程中的地方政府行为研究”，《中国行政管理》，2009年第3期。

吴敬琏：“研究基本问题　深化对城市化的认识”，《上海企业》，2019年第4期。

吴鹏森：“改革开放以来的中国城市化与犯罪变化”，吴鹏森、章友德主编《城市化、犯罪与社会管理》，社会科学文献出版社2013年版。

吴琼、张华：“生态脆弱性研究述评”，《首都师范大学学报（自然科学版）》，2014年第3期。

吴群、李永乐：“财政分权、地方政府竞争与土地财政”，《财贸经济》，2010年第7期。

习近平：“发展经济学与发展中国家的经济发展——兼论发展社会主义市场经济对发展经济学的理论借鉴”，《福建论坛（社会经济版）》，2001年第9期。

习近平：“在党的十八届五中全会第二次全体会议上的讲话（节选）”，《求是》2016年第1期。

习近平：“在庆祝改革开放40周年大会上的讲话”，《奋斗》，2018年第24期。

夏一雪、韦凡、郭其云：“面向智慧城市的公共安全治理模式研究”，《中国安全生产科学技术》，2016年第4期。

向春玲等：《城镇化热点难点前沿问题》，中共中央党校出版社2014年版。

向松祚：“以金融创新撬动新型城镇化所需资源”，《中国城乡金融报》，2013年3月13日。

向新民：《金融系统的脆弱性与稳定性研究》，中国经济出版社2005年版。

肖金成：“我国城市群的发展阶段与十大城市群的功能定位”，《改革》，2009年第9期。

肖金成、党国英：《城镇化战略》，学习出版社、海南出版社2014年版。

肖金成、袁朱等编著:《中国十大城市群》,经济科学出版社2009年版。
肖万春:“论我国城镇化成本风险的类型与预警体系建设”,《湖南文理学院学报(社会科学版)》,2006年第2期。
肖万春、肖泽群:“城镇化风险的主成分分析”,《中共中央党校学报》,2008年第5期。
肖祎平、杨艳琳、宋彦:“中国城市化质量综合评价及其时空特征”,《中国人口·资源与环境》,2018年第9期。
谢福泉、黄俊晖:“城镇化与房地产市场供需:基于中国数据的检验”,《上海经济研究》,2013年第8期。
谢建社:《风险社会视野下的农民工融入性教育》,社会科学文献出版社2009年版。
熊竞:“公共管理视角下城市公共安全问题探讨”,《上海城市管理》,2015年第5期。
徐博、庞德良:“增长与衰退:国际城市收缩问题研究及对中国的启示”,《经济学家》,2014年第4期。
徐升艳、陈杰、赵刚:“土地出让市场化如何促进经济增长”,《中国工业经济》,2018年第3期。
徐世甫、段媛媛:“城市公共安全视野下的网络舆情与引导治理”,《上海城市管理》,2016年第3期。
徐友珍:“20世纪两次世界大战发生的历史反思——兼论反法西斯战争的历史地位”,《武汉大学学报(人文科学版)》,2015年第4期。
徐志林:“城市化进程中社会治安问题的系统性风险及其防控”,《公安研究》,2011年第7期。
许长新、王水娟:“都市圈型城市化的风险识别及其防范”,《中国人口·资源与环境》,2004年第2期。
许成钢:“城镇化与体制改革”,《比较》,2013年第2期。
许学强、李郇:“改革开放30年珠江三角洲城镇化的回顾与展望”,《经济地理》,2009年第1期。
薛凤旋、杨春:“外资:发展中国家城市化的新动力——珠江三角洲个案研究”,《地理学报》,1997年第3期。

薛欧、赵凯、陈艳蕊等："陕西省土地城市化水平评价分析"，《山东农业大学学报(自然科学版)》，2011年第3期。

薛晓源、刘国良："全球风险世界:现在与未来——德国著名社会学家、风险社会理论创始人乌尔里希·贝克教授访谈录"，《马克思主义与现实》，2005年第1期。

杨开忠："乡村振兴以都市圈为主要依托"，《理论导报》，2018年第6期。

杨丽霞、苑韶峰、王雪禅："人口城镇化与土地城镇化协调发展的空间差异研究——以浙江省69县市为例"，《中国土地科学》，2013年第11期。

杨其静、卓品、杨继东："工业用地出让与引资质量底线竞争：基于2007~2011年中国地级市面板数据的经验研究"，《管理世界》，2014年第11期。

杨雪冬等:《风险社会与秩序重建》，社会科学文献出版社2006年版。

杨艳琳、张恒："全球视角下服务业与城市化互动关系研究——基于22个国家1960—2013年面板数据的实证分析"，《中国人口·资源与环境》，2015年第11期。

姚士谋、张平宇、余成、李广宇、王成新："中国新型城镇化理论与实践问题"，《地理科学》，2014年第6期。

叶初升："中等收入阶段的发展问题与发展经济学理论创新——基于当代中国经济实践的一种理论建构性探索"，《经济研究》，2019年第8期。

叶裕民："中国城市化质量研究"，《中国软科学》，2001年第7期。

易纲："再论中国金融资产结构及政策含义"，《经济研究》，2020年第3期。

尹宏玲、徐腾："我国城市人口城镇化与土地城镇化失调特征及差异研究"，《城市规划学刊》，2013年第2期。

于光远主编:《经济大辞典》，上海辞书出版社1992年版。

袁方:《社会风险与社会风险管理》，经济科学出版社2013年版。

袁晓玲、王霄、何维炜、陈跃："对城市化质量的综合评价分析——以陕西省为例"，《城市发展研究》，2008年第2期。

袁艳："墨西哥犯罪问题与社会治理"，《拉丁美洲研究》，2015年第2期。

曾康霖："简论系统性金融风险——学习十九大报告有感"，《征信》，

2018年第1期。
曾伟："土地资源对城市经济可持续增长的影响效应：理论与实证"，《贵州财经大学学报》，2013年第5期。
章光日、顾朝林："快速城市化进程中的被动城市化问题研究"，《城市规划》，2006年第5期。
张车伟主编：《中国人口与劳动问题报告No.19》，社会科学文献出版社2018年版。
张飞、孔伟："我国土地城镇化的时空特征及机理研究"，《地域研究与开发》，2014年第5期。
张国骥："美国城市化的发展实践及基本经验"，《湖南商学院学报》，2004年第1期。
张鸿雁："市民社会与城市社会结构变迁论——城市社会结构变迁社会因素分析"，《上海社会科学院学术季刊》，2002年第3期。
张京祥、邓化媛："解读城市近现代风貌型消费空间的塑造——基于空间生产理论的分析视角"，《国际城市规划》，2009年第1期。
张平宇、马延吉、刘文新、陈群元："振兴东北老工业基地的新型城市化战略"，《地理学报》，2004年第S1期。
张舒："国外城市最佳规模理论评介"，《经济学动态》，2001年第8期。
张曙光、张弛："贷款猛增风险大调整取决城市化"，《中国流通经济》，2009年第10期。
张双长、李稻葵："'二次房改'的财政基础分析：基于土地财政与房地产价格关系的视角"，《财政研究》，2010年第7期。
张庭伟："当代美国城市化的动力及经验教训"，《城市规划学刊》，2013年第4期。
张惟英："拉美过度城市化的教训与北京人口调控"，《人口研究》，2006年第4期。
张五常：《中国的经济制度》，中信出版社2009年版。
张孝德："中国城市化的陷阱：政府主导下的城市规模扩大化"，《改革》，2001年第6期。
张孝德、钱书法："中国城市化过程中的'政府悖论'"，《国家行政学院学报》，2002年第5期。

张学良，刘玉博、吕存超：“中国城市收缩的背景、识别与特征分析”，《东南大学学报(哲学社会科学版)》，2016年第4期。

张亦春：“新时期新形势下银行须注重向管理要红利”，《中国城乡金融报》，2013年2月27日。

张应祥、蔡禾：“资本主义与城市社会变迁”，《城市发展研究》，2006年第1期。

张占斌：“新型城镇化的战略意义和改革难题”，《国家行政学院学报》，2013年第1期。

赵书茂：“我国新型城镇化道路的探索与实践”，《河南科学》，2015年第6期。

赵新平、周一星：“改革以来中国城市化道路及城市化理论研究述评”，《中国社会科学》，2002年第2期。

赵燕菁：“土地财政：历史、逻辑与抉择”，《城市发展研究》，2014年第1期。

郑秉文：“拉美城市化的教训与中国城市化的问题——‘过度城市化’与‘浅度城市化’的比较”，《国外理论动态》，2011年第7期。

郑思齐、孙伟增、吴璟、武赟：“‘以地生财、以财养地’：中国特色城市建设投融资模式研究”，《经济研究》，2014年第8期。

郑永年：“中国城市化要避免怎样的陷阱”，《理论学习》，2013年第9期。

中共中央文献研究室编：《科学发展观重要论述摘编》，中央文献出版社2008年版。

中共中央文献研究室编：《毛泽东文集》第7卷，人民出版社1999年版。

中共中央文献研究室编：《十八大以来重要文献选编(上)》，中央文献出版社2014年版。

中共中央文献研究室编：《十七大以来重要文献选编(上)》，中央文献出版社2009年版。

中国金融40人论坛课题组：“加快推进新型城镇化：对若干重大体制改革问题的认识与政策建议”，《中国社会科学》，2013年第7期。

中国经济增长前沿课题组：“城市化、财政扩张与经济增长”，《经济研究》，2011年第11期。
中国科学技术协会主编：《城市科学学科发展报告2007—2008》，中国科学技术出版社2008年版。
中国科学院经济研究所世界经济研究室编：《主要资本主义国家经济统计集（1848—1960）》，世界知识出版社1962年版。
中国现代化战略研究课题组、中国科学院中国现代化研究中心：《中国现代化报告（2005）》，北京大学出版社2005年版。
周彬、周彩："土地财政、产业结构与经济增长——基于284个地级以上城市数据的研究"，《经济学家》，2018年第5期。
周芳检、何振："大数据时代城市公共安全应急管理体制创新思路"，《云南民族大学学报(哲学社会科学版)》，2017年第2期。
周文、赵方、杨飞、李鲁："土地流转、户籍制度改革与中国城市化：理论与模拟"，《经济研究》，2017年第6期。
周向红："加拿大健康城市经验与教训研究"，《城市规划》，2007年第9期。
邹秀清、田娜："中国土地财政的区域差异与演进过程——基于287个地级市的面板数据"，《资源科学》，2015年第11期。
周阳敏、李硕、轩会永："新型城镇化的社会资本效应研究"，《四川理工学院学报(社会科学版)》，2013年第5期。
周一星：《城市地理学》，商务印书馆1995年版。
周云波："城市化、城乡差距以及全国居民总体收入差距的变动——收入差距倒U形假说的实证检验"，《经济学（季刊）》，2009年第4期。
朱广黔："城市公共安全管理现状及对策"，《人民论坛》，2013年第29期。

〔英〕K.J.巴顿：《城市经济学：理论和政策》，上海社会科学院部门经济研究所城市经济研究室译，商务印书馆1984年版。
〔印〕阿马蒂亚·森：《贫困与饥荒》，王宇、王文玉译，商务印书馆2001年版。
〔美〕埃德蒙·费尔普斯：《大繁荣：大众创新如何带来国家繁荣》，余江译，中信出版社2013年版。

〔美〕爱德华·格莱泽:《城市的胜利》,刘润泉译,上海社会科学院出版社2012年版。

〔英〕安东尼·吉登斯:《失控的世界》,周红云译,江西人民出版社2001年版。

〔英〕安东尼·吉登斯、〔英〕克里斯多弗·皮尔森:《现代性:吉登斯访谈》,尹宏毅译,新华出版社2001年版。

〔英〕安格斯·麦迪森:《世界经济千年统计》,伍晓鹰、施发启译,北京大学出版社2009年版。

〔美〕奥本海默、文新:"对通货膨胀的研究:西方的经验",《国外社会科学文摘》,1995年第10期。

〔美〕奥利维尔·布兰查德等:《金融危机的教训:反思当代政策》,王志毅译,浙江大学出版社2013年版。

〔英〕彼得·霍尔、〔英〕马克·图德-琼斯:《城市和区域规划(原著第五版)》,邹德慈、李浩、陈长青译,中国建筑工业出版社2014年版。

〔美〕布赖恩·贝利:《比较城市化》,顾朝林等译,商务印书馆2010年版。

〔美〕道格拉斯·C.诺思:《经济史上的结构和变革》,厉以平译,商务印书馆1999年版。

〔美〕弗兰克·H.奈特:《风险、不确定性与利润》,安佳译,商务印书馆2006年版。

〔美〕弗雷德里克·米什金:《宏观经济学:政策与实践》,余晨阳译,清华大学出版社2013年版。

〔加〕简·雅各布斯:《美国大城市的死与生(纪念版)》,金衡山译,译林出版社2006年版。

〔美〕克里斯汀·卢尼、刘霓:"中国特色的城市化及其所面对的风险",《国外社会科学》,2016年第3期。

〔美〕曼瑟尔·奥尔森:《集体行动的逻辑》,陈郁、郭宇峰、李宗新译,格致出版社、上海人民出版社2014年版。

〔美〕米歇尔·渥克:《灰犀牛:如何应对大概率危机》,王丽云译,中信出版集团2017年版。

〔美〕纳西姆·尼古拉斯·塔勒布:《黑天鹅——如何应对不可预知的未来》,万丹译,中信出版社2008年版。

〔俄〕尼古拉·伊万诺维奇·雷日科夫:《大国悲剧:苏联解体的前因后果》,徐昌翰等译,新华出版社2010年版。

〔日〕青木昌彦:《比较制度分析》,周黎安译,上海远东出版社2001年版。

〔美〕饶及人:《你我的城市:中国的城市化与我们的生活》,中国经济出版社2013年版。

〔埃〕萨米尔·阿明、陆豪青:"《共产党宣言》:170年之后再研究",《国外理论动态》,2018年第8期。

〔智〕塞巴斯蒂安·爱德华兹:《掉队的拉美:民粹主义的致命诱惑》,郭金兴译,中信出版集团2019年版。

〔美〕塞缪尔·P.亨廷顿:《变化社会中的政治秩序》,王冠华、刘为等译,上海人民出版社2008年版。

〔日〕藤田昌久、〔美〕保罗·克鲁格曼、〔英〕安东尼·J.维纳布尔斯:《空间经济学:城市、区域与国际贸易》,梁琦等译,中国人民大学出版社2011年版。

〔法〕托马斯·皮凯蒂:《21世纪资本论》,巴曙松等译,中信出版社2014年版。

〔德〕沃尔特·克里斯塔勒:《德国南部中心地原理》,常正文、王兴中等译,商务印书馆2010年版。

〔美〕沃纳·赫希:《城市经济学》,刘世庆等译,中国社会科学出版社1990年版。

〔德〕乌尔里希·贝克:"风险社会政治学",刘宁宁等译,《马克思主义与现实》,2005年第3期。

〔德〕乌尔里希·贝克:《风险社会》,何博闻译,译林出版社2004[a]年版。

〔德〕乌尔里希·贝克:《世界风险社会》,吴英姿等译,南京大学出版社2004[b]年版。

〔德〕乌尔里希·贝克、〔英〕芭芭拉·亚当、〔德〕约斯特·房·龙编著:《风险社会及其超越:社会理论的关键议题》,赵延东、马缨等译,北京出版社2005年版。

〔美〕约翰·伊特韦尔等编：《新帕尔格雷夫经济学大辞典》第2卷，陈岱孙主编译，经济科学出版社1996年版。

Almeida, M. C. M., W. T. Caiaffa, and R. M. Assunção, "Spatial Vulnerability to Dengue in a Brazilian Urban Area During a 7-Year Surveillance," *Journal of Urban Health*, 2007 (3).

Au, Chun-Chung , J. Vernon Henderson, "How Migration Restrictions Limit Agglomeration and Productivity in China," *Journal of Development Economics*, 2006 (3).

Bairoch, Paul, *Cities and Economic Development: From the Dawn of History to the Present*, translated by Christopher Braider, University of Chicago Press, 1988.

Beck, Ulrich, *Risk Society*: *Towards a New Modernity*, translated by Mark Ritter, Sage Publications, 1992.

Beck, Ulrich, *World Risk Society*, Polity Press, 1999.

Belliveau, S., B. Smit, and B. Bradshaw, "Multiple Exposures and Dynamic Vulnerability: Evidence from the Grape Industry in the Okanagan Valley,Canada," *Global Environmental Change*, 2006 (4).

Blanchard, O., G. Dell' Ariccia, and P. Mauro, "Rethinking Macroeconomic Policy," *Journal of Money*, *Credit and Banking*, 2010 (Supplement S1).

Bureau of the Census, *Historical Statistics of the United States, 1789-1945,* Literary Licensing LLc., 2011.

Button, K. J. , *Urban Economic :Theory and Policy*, The MacMillan Press, 1976.

Cai, M., "Land for Welfare in China," *Land Use Policy*, 2016 (55).

Cao Guangzhong, Feng Changchun, and Tao Ran, "Local Land 'Finance'in China's Urban Expansion: Challenges and Solutions, " *China & World Economy*, 2008 (2).

Capello, Roberta , Roberto Camagni, " Beyond Optimal City Size: An Evaluation of Alternative Urban Growth Patterns, " *Urban Studies*, 2000

(9).

Castells, M. , *The City and the Grassroots: A Cross-Cultural Theory of Urban Social Movements*, University of California Press, 1983.

Chatterjea, K. , "Severe Wet Spells and Vulnerability of Urban Slopes: Case of Singapore," *Natural Hazards*, 2011 (1).

Chenery, H., M. Syrquin, *Patterns of Development,1950-1970*, Oxford University Press for the World Bank, 1975.

Chenery, H., S. Robinson, and M. Syrquin, *Industrialization and Growth: A Comparative Study*, Oxford University Press, 1986.

Diamond, Peter A., Joseph E. Stiglitz, "Increases in risk and in risk aversion," *Journal of Economic Theory*, 1974 (8).

Diener, E., E. Suh, "Measuring Quality of Life: Economic, Social ,and Subjective Indicators," *Social Indicators Research*, 1997 (40).

Dixit, Avinash K., Joseph E. Stiglitz, "Nopolistic Competition and Optimum Product Diversity, " *The American Economic Review*, 1977(3).

Douglas, M., A. Wildavsky, *Risk and Culture*, University of California Press, 1983.

Duranton, G. , D.Puga, "From Sectoral to Functional Urban Specialization," *Journal of Urban Economics*, 2005 (2).

Eldrige, H. T., *The Process of Urbanization, in Demographic Analysis*, J. J.

Eriksen, S. H., K. Brown, and P. M. Kelly, "The Dynamics of Vulnerability: Locating Coping Strategies in Kenya and Tanzania," *Geographical Journal*, 2005 (4).

Femandes, Ana Cristina, "Rovena Negreiros: Economics Development and Change with the Brazilian Urban System," Geoforum, 2001(32).

Fisher, I., "The Debt-Deflation Theory of Great Depressions," *Econometrica*, 1933 (4).

Fisher, I., *Booms and Depressions: Some First Principles*, Adelphi, 1932.

Foucault, Michel, "Questions on Geography," in C. Gordon (ed.), *Power/ Knowledge: Selected Interview and Other Writings 1972-1977*, Pantheon

Books, 1980.

Goldsmith, R.W., Comment on Hyman P. Minsky, " The Financial Instability Hypothesis," in C.P. Kindleberger and J.-P. Laffargue (eds.), *Financial Crisis, Theory, History, and Policy*, Cambridge University Press, 1982.

Gurr, T., *Why Men Rebel*, Princetion University Press,1970.

Harris, C. D., *Cities of the Soviet Union*, Rand McNally, 1970.

Harris, John R., Michael P. Todaro, "Migration, Unemployment and Development: A Two-Sector Analysis," *American Economic Review*, 1970 (1).

Henderson, J. Vernon, "The Sizes and Types of Cities, " *American Economic Review*, 1974 (4).

Hertel, Thomas, Fan Zhai, "Labor Market Distortions, Rural-Urban Inequality and the Openness of China's Economy," *Economic Modeling*, 2006 (23).

Hollander, J. B., K. Pallagst, and T. Schwarz, F.J. Popper, "Planning Shrinking Cities, " *Progress in Planning*, 2009 (4).

Holling, C. S. , "Understanding the Complexity of Economic, Ecological, and Social Systems," *Ecosystems*, 2001 (5).

IFRC, *World Disasters Report*：*Focus on Urban Risks*, 2010.

Jasch, C., "Environmental Performance Evaluation and Indicators, " *Journal of Cleaner Production*, 2000 (8).

Kates, Robert W., Jesse H. Ausubel, and Mimi Berberian, *Climate Impact Assessment: Studies of the Interaction of Climate and Society*, John Wiley, 1985.

Knight, F. H., *Risk, Uncertainty and Profit*, Houghton Mifflin, 1921.

Kraas, F., " Megacities as Global Risk Areas," in J.M. Marzluff et al.(eds.), *Urban Ecology*, Springer, 2008.

Kuznets, S., *Economic Growth of Nations: Total Output and Production Structure*, Harvard University Press, 1971.

Lefebvre, H., "Space: Social Product and Use Value," in J. W. Freiberg (ed.),

Critical Sociology: European Perspective, Irvington, 1979.

Lefebvre, H., *The Production of Space*, Blackwell, 1991.

Lefebvre, H., *The Survival of Capitalism: Reproduction of the Relations of Rroduction*, St Martin's Press, 1976.

Lewis, W. Arthur, "Economic Development with Unlimited Supplies of Labour," The Manchester School, 1954.

Li xiaojian, J. Peterson, and Liu Gangjun et al., "Assessing Regional Sustainability: The Case of Land Use and Land Cover Change in the Middle Yi Luo Catchment of the Yellow River Basin," *China Applied Geography*, 2001 (21).

Lipton, Michael, *Why Poor People Stay Poor: Urban Bias in World Development*, Harvard University Press, 1977.

Lötscher, L. , "Shrinking East German Cities ？ " *Geographica Polonica*, 2005 (1).

Machina, M., *The Economic Theory of Iindividual Behavior toward Risk:Theory, Evidence and New Directions, Cambridge University Press*, 1987.

Machina, M., M. Rothschild, "Risk," *The New Palgrave A Dictionary of Economics*, John Eatwell, Murray Milgate and Peter Newman(eds.), 1996, Vol. 4.

Mankiw, N. Gregory, *Macroeconomics 9th Edition*, Worth Publishers, 2015.

Markowitz, H. M. , "Portfolio Selection," *The Journal of Finance*, 1952 (1).

Miller, S. M., P. Roby, *Poverty*： *Changing Social Stratification*, Basic Books, 1971.

Mishkin, Frederic S., *Macroeconomics: Policy and Practice*, Pearson Education, 2011.

Northam, Ray. M., *Urban Geography 2nd edition*, New York: John Wiley & Sons, 1979.

Oswalt, P., T. Rieniets, *Atlas of Shrinking Cities*, Hatje Cantz, 2006.

Ravenstein, E. G. , "The Laws of Migration, " *Journal of the Royal Statistical Society*,1889(2).

Ravenstein, E. G., "The Laws of Migration Part I," *Journal of the Statistical Society of London*, 1885(2).

Richardson, Harry W., *Regional Growth Theory*, Macmillan, 1973.

Rothschild, M., Joseph E. Stiglitz, "Increasing risk: I. A Definition," *Journal of Economic Theory*, 1970 (2).

Rothschild, M., Joseph E. Stiglitz, "Increasing risk: II. It's Economic Consequences," *Journal of Economic Theory*, 1971 (3).

Rothschild, M., Joseph E. Stiglitz, Addendum to "Increasing risk:I. A definition," *Journal of Economic Theory*, 1972 (5).

Shafer, C. S. , B. K. Lee, and S. Thrner, "A Tale of Three Green Way Trails: User Perceptions Related to Quality of Life, " *Landscape Urban Planning*, 2000 (49).

Soja, Edward W., *Postmodern Geographies: The Reassertion of Space in Critical Social Theory*, Verso, 1989.

Spengler and O. D. Duncan (eds.), Free Press, 1956.

Toru Yamamori, "The Smithian Ontology of 'Relative Poverty': Revisiting the Debate between Amartya Sen and Peter Townsend," *Journal of Economic Methodology*, 2019 (26).

Townsend, Peter, *Poverty in the United Kingdom*, Penguin, 1979.

UNFPA , *Linkages between Population Dynamics, Urbanization Processes and Disaster Risks:A Regional Vision of Latin America*, 2012, NO.31104.

United Nations, Human Settlements Programme (UN-Habitat), *The State of the World's Cities Report 2001*, 2002.

United Nations, *Links between Population Dynamics,Urbanization Process and Disaster Risks: A Regional Version of Latin America*, 2012.

United Nations, *Population Distribution and Migration*, 1998.

United Nations, *World Population Prospects: 2018 Revision*, 2018[a].

United Nations, *World Urbanization Prospects:2014 Revision*, 2014.

United Nations, *World Urbanization Propects:2018 Revision*, 2018[b].

Vaz, E. de Noronha, P. Cabral, and M. Caetano et al., "Urban Heritage

Endangerment at the Interface of Future Cities and Past Heritage: A Spatial Vulnerability Assessment," *Habitat International*, 2012 (1).

Wan Guanghua, "Understanding Regional Poverty and Inequality Trends in China: Methodological Issues and Empirical Findings," *Review of Income and Wealth*, 2007 (1).

World Bank, *A Global Risk Index*, 2013.

World Bank, *Urban Risk Assessments : Understanding Disaster and Climate Risk in Cities*, 2011.

World Bank, *World Bank Development Report 1996*, 1996.

Wu Zhongmin, Yao Shujie, "Intermigration and Intermigration in China: A Theoretical and Empirical Analysis ," *China Economic Review*, 2003(14).

Zelinsky, W., "The Hypothesis of the Mobility Transition," *Geographical Review*, 1971(2).

后　记

本书的主要内容得益于新冠肺炎（COVID-19）疫情大流行期间完成的国家社科基金项目“中国‘城市社会’的城市化风险与城市化道路研究”（批准号14BJL069，结项号20203221）。感谢国家社科基金给予我从风险视角深度思考城市化水平超越50%以后继续城市化问题的机会。感谢评审专家的肯定和宝贵建议。本书完稿之际，适逢经济学专业首批入选国家一流本科专业建设契机，因此喜获资助。同时衷心感谢湖北省区域创新能力监测与分析软科学研究基地的专项资助。

历经六个寒暑，2015—2020年毕业的6届研究生徐晶、胡月、王家鼎、杨樱、包梦梅、彭博、闫攀、李媛、胡林洁、肖谷、马骏和李旭洋博士相继见证了课题立项、文献整理、资料搜集、数据处理、调研分析、撰稿、提交评审和成果结项，亲历了其中的一个或几个环节，感谢他们所做的贡献，也感谢此间选修我主讲《宏观经济学》《人口经济学》《制度经济学》和参与《应用经济学前沿》课程的经济学专业本科生、硕士生和博士生同学的互动和灵感。

课题组的主要成员有：中南民族大学经济学院李彦军教授，中国地质大学（武汉）经济管理学院倪琳副教授、朱雅丽副教授、段平忠副教授、邵红梅讲师、河南省工程咨询中心赵书茂副研究员。

除导言外，本书包括四篇十章，团队成员做出了重要贡献。提交成果初稿或修改稿的有胡林洁（第一章的部分内容）、田梦（第二章部分内容）、马骏（第三章部分内容）、肖谷（第四章部分内容）、李媛（第六章部分内容）、倪琳（第七章）、彭欣源（第八、九章部分内容）、赵书茂（第十章部分内容）。李旭洋博士、张啸博士、邵红梅讲师参与了报告的讨论和修改。邵红梅、李旭洋、张啸、彭博、闫攀、胡林洁、李媛、田梦参与了问卷设计以及在湖北省孝感市、河南省信阳市等地的“中国进入城市社会以后的市民化意愿调查”，郑州市二七区淮河东路小学韩双检老师提供了郑州市市民化意愿调查问卷。胡林洁负责问卷处理。在读硕士研究生陈明真、丁舒熳、杨媛，博士研究生肖马等对图表、文献规范、校对整理等琐碎事务付出了艰辛劳动。

本书部分内容曾提交中国人口学会、区域经济学会、中国城市经济学会、空间经济学国际会议、纪念改革开放四十周年研讨会、马克思主义基本原理论坛和湖北省外国经济学说研究会等会议交流。非常感谢翟振武教授、李建民教授、王桂新教授、任远教授、朱宇教授、原新教授、杨成钢教授、叶文振教授、童玉芬教授、陈卫民教授、王金营教授、魏下海教授、赵伟教授、梁琦教授、蔡继明教授、潘家华教授、杨开忠教授、颜鹏飞教授、郭熙保教授、简新华教授、王今朝教授、郑长德教授、蔡玉平教授、黄征学研究员和黄顺江副研究员等人的反馈和建议。部分内容曾经在《人口研究》《城市与环境研究》和《城市观察》等期刊发表，在此一并致谢。

感谢孝感市发展与改革委员会江迎春副主任、信阳市发展与改革委员会王凤银总工程师对调研的协调和支持。

感谢中国地质大学（武汉）成金华教授、杨树旺教授、邓宏兵教授、汤尚颖教授、肖建忠教授、程胜教授、彭武元教授、吴巧生教授、孙理军教授、朱冬元教授、刘江宜副教授、张翼翔副教授、齐睿副教授和吴磊副教授的讨论和建议，感谢经济管理学院和经济学系学术氛围的滋养。

近年来，商务印书馆先后出版了陈甬军等的《中国城市化道路新论》和厉以宁的《中国道路与新城镇化》等书。与之对比，本书有两大特色，一是研究"城市社会"的城市化道路；二是从风险视角，以"城市社会"为背景展开。由于水平和能力所限，疏漏和缺陷肯定难免，但本人对其价值和意义充满信心，文责自负。

拙著《扩大内需的人口经济学》出版以来，本人及团队成果能在商务印书馆再次出版，我们深感荣幸，感谢商务印书馆一如既往的支持和辛勤劳动。

李通屏

2020年10月9日于南望山